中国特色乡村振兴研究丛书

主编／黄承伟 向德平

中国乡村
全面振兴方略

ZHONGGUO XIANGCUN
QUANMIAN ZHENXING FANGLÜE

黄承伟／著

武汉出版社
WUHAN PUBLISHING HOUSE

(鄂)新登字08号

图书在版编目（CIP）数据

中国乡村全面振兴方略 / 黄承伟著. -- 武汉：武汉出版社，2024.12. --（中国特色乡村振兴研究丛书 / 黄承伟，向德平主编）. -- ISBN 978-7-5582-7219-6

Ⅰ.F320.3

中国国家版本馆CIP数据核字第2024G6315K号

中国乡村全面振兴方略

著　　者：	黄承伟
责任编辑：	杨童舒　李晗钰
封面设计：	刘福珊
出　　版：	武汉出版社
社　　址：	武汉市江岸区兴业路136号　　邮　编：430014
电　　话：	（027）85606403　　85600625
	http://www.whcbs.com　　E-mail: whcbszbs@163.com
印　　刷：	湖北金港彩印有限公司　　经　销：新华书店
开　　本：	787 mm×1092 mm　　1/16
印　　张：	19.5　　字　数：260千字
版　　次：	2024年12月第1版　2024年12月第1次印刷
定　　价：	100.00元

版权所有·翻印必究
如有质量问题，由本社负责调换。

目 录

导 言 ... 1

第一章 新征程上乡村全面振兴方略的研究框架 ... 5
一、时代背景 ... 6
二、基本框架 ... 21
三、总体思路 ... 25

第二章 乡村全面振兴方略的顶层设计 ... 31
一、理论指引 ... 31
二、"四梁八柱" ... 84
三、方法引领 ... 107

第三章 推进乡村全面振兴的关键路径 ... 123
一、守住"两条底线" ... 123
二、着力"三个提升" ... 146
三、促进"融合发展" ... 179

第四章 推进乡村全面振兴的动力体系 ... 205
一、凝聚振兴合力 ... 205
二、扎实推进乡村全面振兴新质生产力的形成发展 ... 235
三、有力有效激发和增强区域、群众内生发展动力 ... 241
四、以进一步深化农村改革激发乡村全面振兴活力 ... 253

第五章　推进乡村全面振兴的根本保证 ············ 266
　　一、思想基础：坚持党对乡村振兴全面领导的内在逻辑 ······ 267
　　二、关键环节：五级书记抓乡村振兴 ················· 275
　　三、夯实基础：加强基层组织建设 ··················· 281

第六章　走好中国式现代化的乡村振兴道路 ········ 291
　　一、理论逻辑 ·· 291
　　二、发展方向 ·· 294
　　三、前景展望 ·· 301

后　记 ·· 308

导 言

民族要复兴，乡村必振兴。党的十八大以来，我们党坚持把解决好"三农"问题作为全党工作的重中之重，把脱贫攻坚作为全面建成小康社会的标志性工程，组织推进人类历史上规模空前、力度最大、惠及人口最多的脱贫攻坚战。党中央从党和国家事业全局出发，着眼于实现"两个一百年"奋斗目标，顺应亿万农民对美好生活的向往，党的十九大作出实施乡村振兴战略的重大决策。脱贫攻坚战目标任务完成后，"三农"工作重心历史性转向全面推进乡村振兴。党的二十大对"全面推进乡村振兴"作出战略部署。党的二十届三中全会通过《中共中央关于进一步全面深化改革 推进中国式现代化的决定》，明确"城乡融合发展是中国式现代化的必然要求"，"必须统筹新型工业化、新型城镇化和乡村全面振兴"，为在新征程上推进乡村全面振兴指明了方向。新时代以来，我国脱贫攻坚战如期打赢，乡村振兴战略全面实施，产业、人才、文化、生态、组织"五个振兴"协同展开，城乡融合发展深入推进，农业农村取得历史性成就、发生历史性变革，从理论和实践上奠定了系统总结、深入研究中国乡村全面振兴方略的坚实基础。

基于此，本书按照以下逻辑、框架，全方位、多维度展现了作者对中国乡村全面振兴方略的最新研究成果。

首先，本书构建了新征程上乡村全面振兴方略的研究框架，阐述了乡村全面振兴方略的顶层设计。第一章从理论和实践两个维度总结、阐述了本研究的时代背景及重大意义,以习近平总书记关于中国特色社会主义乡村振兴的"七条道路"为基础,构建了本研究的理论框架。第二章从三个方面总结、呈现了乡村全面振兴方略的顶层设计:理论指引部分,全面、系统解读习近平总书记关于全面推进乡村振兴重要论述的理论体系,概要阐释了习近平总书记关于建设农业强国方略、中国式现代化理论的丰富内涵;"四梁八柱"部分,以乡村振兴相关法律、规划、政策文件的主要内容为研究对象,全面阐述了构建乡村全面振兴方略的结构、内容和实践要求;方法引领部分,总结梳理了"千万工程"案例的时代特征及其蕴含的发展理念、工作方法和推进机制,阐述了"千万工程"的理论价值和经验启示。

其次,阐述了推进乡村全面振兴的关键路径、动力体系和根本保证。这是本书的主体部分。第三章阐述了推进乡村全面振兴的关键路径,包括三个方面:一是守住"两条底线",即夯实乡村全面振兴的基础。在回顾总结脱贫攻坚战的历史进程及其伟大成就,阐述脱贫攻坚的物质成果、理论成果、制度成果和精神成果的基础上,分析了巩固拓展脱贫攻坚成果的内在逻辑,论述了实现巩固拓展脱贫攻坚成果同乡村振兴有效衔接的主要路径和实践要求,总结了中国特色粮食安全道路,论述了守住粮食安全底线、奠定乡村振兴基础的综合性政策体系及其主要措施。二是着力"三个提升"。以习近平总书记重要论述为根本遵循,总结了乡村发展、乡村建设、乡村治理的方法路径,分析了存在的问题,阐述了统筹推进"三个乡村"、着力实现"三个提升"的对策建议。三是促进融合发展,以习近平总书记关于城乡融合发展的重要论述为根本遵循,阐述加快易地扶贫搬迁安置区群众社会融入的相关问题及解决路径,系统分析一、二、三产业融合的逻辑与主要途径,提出加快推进城乡融合发展的对策建议。第四章阐述了推进乡村全面振兴的动力体系,包括四个部分:一是凝聚振兴合力。系统总结东西部扶贫协作、中央单位定点扶贫、民营企业"万企帮万村"、驻村帮扶机制的作用、重点优化方向、对策建议等。二是培育新质生产力。从理论认识、方法运用、精准施策等方面阐述推进乡村全面振兴新质生产力形成发展的理论逻辑、辩证方法、推进路径。三是激发内生动力。以习近平总书记关于激发群众内生发展动力的重要论述为指引,阐述增强地区和群众内生动力的主要途径。四是全面深化改革。从四个"始终坚持"深刻领悟习近平总书记关于深化农村改革的精神,从四个"着力"准确把握进一步深化农村改革的重点难点,从四个方面提出有力有效深化农村改革、激发农业农村发展活力的对策建议。第五章阐述了推进乡村全面振兴的根本保证,包括三个方面:坚持党的领导的思想基础、五级书记抓乡村振兴的关键环节以及夯实党的基层基础的对策路径。

最后,第六章紧扣"走好中国式现代化的乡村振兴道路"的主题,分析了中国式现代化与乡村振兴的内在理论逻辑,阐述了中国式现代化乡村振兴道路的发展方向,从理论和实践结合维度展望了中国特色乡村振兴道路的前景。

本书具有以下鲜明的特点:一是充分遵循了习近平新时代中国特色社会主义思想的科学性、实践性、指导性;二是充分运用了习近平新时代中国特色社会主义思想的世界观、方法论,及其立场、观点;三是充分体现了理论与实践的有机结合;四是充分表现和阐释了乡村振兴的中国智慧和中国方案。

本书适合于广大农业农村系统的干部,参与乡村振兴工作的各界人士、理论研究者和关心关注乡村振兴的读者阅读,也可用作干部培训教材。

第一章
新征程上乡村全面振兴方略的研究框架

习近平总书记指出:"我在党的十九大报告中提出要实施乡村振兴战略,这是党中央从党和国家事业全局出发、着眼于实现'两个一百年'奋斗目标、顺应亿万农民对美好生活的向往作出的重大决策。"[1]实施乡村振兴战略、实现乡村全面振兴,承载着中华民族的千年梦想和中国共产党的不变初心,是中国特色社会主义道路的鲜明特点。在如期完成脱贫攻坚目标任务后,习近平总书记指出,"现在,我们的使命就是全面推进乡村振兴,这是'三农'工作重心的历史性转移"[2]。党的二十大报告提出,"中国共产党的中心任务就是团结带领全国各族人民全面建成社会主义现代化强国、实现第二个百年奋斗目标,以中国式现代化全面推进中华民族伟大复兴"[3],并就"全面推进乡村振兴"作出新部署[4]。2023年12月,在中央农村工作会议召开之际,习近平总书记对"三农"工作作出重要批示,强调"把推进乡村全面振兴作为新时代新征程'三农'工作的总抓

---

[1] 习近平:《论"三农"工作》,中央文献出版社,2022,第233页。
[2] 同上书,第5页。
[3] 习近平:《高举中国特色社会主义伟大旗帜　为全面建设社会主义现代化国家而团结奋斗——在中国共产党第二十次全国代表大会上的报告》,人民出版社,2022,第21页。
[4] 同上书,第30页。

手"①。2024年中央一号文件，以《关于学习运用"千村示范、万村整治"工程经验 有力有效推进乡村全面振兴的意见（2024年1月1日）》为题，对推进乡村全面振兴进行安排。②2024年7月，党的二十届三中全会通过的《中共中央关于进一步全面深化改革 推进中国式现代化的决定》明确"城乡融合发展是中国式现代化的必然要求"，"必须统筹新型工业化、新型城镇化和乡村全面振兴"。从"实施乡村振兴战略"，到"全面推进乡村振兴"，再到"推进乡村全面振兴""统筹新型城镇化和乡村全面振兴"，党中央一系列的部署安排以及不断完善的顶层设计、政策体系，指导了各地各部门的乡村发展、乡村建设、乡村治理、促进城乡融合发展等方面的实践，在乡村振兴不断取得新成效的过程中，新征程上的乡村全面振兴方略更加成熟，为总结、研究中国乡村全面振兴方略的形成、发展提供了理论、实践基础，也赋予了其重要的时代意义。

一、时代背景

乡村振兴是实现中华民族伟大复兴的一项重大任务。全面建成小康社会后，扎实推进共同富裕、实现中华民族伟大复兴，最艰巨、最繁重的任务依然在农村。乡村振兴是我国实现共同富裕目标过程中最为艰巨的任务。乡村振兴是持续夯实共同富裕基础的必然要求，是实现高质量发展、扎实推动共同富裕的战略选择，是缩小发展差距、扎实推动共同富裕的必由之路，是中国走共同富裕道路、构建人类文明新形态的创新探索。中国式现代化是全体人民共同富

---

① 《中央农村工作会议在京召开 习近平对"三农"工作作出重要指示》，《人民日报》2023年12月21日第1版。
② 《中共中央 国务院关于学习运用"千村示范、万村整治"工程经验 有力有效推进乡村全面振兴的意见（2024年1月1日）》，《人民日报》2024年2月4日第1版。

裕的现代化。在促进全体人民共同富裕的长期历史过程中，乡村振兴就是实现共同富裕的底线任务，扎实推进共同富裕需要与乡村全面振兴同步。

（一）乡村振兴是实现共同富裕的必由之路

乡村振兴是持续夯实共同富裕基础的必然要求。防止规模性返贫和确保粮食安全是乡村振兴的两大底线任务，现阶段共同富裕的基础就是不发生规模性返贫和防范粮食安全风险。实施乡村振兴战略，守好"底线"和持续夯实共同富裕的基础在内涵、目标、方向等方面具有完全的一致性。乡村振兴的前提是巩固脱贫攻坚成果，共同富裕的根本性标志是发展差距控制在可以接受的范围内。脱贫攻坚战的全面胜利，标志着我们党在团结带领人民创造美好生活、实现共同富裕的道路上迈出了坚实的一大步。切实维护和巩固脱贫攻坚战的伟大成就，必然要求脱贫攻坚与实施乡村振兴战略有效衔接，把巩固脱贫成果作为必须完成的底线任务。为此，脱贫攻坚任务完成后，中央明确设立五年过渡期，确定实现巩固拓展脱贫攻坚成果同乡村振兴有效衔接的目标。中央要求，各地各部门要把巩固拓展脱贫攻坚成果放在突出位置，建立农村低收入人口和欠发达地区帮扶机制，健全乡村振兴领导体制和工作体系，加快推进脱贫地区乡村产业、人才、文化、生态、组织等全面振兴；着重从建立健全长效机制方面，通过稳政策、防返贫、固成果，巩固拓展脱贫攻坚成果，坚决守住不发生规模性返贫的底线；聚焦改善脱贫地区特别是160个国家乡村振兴重点帮扶县的发展条件，增强其发展内生动力；坚持和完善东西部协作和对口支援、社会力量参与帮扶机制；以现有社会保障体系为基础，健全农村低收入人口常态化帮扶机制。中央层面出台了33项衔接政策，保持了主要政策总体稳定，奠定了脱贫攻坚与乡村振兴政策有效衔接的基础。脱贫攻坚与乡村振兴在领导体制、工作体系、规划实施和项目建设、考核机制等方面的有效衔接工作顺利推进。只有脱贫人口稳定脱贫、持续增收，不断提升生活水平，逐步融入发展主流，共同富裕才有稳固的基础。粮食安全是国家安全的重要基础，是实现共同富裕的根本性标志。习近平总书记指出，中国人的饭碗任何时候都要牢牢端在自己手中，我们的饭碗应该主要装中国粮。这一重要论述表明，确保粮食安全是乡村振兴必须守住的"底线"。2021年的中央农村工作会议明确，首先要保持粮食面积的基本稳定，落实粮食安全党政同责要求，把提高农业综合生产能力放在更加突出的位置，从生产要素和体制机制两个方面着力，持续挖掘增产潜力；牢牢抓住种子和耕地两个要害；落实好最严格的耕地保护制度，切实加强耕地用途管制；全面推进种质资源保护利用、创新攻关、企业扶优、基地提升、市场净化的种业振兴五大行动，逐步实现种业科技自立自强、种源自主可控。同时，压实地方党委政府重农抓粮责任，保障种粮农民合理收益。实施乡村振兴战略，确保粮食安全，这就为扎实推动共同富裕奠定了稳固基础。

乡村振兴是实现高质量发展、扎实推动共同富裕的战略选择。习近平总书记强调，要在高质量发展中促进共同富裕。党的十九届五中全会提出，加快构建以国内大循环为主体、国内国际双循环相互促进的新发展格局是"十四五"时期需要积极推进的一项重大战略任务，是实现高质量发展的必然要求。实施乡村振兴战略，是实现高质量发展、促进共同富裕的战略选择。乡村振兴在充分挖掘农村内需空间、提升农业供给侧质量效益和竞争力、突破城乡之间体制机制障碍、畅通国民经济循环等方面，对构建新发展格局、实现高质量发展具有重大意义。乡村振兴有利于充分挖掘农村巨大的内需空间。习近平总书记指出，构建新发展格局，把战略基点放在扩大内需上，农村有巨大空间，可以大有作为。一方面，广大农村的基础条件与乡村现代化的要求存在不同程度的差距，这为乡村发展投资提供了巨大的空间；另一方面，农村居民的消费结构正从满足基本生活需要向进一步提高生活质量转变，在消费方式上从自给自足向市场化消费转变，农村消费市场的不断成熟和农村消费潜力的逐渐释放，为我国经济进行国内大循环提供了广阔的市场空间。从实现路径来看，为了实现产业兴旺、生态宜居、乡风文明、治理有效、生活富裕等方面的要求，加快推进农业农村现代化进程，需要投入更多的资源和力量优先发展农业农村，能够进一步扩大乡村投资需求，为双循环系统注入新的活力。我国低收入群体主要集中在乡村，推进乡村振兴，助力农民增收，可大幅释放乡村居民的消费需求。同时，乡村旅游、农业休闲观光、农村康养等新产业、新业态的发展将进一步激发城市居民的消费需求，城乡居民消费需求空间的挖掘和释放将为畅通国内大循环提供稳定持久的推力。乡村振兴有利于更好地提升农业供给侧质量效益和竞争力。推动国内大循环，畅通国内国际双循环，必须坚持供给侧结构性改革这一主线，提高供给体系的质量和水平，而农业供给侧结构性改革则具有重大的意义和巨大的空间前景。十八大以来，在政府的积极引导推动下，乡村一、二、三产业的发展和融合稳步提升，现代农业、特色产业，如高标准农田、农产品加工、农村电商、新型服务、乡村休闲旅游、田园综合体等新产业、新业态获得快速发展，较大程度激发了农业供给侧结构性改革的活力，提升了乡村产业的现代化水平。在高质量发展、扎实推动共同富裕进程中，乡村振兴通过农业科技装备的强化和智慧农业的建设，以及高标准农田建设工程、重要农产品生产保护区、特色农产品优势区的建设，能够为构建新发展格局稳住农业基本盘。通过打造农业全产业链，建设现代农业产业园、优势特色产业集群、三产融合发展示范园、农业绿色发展先行区，以及推进现代农业经营体系建设，能够高质量实现农业现代化，提升农业经营的效率，提升农业供给侧质量效益和竞争力，为构建新发展格局培育动能。乡村振兴有利于突破城乡之间多方面体制机制障碍，促进城乡融合发展。乡村振兴作为迈向共同富裕的关键步骤，通过坚持农业农村优先发展，推进产业、人才、文化、生态、组织全面振兴，实现农业农村现代化，有效缩小城乡差距，为城乡之间体制机制障碍的破除奠定坚实基础，为新发展格局的建立提供有力支撑，实现城乡之间的互促互补、相得益彰、融合发展。

乡村振兴是缩小发展差距、扎实推动共同富裕的必由之路。现阶段我国主要矛盾是人民日益增长的美好生活需要和不平衡不充分的发展之间的矛盾，其中突出矛盾体现在群体收入差距过大、城乡发展不平衡和城乡差距明显。习近平总书记曾强调，我们的现代化进程不能把农村4亿多人落下，到头来"一边是繁荣的城市，一边是凋敝的农村"。扎实推动共同富裕，要提高发展的平衡性、协调性、包容性，着力扩大中等收入群体规模，促进基本公共服务均等化，促进农民农村共同富裕。

实施乡村振兴战略，促进城乡均衡发展。一方面，乡村振兴战略为资源要素配置向农村地区倾斜，缩小城乡及区域发展差距，实现城乡要素双向流动、有机结合的良性互动格局提供政策保障；另一方面，乡村振兴战略与新型城镇化战略相辅相成，统筹城镇、乡村两个大局，缓解农业就业和非农就业之间的矛盾，为推动经济健康发展、创建和谐社会提供支撑。此外，乡村振兴战略着眼于优化农村公共基础设施建设，逐步建成全民覆盖、普惠共享、城乡一体的基本公共服务体系。通过完善的农村公共基础设施留住居民、吸引投资，激发农村发展内在活力，加快构建工农互促、城乡互补、协调发展、共同繁荣的新型工农城乡关系。这一过程正是共同富裕实现的过程。

实施乡村振兴战略，着力壮大中等收入群体。"产业兴旺""生活富裕"是乡村振兴战略二十字总要求中的一部分，是乡村振兴战略致力于达到的重要目标。乡村振兴战略通过深化土地制度"三权分置"改革，让农民的承包权稳下去、经营权活起来，实现"城市进得了，农村回得去"；又能增加农民收入，增强农业竞争力，提高农业企业经济效益。乡村振兴战略通过深化农村集体产权制度改革，盘活农村集体资产，提高农村各类生产要素和资源的配置、利用效率，壮大集体经济，增加农民财产性收入。乡村振兴将有效衔接就业帮扶，更加关注就业质量和稳定性，以积极的发展型社会政策助力实现农民高质量就业；完善乡村创业公共服务体系，通过产业转移、产业升级和产业融合带动返乡农民工创业。总体上看，实施乡村振兴战略，抓住重点、精准施策，推动更多低收入人群迈入中等收入行列。

实施乡村振兴战略，有力促进基本公共服务均等化。目前我国城乡基本公共服务仍然存在很大差距，包括城乡教育基本公共服务差距、城乡医疗卫生资源差距、城乡社会保障差距、城乡基础设施差距。这在一定程度上导致城乡居民消费在金额、数量、质量上都存在较大差距，诸如城乡居民在消费水平、生活质量以及拥有的耐用消费品数量上差距明显，进而深化了城乡居民在各方面的差距，这成为人们不愿意当农民、不愿意从事农业生产的主要原因。实施乡村振兴战略，就是要建立城乡公共资源均衡配置机制，强化农村基本公共服务供给县、乡、村统筹，逐步实现标准统一、制度并轨。如优先发展教育事业，推进县域内义务教育学校校长、教师交流轮岗，支持建设城乡学校共同体。再如加强县级医院建设，持续提升县级疾控机构应对重大疫情及突发公共卫生事件的能力等。在实施乡村建设行动过程中，继续把公共基础设施建设的重点放在农村，在推进城乡基本公共服务均等化上持续发力，注重加强普惠性、兜底性、基础性民生建设。

实施乡村振兴战略，促进社会团结和社会进步。农民农村共同富裕之路，就是高质量发展之路，就是要坚持创新、协调、绿色、开放、共享发展，把高质量发展同满足人民对美好生活的需要紧密结合起来。一是将努力破除城乡二元结构的体制性障碍、全面深化农村改革和大力实施乡村建设行动作为主要手段，探寻并激活农村各类生产要素和特色资源的潜能，增加对农村基础设施建设的投资数量和比重，各项基础设施和基本公共服务提供要努力向农村延伸，让农业、农村都充满发展活力。二是推动城乡融合发展和见实效，健全城乡融合发展体制机制，促进农业转移人口市民化。把县域作为城乡融合发展的重要切入点，赋予县级更多资源整合使用的自主权，以强化县城综合服务能力。三是以保障和改善民生为重点，实现城乡经济社会协调发展，进一步增进社会团结，促进人与社会共同进步，发展各项社会事业，不断夯实共同富裕的社会团结基础。

乡村振兴是中国走共同富裕道路、构建人类文明新形态的创新探索。从全球范围看，如何实现农业、农村、农民的现代化，依然是世界现代化进程中始终没有真正完成的事业。我国以乡村振兴为抓手，把"三农"工作作为治国理政的重中之重，在推进城乡融合发展中，以农业、农村优先发展破题农业、农村、农民现代化，这是人类国家现代化发展史上前所未有的探索和成就，拓展了发展中国家走向现代化的路径。可以说，在乡村全面振兴基础上实现共同富裕，将是人类文明新形态的重要呈现。实施乡村振兴战略、扎实推进共同富裕,是人类文明新形态的创新探索,是人类文明发展趋势和前景的重要彰显。

乡村振兴促进物质文明发展。物质文明和精神文明是人类认识世界、适应世界、改造世界的成果的总结和结晶,共同构成了丰富多彩的人类文明。其中,物质文明为精神文明的发展提供了物质条件和实践经验。乡村振兴战略是基于我国社会现阶段发展的实际需要而确立的,符合我国全面建成小康社会、全面建设社会主义现代化强国的需要,是中国特色社会主义进入新时代的客观要求,其为物质文明发展提供重要支撑,乡村振兴构成了实现共同富裕的物质基础。

乡村振兴促进政治文明发展。乡村振兴战略是党和国家为解决新时代主要矛盾而做出的有力回应,目的是促进城乡融合发展、提升"三农"发展水平,既是加速全面建成小康社会的推进器,更是实现社会主义现代化强国目标的强心剂,对推动中国实现由农业大国向农业强国转变,对中国实现由发展中国家迈向发达国家的中国特色社会主义现代化建设目标具有重大转折意义,而共同富裕正是中国式现代化的重要特征。

乡村振兴促进精神文明发展。加强农村精神文明建设,是全面推进乡村振兴的重要内容。实施乡村振兴战略强调物质文明和精神文明一起抓,特别要注重提升农民精神风貌,重视精神文明对物质文明的保障、推动作用,通过加强精神文明建设,从而把聚集和激发起来的全民族的精神力量转化为推进社会主义现代化建设的强大物质力量。此外,乡村振兴在促进农民群众社会主义精神文明建设的同时,着力传承、弘扬优秀传统文化,促进乡村文明建设;乡村振兴过程中充分挖掘文化价值,繁荣文化产业,提升文化附加值;坚定中华民族文化自信,促进文化认同。它充分展现的共同富裕是人民群众物质生活和精神生活都富足的人类发展形态。

乡村振兴促进社会文明发展。社会文明是乡村振兴的重要内容和有力保障。乡村振兴的目标之一就是农民生活富裕、美好，基本实现城乡义务教育、医疗卫生、社会保障等基本公共服务均等化，农村居民人均可支配收入增幅始终高于全国平均水平，城乡居民收入差距和生活水平差距显著缩小，不断提高乡村社会文明程度。只有社会文明达到一定程度，才可能形成共同富裕的社会形态。

乡村振兴促进生态文明发展。坚持人与自然和谐共生，让良好生态成为我国乡村振兴的支撑点。乡村振兴以生态文明为指引，推动人与自然和谐共生，彰显了中国共产党人对人类文明发展规律的准确认识。乡村振兴在加快推进农业农村现代化，加强农村生态环境保护，大力发展节约型农业、循环农业、生态农业的同时，必然推动农村能源结构的加快转型。中国"双碳"目标与乡村振兴战略的有效融合体现在能源领域的方方面面，全面推进乡村振兴战略，中国农村产业结构、农民生产生活方式将发生根本性的转变——加快向绿色化、可持续发展方式的转变，这条融经济可持续性和环境可持续性于一体的绿色发展道路，正符合走共同富裕道路的内在要求。

（二）新时代以来"三农"工作和乡村振兴不断取得新成效

党的十八大以来，以习近平同志为核心的党中央坚持把解决好"三农"问题作为全党工作的重中之重，打赢脱贫攻坚战，实施乡村振兴战略，推动农业农村发展取得历史性成就、发生历史性变革。各地区、各部门深入学习贯彻习近平总书记关于"三农"工作的重要论述，认真贯彻落实中共中央、国务院决策部署，坚持不懈夯实国家粮食安全基础，持续推动农业农村发展保持稳中向好、稳中提质的势头，农业强国建设迈出坚实步伐，乡村全面振兴不断取得新成效，为经济回升向好、高质量发展扎实推进提供了强有力支撑。

1. "五个振兴"统筹推进

（1）产业振兴

产业振兴是乡村振兴的重中之重，产业兴旺，是解决农村一切问题的前提。目前促进产业兴旺的政策体系初步形成，在《中华人民共和国乡村振兴促进法》《乡村振兴战略规划（2018—2022年）》中对产业振兴有专门阐述，《全国乡村特色产业发展规划（2020—2025年）》《关于推动脱贫地区特色产业可持续发展的指导意见》《中央财政衔接推进乡村振兴补助资金管理办法》《中共中央 国务院关于全面推进乡村振兴加快农业农村现代化的意见》等政策文件，都对发展特色产业、促进产业融合发展、完善联农益农机制提出了明确要求。根据国家发改委新闻发布会介绍，2018—2022年这五年来，各地持续激发乡村资源要素活力，持续培育乡村产业经营主体，持续提升农村就业创业质量，持续建设集聚融合发展平台，乡村产业发展加快，"农文旅"深度融合发展，农村电商蓬勃发展，乡村特色产业传承发展。农业供给侧结构性改革深入推进，农业质量、效益和竞争力不断提高。全国粮食年产量稳定在1.3万亿斤以上，棉油糖、肉蛋奶等主要农产品供给充裕。现代农业产业体系、生产体系、经营体系日益完善，农业发展实现质量变革、效率变革、动力变革。彰显地域特色和乡村价值的产业体系加快构建，农产品初加工、精深加工、综合利用协调发展。农村一、二、三产业深度融合，休闲观光、农村电商等新产业新业态蓬勃发展，农村创新创业活力不断激发。

（2）人才振兴

全面推进乡村振兴，人才支撑是关键。中共中央办公厅、国务院办公厅2021年初印发了《关于加快推进乡村人才振兴的意见》，各地、各部门认真贯彻落实中共中央、国务院决策部署，把人力资本开发放在首要位置，制定《"十四五"农业农村人才队伍建设发展规划》等政策文件，促进人才返乡、下乡、兴乡，为推进乡村振兴提供智力支撑，主要包括以下五个方面。一是健全人才入乡机制。从体制机制入手，打破人才入乡返乡的束缚，建立人才定期服务乡村制度，引导城市人才定期下乡服务。有计划地选派县级以上机关年轻干部到乡镇任职、挂职。完善人才入乡激励机制，出台鼓励、引导人才向艰苦边远地区和基层一线流动的意见。实行乡村人才定向培养机制，免费定向培养一批源于本乡本土的大学生乡村医生、农村公费师范生，广泛开展"一村一名大学生"培育计划。二是加强农民教育培训。大规模培育高素质农民，分类培养了一批"种养+技术"能手、新型农业经营主体、乡村治理骨干力量。启动实施乡村产业振兴带头人培育"头雁"项目。建立健全教育培训、发展扶持、引导激励等配套政策，支持农民按需培训、应训尽训，实施高素质农民学历提升行动计划。三是优化乡村营商环境，留住人才。结合实施乡村建设行动，持续改善农村人居环境，推动基础设施和公共服务往村覆盖、往户延伸，改善人才工作和生活条件。鼓励各地加大农业农村人才创业扶持力度，在进修培训、项目审批、信贷发放、土地使用、税费减免等方面给予优惠政策，营造尊才、爱才、敬才、用才的社会环境。四是搭建干事创业平台。支持引导各类人才向现代农业产业园区集聚，支持人才返乡下乡发展新产业、新业态，建立农村公共服务平台。

（3）文化振兴

乡村振兴，乡风文明是保障。实践表明，乡村文化具有的经济功能能有力促进产业发展，乡村文化具有的秩序功能能有力推动乡村治理，乡村文化具有的生态功能能有力促进美丽乡村建设，乡村文化具有的政治功能能有力促进民族合力凝聚。五年来，各地、各部门持续弘扬社会主义核心价值观，推动移风易俗，破除陈规陋习，营造文明乡风，让乡村文化保持健康向上的状态。持续增强农民对乡村文化的认同，增强他们的文化自信。持续加大文化振兴投入力度，从农民利益出发，推动乡村公共文化体系建设，完善农村文化生活配套设施，满足农民的精神文化需求。持续加强法治手段力量，对乡村文化提供保护，实现乡村传统文化的创造性转化和创新性发展。持续激发文化振兴的内生力量，通过整合和共享文化资源，全方位满足人们的精神文化需求。持续加大对乡村基层人员培训力度，加强相关的制度建设，从制度、资金等多方面保障文化振兴人才队伍的稳定性和持续性。据国家发展改革委新闻发布会介绍，2018—2022年，党的十九大以来，文化振兴取得初步成效，乡村文化孕育新风貌：农村思想道德建设得到加强，文明乡风、良好家风、淳朴民风广泛培育，邻里守望、诚信重礼、勤俭节约的文明乡村不断涌现；全国县级以上文明村、文明乡镇占比分别超过65%、80%。连续五年举办农民丰收节，乡村文化生活丰富多彩，村级综合性文化服务中心覆盖率达到96%；社会主义核心价值观深入践行，中华优秀传统文化传承弘扬，累计认定6819个中国传统村落，农民精气神得到有效提振。

（4）生态振兴

乡村振兴，生态宜居是关键。生态振兴就是全面提升农村环境、产业、文化、治理等，将农村打造成为人与自然、人与人和谐共生的美丽家园，构建人与自然和谐共生的乡村发展新格局。生态振兴的目标，就是要实现既要有优美的自然环境作为基础，又要有良好的生态经济作为保障的乡村经济社会可持续发展。5年来，各地以生态宜居美丽乡村建设为目标，推进乡村生态振兴。一是充分发挥规划引领作用，做到先规划后建设。编制村庄规划注重实用性，保持乡村独特的风貌，要留住村庄的乡情味和烟火气，防止千村一面。二是转变生产生活方式，坚持生产生活生态有机融合。尊重规律、保护环境，改变传统粗放的生产方式，减少生产生活对生态环境的负面影响。以发展农业生产、改善人居环境、传承生态文化、培育文明新风等为途径，构建与资源环境相协调的农村生产生活方式，实现生产、生活、生态的良性循环。三是做到软硬件并举，保护与发展并重。改善农村基础设施条件，提升农村公共服务水平，进一步推进移风易俗，促进乡风文明建设。注重对传统古村落、文化遗产遗迹等的保护利用，慎砍树、禁挖山、不填湖、少拆房，避免大拆大建、拆旧建新，破坏乡村传统风貌。四是加快城乡融合发展。加强农村基础设施和公共服务体系建设，强化基本公共服务县乡村统筹，大力推进基础设施和公共服务向乡村延伸，逐步缩小城乡差距。五是发挥多元主体作用，形成合力推动的良好局面。2018—2022年这5年来，各地各部门牢固树立和践行"绿水青山就是金山银山"的理念，创新工作思路，强化政策措施，推动农业绿色发展、乡村生态振兴取得积极进展。农产品绿色供给能力稳步提升，专用小麦、高油高蛋白大豆占比逐年提升，优质畜产品、水产品供给增加；农业资源保育能力稳步增强，全国耕地平均等级达到4.76，农田灌溉用水有效利用系数提高到0.57；农业产地环境保护能力稳步加强，化肥农药施用量连续6年负增长，全国畜禽粪污综合利用率达到76%；城乡居民绿色生活质量稳步提高，认证了一批绿色、有机和地理标志农产品，农产品质量安全例行监测合格率稳定在97%以上，城乡居民消费需求正由"吃得饱"向"吃得好""吃得健康"转变。

（5）组织振兴

乡村振兴，治理有效是基础。2018年印发的《中共中央　国务院关于实施乡村振兴战略的意见》(2018年中央一号文件)就乡村组织振兴进行了部署:一是加强农村基层党组织建设,二是深化村民自治实践,三是建设法治乡村,四是提升乡村德治水平,五是建设平安乡村。2018—2022年,各地、各部门首先把培育优化乡村振兴的组织力量作为组织振兴的根本举措。着力提升乡镇党委统筹能力,把熟悉农村、热爱农村、长期扎根农村基层一线的人员提拔进入乡镇领导班子,促使班子整体活力和战斗力显著增强;着力提升村级党组织治理能力,把"强村"作为基层基础建设的重点,不断夯实战斗堡垒,真正使农村基层党组织说话有人听、办事有人跟;着力提升党对农村组织的引领能力,积极探索退休干部党员到村担任村党组织书记、第一书记的有效途径。其次把组织振兴融入加强基层治理体系和治理能力现代化建设进程中。各地不断创新基层"党建+治理"的工作模式,完善"综治中心+网格化+信息化"治理体系,不断提高基层治理社会化、法治化、智能化、专业化水平。不少地方创新基层治理体制机制,注重发挥党员的先锋模范作用,带动群众继承和弘扬中华民族传统美德。乡村振兴成效促进乡村治理开创了新局面:党委领导、政府负责、社会协同、公众参与、法治保障的现代乡村社会治理体制建立健全,充满活力、和谐有序的善治乡村加快形成;农村基层党组织战斗堡垒作用进一步加强,村党组织书记兼任村委会主任比例达到95.6%;农村移风易俗进一步深化,村规民约实现全覆盖;农村土地制度、集体产权制度等重大改革持续深化,乡村发展内生动力不断增强。

2. 乡村全面振兴形成新格局

自党的十九大提出实施乡村振兴战略以来,习近平总书记亲自谋划、亲自部署。在习近平总书记关于"三农"工作的重要论述指引下，在中共中央、国务院的坚强领导下，乡村振兴战略制度框架不断健全，规划体系、政策体系、工作体系和考核机制不断完善，党对乡村振兴的全面领导不断加强，乡村产业、人才、文化、生态、组织振兴全面推进，乡村振兴战略实施取得初步成效。

一是保障粮食和重要农产品稳定安全供给，把14亿多中国人的饭碗牢牢端在自己手上。实施"藏粮于地、藏粮于技"战略，我国粮食产量连续9年稳定在1.3万亿斤以上，2023年达到13908亿斤，人均粮食占有量493公斤。2024年，夏粮又获得了丰收，夏粮增产72.5亿斤，达到2995.6亿斤，再创历史新高；大豆自给率两年提高了近4个百分点；棉油糖、肉蛋奶、水产品、果菜茶等供给十分充裕，越来越多绿色优质农产品摆上了老百姓的饭桌。

二是持续用力巩固拓展脱贫攻坚成果，牢牢守住了不发生规模性返贫的底线。过渡期内我们持续保持帮扶工作和帮扶政策稳定，农村义务教育、基本医疗、住房安全和饮水安全保障成果不断巩固提升，有效运行防止返贫动态监测和帮扶机制，着力强化产业帮扶、就业帮扶，没有出现规模性返贫现象。

三是全力改善农业科技装备设施条件，农业现代化水平持续提升。农业科技进步贡献率超过63%，三大主粮基本实现全程机械化，农业科技创新取得丰硕成果；累计建成10亿多亩高标准农田，农业防灾抗灾能力显著提升；长江十年禁渔取得明显成效。

四是乡村建设和乡村治理、宜居宜业和美乡村建设协同推进。推动基础设施和公共服务向乡村延伸覆盖，农村卫生厕所普及率达到75%左右，具备条件的乡镇和建制村都通了硬化路，农村自来水普及率达到90%，"通5G"的行政村占比超过90%，教育、医疗、养老等基本公共服务水平不断提升，农民群众自办文化活动丰富多彩，广大农民群众在乡村振兴中有了更多的获得感、幸福感、安全感。

五是坚持不懈深化改革,持续激发农业农村发展活力。坚持巩固和完善农村基本经营制度,承包地"三权分置"制度改革不断完善,守住土地公有制性质不改变、耕地红线不突破、农民利益不受损底线,土地适度规模经营有序推进,第二轮土地承包到期后再延长30年试点稳步开展。基本摸清农村集体资产家底,大力培育新型农业经营主体,农民合作社超过220万家、家庭农场近400万个,农业社会化服务体系不断完善。持续用力做好农村"土特产"文章,加快推进乡村一、二、三产业融合发展,大力培育乡村新产业新业态,稳步推进农业转移人口市民化,农民就业增收渠道不断拓展。2024年,国新办举行"推动高质量发展"系列主题新闻发布会(农业农村部),据介绍,2023年农村居民人均可支配收入达到21691元,城乡居民收入比从2013年的2.81缩小到2.39;2024年上半年农村居民人均可支配收入11272元,实际增长6.6%,高于城镇居民收入增速2.1个百分点。

实践证明,这些成绩的取得,最根本的是有以习近平同志为核心的党中央掌舵领航,有习近平新时代中国特色社会主义思想科学指引。

二、基本框架

(一)理论指引:习近平总书记关于乡村振兴重要论述

伟大变革源自新的理论指引,伟大实践推动理论创新。理论指引不仅指引当前工作,更重要的是指引工作的发展方向、发展过程。习近平总书记关于全面推进乡村振兴的重要论述——新发展阶段全面推进乡村振兴行动纲领的形成有其深刻的历史和现实依据,行动纲领具有丰富内涵，具有鲜明的理论品格，其理论贡献包括：发展了马克思主义经典作家的乡村发展理论，发展了中国共产党关于乡村建设的思想，推动了中华优秀传统农耕文明的新时代发展，丰富了全球乡村发展理论与实践，蕴含着丰富的时代价值。

（二）研究路线：日趋完善的顶层设计

2018年以来的中央一号文件、《乡村振兴战略规划(2018—2022年)》、《中国共产党农村工作条例》、《中华人民共和国乡村振兴促进法》、《中共中央 国务院关于实现巩固拓展脱贫攻坚成果同乡村振兴有效衔接的意见》以及各部门相关配套政策，共同构成实施乡村振兴战略的"四梁八柱"。需要强调的是，《中国共产党农村工作条例》是乡村振兴重要的顶层设计文件，该条例明确了乡村振兴中诸多重大关系，在一定程度上可以理解为《中国共产党农村工作条例》为《中共中央 国务院关于实现巩固拓展脱贫攻坚成果同乡村振兴有效衔接的意见》和《乡村振兴促进法》提供了依据，并具有重要指导作用。

全面推进乡村振兴的顶层设计包括以下要点。一是明确了坚持农业农村优先发展是实现振兴战略的总方针。二是明确了农业农村现代化是实施乡村振兴战略的总目标。习近平总书记在2022年中央农村工作会议讲话提出建设农业强国，其中蕴含了三个概念，即全面推进乡村振兴、农业农村现代化和建设农业强国。全面推进乡村振兴的总目标是农业农村现代化，农业农村现代化又是建设农业强国的必要条件、重要内容。可见，只有实现农业农村现代化才能建成农业强国，建设农业强国必然要求加快农业农村现代化。农业强国是在国家层面提出来的战略要求、战略部署，农业农村现代化则是对农业农村怎样发展提出要求，全面推进乡村振兴的总目标就是实现农业农村现代化。三是以农业高质高效发展推进农业现代化。四是以乡村宜居宜业建设为中心推进农村现代化。五是以农民富裕富足为目标推进农民现代化。农业、农民、农村现代化既是农村现代化的重要内容、全面推进乡村振兴的重要路径，也是建设农业强国的重要内容。

全面推进乡村振兴的顶层设计还明确了乡村振兴的总要求，即产业兴旺、生态宜居、乡风文明、治理有效、生活富裕；明确了乡村振兴包含产业、人才、文化、生态、组织振兴的全面振兴；明确了乡村振兴战略的基本原则，就是坚持和加强党对乡村振兴的全面领导，坚持农业农村优先发展，坚持农民主体地位，坚持乡村全面振兴，坚持深化农村改革，坚持城乡融合发展，坚持人与自然和谐共生，坚持因地制宜、循序渐进。

（三）理论框架：习近平总书记深刻阐述的"七条道路"[①]

重塑城乡关系，走城乡融合发展之路。这就是要坚持以工补农、以城带乡，推动形成工农互促、城乡互补、全面融合、共同繁荣的新型工农城乡关系。加快推动公共服务下乡，优先发展农村教育事业，统筹配置城乡教师资源，推动优质教育资源城乡共享，健全农村基层医疗卫生服务体系，完善统一的城乡居民基本医疗保险制度和大病保险制度，健全农村留守儿童和妇女、老年人关爱服务体系，解决好农民最关心最直接最现实的利益问题，让农民的获得感、幸福感、安全感更加充实、更有保障、更可持续。

巩固和完善农村基本经营制度，走共同富裕之路。坚持农村土地集体所有，坚持家庭经营基础性地位，坚持稳定土地承包关系，完善农村产权制度，健全农村要素市场化配置机制，实现小农户和

[①] 习近平：《论"三农"工作》，中央文献出版社，2022，第241—260页。

现代农业发展有机衔接。壮大农村集体经济，是引领农民实现共同富裕的重要途径。搞好统一经营服务，稳步推进农村集体产权制度改革，增强农村基层党组织的凝聚力和战斗力。完善农民闲置宅基地和闲置农房的政策，探索宅基地所有权、资格权、使用权"三权分置"，落实宅基地集体所有权，保障宅基地农户资格权和农民房屋财产权，适度放活宅基地和农民房屋使用权。

深化农业供给侧结构性改革，走质量兴农之路。坚持以农业供给侧结构性改革为主线，坚持质量兴农、绿色兴农，加快推进农业由增产导向转向提质导向，加快构建现代农业产业体系、生产体系、经营体系，不断提高我国农业综合效益和竞争力，实现由农业大国向农业强国的转变。走质量兴农之路，要突出农业绿色化、优质化、特色化、品牌化。树立大农业观、大食物观。做好"特"字文章，推进农产品流通现代化，促进农村一、二、三产业融合发展，推动农产品加工业优化升级。适应城乡居民需求新变化，发展乡村休闲旅游、文化体验、养生养老、农村电商等，实现乡村经济多元化。完善利益联结机制，让农民合理分享全产业链增值收益。

坚持人与自然和谐共生，走乡村绿色发展之路。良好生态环境是农村最大优势和宝贵财富。要守住生态保护红线，推动乡村自然资本加快增值，让良好生态成为乡村振兴的支撑点。以绿色发展引领乡村振兴是一场深刻革命。健全以绿色生态为导向的农业政策支持体系，建立绿色低碳循环的农业产业体系，加强农业面源污染防治，持续开展农村人居环境整治，聚焦农村生活垃圾处理、生活污水治理、村容村貌整治，梯次推动乡村山水林田路房整体改善。

传承发展提升农耕文明，走乡村文化兴盛之路。优秀乡村文化能够提振农村精气神，增强农民凝聚力，孕育社会好风尚。弘扬和践行社会主义核心价值观，深化中国特色社会主义和中国梦宣传教育,弘扬民族精神和时代精神,加强爱国主义、集体主义、社会主义教育。丰富农民精神文化生活,推动文化下乡,整合乡村文化资源,培育挖掘乡土文化人才。深入挖掘、继承、创新优秀传统乡土文化,把保护传承和开发利用有机结合起来,把我国农耕文明优秀遗产和现代文明要素结合起来,赋予新的时代内涵。

创新乡村治理体系,走乡村善治之路。加强和创新乡村治理,建立健全党委领导、政府负责、社会协同、公众参与、法治保障的现代乡村社会治理体制,健全自治、法治、德治相结合的乡村治理体系,让农村社会既充满活力又和谐有序。抓住健全乡村组织体系这个关键,发挥好农村基层党组织在宣传党的主张、贯彻党的决定、领导基层治理、团结动员群众、推动改革发展等方面的战斗堡垒作用。加强农村基层党组织带头人队伍和党员队伍建设,面向贫困村、软弱涣散村、集体经济薄弱村党组织派出第一书记,创新基层管理体制机制,整合优化县乡公共服务和行政审批职责,打造"一门式办理""一站式服务"的综合便民服务平台。加快健全乡村便民服务体系,深入推进平安乡村建设。

打好精准脱贫攻坚战,走中国特色减贫之路。坚持精准扶贫、精准脱贫,把提高脱贫质量放在首位,注重扶贫同扶志、扶智相结合,要激发贫困人口的内生动力,培育贫困人口从事农业生产、务工经商的基本技能。通过"挪穷窝""换穷业""拔穷根",实现深度贫困地区的脱贫任务。开展扶贫领域腐败和作风问题专项治理,力戒扶贫领域的形式主义,防止数字脱贫、虚假脱贫。

三、总体思路

全面推进乡村振兴在理论和实践上存在诸多基本问题,对其理论特征及实践要求的认识,构成了新征程乡村全面振兴方略的总体思路。

　　铸牢防止返贫基础。防止返贫与乡村振兴有内在的理论逻辑。巩固拓展脱贫攻坚成果、坚持守住不发生规模性返贫是乡村振兴战略的底线任务，巩固拓展脱贫攻坚成果、防止返贫首先要保持主要帮扶政策的总体稳定，持续增加脱贫群众收入和壮大集体经济是防止返贫的根本路径，构建持续提升"三保障"和安全饮水保障水平的长效机制。这些理论逻辑都体现在习近平总书记关于"三农"工作、关于全面推进乡村振兴的重要论述中。

　　有力推进乡村发展。乡村发展有广义和狭义之分，广义的乡村发展实际上包含了乡村建设、乡村治理；狭义的乡村发展主要指2022年中央一号文件所定义的"聚焦产业促进乡村发展"，即解决"宜业"问题。确保粮食安全是实施乡村战略的首要任务，也是乡村发展的基础。习近平总书记在2022年中央农村工作会议的讲话中，把保障粮食和重要农产品稳定安全供给提升为建设农业强国的头等大事。持续推进农村一、二、三产业融合发展是乡村发展的重要内容和路径，坚持农业农村绿色发展是乡村发展的基本原则和首要原则。

　　有效开展乡村建设。乡村建设行动的目标任务是，到2035年，城乡基本公共服务均等化基本实现，城乡融合发展体制机制更加完善；农村生态环境根本好转，生态宜居的美丽乡村基本实现。我国一直致力于推进乡村建设，近年的厕所革命、农村人居环境提升行动等成效明显。特别在2022年中共中央、国务院印发了乡村建设五年行动方案后，目标任务更加明确，核心就是要持续强化乡村建设的规划引领、持续改善农村人居环境、持续完善乡村基础设施、持续加强乡村文化建设。2023年中央一号文件同样也是对上述方面加以明确，更体现出宜居特点，体现出怎么让农民就地过上现代文明的生活。

着力改进乡村治理。加强和改进乡村治理意义重大。其一，完善现代乡村社会治理体制。通过加强和改进乡村治理来完善现代乡村社会治理体制，建立健全党委领导、政府负责、民主协商、社会协同、公众参与、法治保障、科技支撑的现代乡村社会治理体制，这是治国理政的一个方略和努力方向。其二，健全"三治结合"的乡村治理体系。德治、法治、自治"三治结合"以完善乡村治理体系，这是各地在推进乡村治理工作中的实践探索。其三，提升乡镇和村为农服务的能力。这是乡村治理中需要加强和改进的内容。

促进城乡融合。习近平总书记要求，乡村振兴要走城乡融合发展之路。从发展维度看，一个国家、一个地方的发展，无非就是城镇发展和乡村发展，不可能孤立地只发展城市或只发展乡村，而是要找到将二者相融合、相促进的路径、体制机制和相关政策体系，只有这样才能够真正实现乡村振兴。没有城乡的融合发展，就不会有乡村振兴。目前在探索实践的基础上，一条有效的路径，是把县域作为城乡融合发展的重要切入点，中央专门印发相关文件作出部署：一是要推进以人为核心的新型城镇化，促进大中小城市和小城镇协调发展；二是要把县域作为城乡融合发展的重要切入点，强化统筹谋划顶层设计，破除城乡分割的体制弊端，加快打通城乡要素平等交换、双向流动的制度性通道；三是加快小城镇发展，完善基础设施和公共服务，发挥小城镇连接城市、服务乡村的作用。《中共中央 国务院关于建立健全城乡融合发展体制机制和政策体系的意见》提出了九种建立健全有利于城乡要素合理配置的体制机制。但是，具体负责乡村振兴及具体推进工作的领导同志，大多还没有关注这九种模式，主要还是盯着巩固脱贫攻坚成果，盯着五大振兴谈乡村发展。这样的理解及其指导下的实践，与习近平总书记关于乡村振兴重要论述提出的要求是有明显差距的，无论是在理论上，还是在实践中，都无法满足全面推进乡村振兴的各项要求。此外，在促进城乡间要素合理流动的同时，还要推动城乡基本公共服务均等化，即城乡之间的公共服务均等化、欠发达地区与发达地区间公共服务均等化。这两个方面同等重要，是现代化进程中需要着力解决好的问题。

凝聚振兴合力。这就是要构建起乡村振兴帮扶格局。帮扶格局在脱贫攻坚和长期的扶贫开发中形成，大扶贫格局是打赢脱贫攻坚战的重要力量。回顾总结打赢脱贫攻坚战的历史，一个重要力量是新时代十年构建起的专项扶贫、行业扶贫、社会扶贫等多方力量、多种举措有机结合、互为支撑、协同参与的"三位一体"大扶贫格局，形成了跨地区、跨部门、跨单位、全社会共同参与的多元主体社会服务体系。这是扶贫开发、脱贫攻坚积累形成的重要经验，中国特色特征鲜明，是充分彰显中国共产党领导的政治优势和中国特色社会主义制度优势重要的载体和内容。大帮扶体系中的每一个元素都在实践中促进相关理论的丰富发展，都会对人类文明新形态的构建产生影响。比如，"三位一体"中的社会扶贫，我们把中央定点单位的帮扶归类为"社会扶贫"。中央定点单位包括国有银行等国有企业。这些单位的帮扶行动，评价其效果不仅是帮扶成效好不好、帮扶力度有多大，更重要的是作为党领导下的国有企业应该怎么既遵循市场规则、企业规则以确保盈利，又能履行好中国共产党全心全意为人民服务的初心使命，承担起中国共产党推动共同富裕、实现中国式现代化的责任，这实际上是创造一种新的企业形态。所以，如果国有企业的管理层没有从这样的高度去认识帮扶工作，帮扶力量就会减弱，难以达到中央的要求。因此，加大帮扶力度的同时，探索建立既满足市场运行的要求、又能够满足中国共产党政治优势彰显要求的体制机制和运转体系，这就是一种新的文明形态。在乡村振兴新阶段，对于定点帮扶单位，不能盲目地提需求，更重要的是如何把定点帮扶融进全面推进乡村振兴体系中，激发和形成自发的帮扶力量，这样的帮扶才能够确保帮扶力度的持续加强，不再仅停留在"被要求"的帮扶状态。这就要求改变定点帮扶单位的经营管理理念。构建大扶贫格局的基本经验为乡村振兴战略实施帮扶格局的形成提供了借鉴。首先要明确构建乡村振兴战略、实施帮扶大格局的新要求。国家在相关政策文件中明确提出加强东西部协作、定点帮扶，引导社会力量参与乡村振兴等工作部署，并对乡村振兴阶段东西部协作、定点帮扶、社会力量参与等工作作出新的部署和安排。从2022年相关工作的完成情况看，帮扶力量非常大，如东西部协作的大口径资金超过600亿元，中央定点帮扶的大口径支持资金达到200多亿元，两项相加，总金额近千亿元。中国财政投入1600多亿元，加上其他数百亿元的社会帮扶，如"万企帮万村"的资金，用于巩固拓展脱贫攻坚成果、全面推进乡村振兴的财政性、公益性投入有3000多亿元，加上金融贷款支持、其他融资专项债等，投入力度巨大。总之，推动新发展阶段乡村振兴战略实施帮扶格局的形成与发展，需要动员优化东西部协作、中央单位定点帮扶、民营企业和社会组织参与，形成大帮扶格局，凝聚大帮扶合力。

激发发展活力。首先要深化乡村振兴领域改革。改革是全面推进乡村振兴的重要法宝。深化农村领域的改革主要包括几方面。其一，深化农村土地制度改革，主要是对承包地、集体经营性建设用地、宅基地"三块地"进行改革。推进农村土地改革，一定要严守习近平总书记划定的改革底线——"不能把农村土地集体所有制改垮了，不能把耕地改少了，不能把粮食生产能力改弱了，不能把农民利益损害了"[1]。其二，巩固和完善农村基本经营制度，包括集体

---

[1] 习近平：《论"三农"工作》，中央文献出版社，2022，第263页。

所有权、农户承包权、土地经营权的有效形式。我国的农村改革在不断地深化，而且有很多创新，这些创新对于其他国家发展而言，不一定可以全部借鉴和照搬，但相当多的做法经验是有参考、借鉴价值的。其三，完善农业支持保护制度，包括建立健全农村集体资产管理制度，完善农业投资管理机制，创新推进路径，着力开展示范创建，运用好浙江"千万工程"的经验。

坚持党的领导。五级书记抓乡村振兴是落实坚持党对乡村振兴全面领导的关键和保证，是加快实现乡村全面振兴、农业农村现代化、建设农业强国的政治保障。落实五级书记抓乡村振兴，需要完善政策体系，强化优化实践路径，健全考核机制。农村基层党组织是党在农村全部工作和战斗力的基础。习近平总书记的重要论述为加强基层组织建设提供了根本遵循，加强党的基层组织建设需要把全面从严治党落实到乡村振兴的全过程、各环节，加强基层组织建设为全面推进乡村振兴提供了稳定的社会基础，提高党领导下的农村基层组织建设质量是全面推进乡村振兴的重要举措。提高农村基层组织建设质量必须解决好面临的现实问题，优化路径，着力提升基层乡村振兴干部的综合能力。

第二章
乡村全面振兴方略的顶层设计

习近平总书记关于全面推进乡村振兴的重要论述为新时代新征程全面推进乡村振兴、丰富发展中国式现代化下的乡村全面振兴顶层设计提供了根本遵循和行动指南。《中华人民共和国乡村振兴促进法》《中共中央 国务院关于实施乡村振兴战略的意见》《乡村振兴战略规划（2018—2022年）》和中央系列文件形成的政策体系构成了乡村全面振兴方略的顶层设计。

一、理论指引

习近平总书记关于全面推进乡村振兴的重要论述根植于总书记深切的"三农"情怀，是总书记将马克思主义基本原理同我国国情农情实际相结合、同中华优秀传统农耕文化相结合取得的农村工作最新理论成果。经过实践的检验，这些重要论述已经发展成为中国乡村振兴理论。这一理论蕴含着深刻的时代背景、丰富的理论渊源、厚实的实践基础、严密的丰富内涵、深邃的精神实质、鲜明的理论品格、科学的实践价值、突出的时代贡献、重要的世界意义。全面认识和系统理解中国乡村振兴理论的理论意义、实践意义和世界意义，对于学习、宣传、贯彻党的二十大和二十届二中、三中全会精神，加快推进乡村全面振兴、实现农业农村现代化、加快中国式现代化进程具有重要理论和实践价值。

（一）中国乡村振兴理论形成的时代背景

习近平总书记指出："实施乡村振兴战略，是党的十九大作出的重大决策部署，是决胜全面建成小康社会、全面建设社会主义现代化国家的重大历史任务，是新时代做好'三农'工作的总抓手。"[①] 在党的二十大报告中，习近平总书记对"全面推进乡村振兴"作出了新决策新部署，坚持农业农村优先发展，加快建设农业强国，全方位夯实粮食安全根基，树立大食物观，发展乡村特色产业，巩固拓展脱贫攻坚成果，统筹乡村基础设施和公共服务布局，巩固和完善农村基本经营制度，深化农村制度改革，保障进城落户农民合法土地权益，完善农业支持保护制度。习近平总书记一系列关于"三农"工作的重要论述，深刻阐明了全面推进乡村振兴这一战略提出与形成发展的历史方位，是深刻理解和准确把握这一理论体系的逻辑起点。

中国乡村振兴理论是在中国共产党领导解决"三农"问题百年成就及其历史经验的基础上形成的。从百年党史来看，"三农"问题始终是革命、建设、改革各个时期关乎全局的重大问题。在新民主主义革命时期，工农联盟是革命的主要力量，"三农"为夺取革命胜利提供了重要依靠；在社会主义革命和建设时期，农业是工业化物质积累的主要来源，"三农"为社会主义国家建立发展奠定了重要基础；在改革开放和社会主义现代化建设时期，农村率先发起改革，"三农"为中国经济腾飞发挥了重要助推作用；进入中国特色社会主义新时代，农村是全面建成小康社会的主战场，"三农"为

[①]《习近平、李克强、王沪宁、赵乐际、韩正分别参加全国人大会议一些代表团审议 在"三八"国际劳动妇女节到来之际，习近平代表党中央，向妇女代表、委员及全国各族各界妇女同胞，致以节日的祝贺和诚挚的祝福》，《人民日报》2018年3月9日第1版。

实现第一个百年奋斗目标作出了重要贡献。党的十八大以来，习近平总书记关于"三农"工作的重要论述，特别是关于实施乡村振兴战略的一系列重要论述，围绕确保粮食安全、乡村产业发展、乡村建设、乡村治理、社会保障、巩固拓展脱贫攻坚成果同乡村振兴有效衔接、文化传承、建设农业强国、全面推进乡村振兴、推进农业农村现代化、坚持党领导"三农"工作原则等内容，提出和阐述了许多新思想、新观点。这些思想观点高瞻远瞩、内涵丰富、要求明确，深刻回答了为什么要振兴乡村、怎样振兴乡村等一系列重大理论和实践问题，是新发展理念在农业农村工作中的全面贯彻，是中国特色社会主义道路在农村的创新实践，是党领导"三农"工作百年实践探索的新发展、新总结，是习近平新时代中国特色社会主义思想的重要组成部分。

中国乡村振兴理论确立了农业、农村优先发展总方针。坚持农业、农村优先发展，对于确保经济社会平稳健康发展和社会大局稳定、推进实现第二个百年奋斗目标具有基础和决定性作用。现阶段，我国发展最大的不平衡是城乡发展不平衡，最大的发展不充分是农村发展不充分。坚持农业、农村优先发展，是解决不平衡、不充分的根本之策，是系统解决经济结构性体制性矛盾，发展不平衡、不充分、不协调、不可持续问题的必然选择，是实现共同富裕、全面建设社会主义现代化国家的必由之路。坚持农业农村优先发展，有利于整体提升农业、农村和农民的发展水平。坚持农业、农村优先发展，就是从根本上实现城乡均衡发展、农业充分发展、农民全面发展。坚持农业、农村优先发展，有利于促进共同富裕目标实现。中国共产党全心全意为人民服务的根本宗旨和中国特色社会主义的本质要求是解放和发展生产力，最终实现共同富裕。党的十九大报告明确了两个阶段的目标，一是到2035年，全体人民共同富裕迈出坚实步伐；二是到2050年，全体人民共同富裕基本实现。与共同富裕目标相对应，中央明确，到2035年，乡村振兴取得决定性进展，农业、农村现代化基本实现；到2050年，乡村全面振兴，农业强、农村美、农民富全面实现。可见，共同富裕是乡村振兴战略的目标，乡村振兴是实现共同富裕的过程，农业、农村现代化是现代化强国的重要组成部分，是扎实推进共同富裕的根本支撑。

中国乡村振兴理论回答了乡村发展的中国之问、世界之问、人民之问、时代之问。实施乡村振兴战略是解决中国新时代社会主要矛盾、实现党的宗旨和社会主义本质要求的具体实践。中国共产党始终坚持以人民为中心，把人民放在心中最高的位置，坚持立党为公、执政为民，扎实推动共同富裕。全面推进乡村振兴，是确保亿万农民在全面建设社会主义现代化国家新征程中不掉队，确保共同富裕目标实现的必由之路。实施乡村振兴战略是实现中华民族伟大复兴的重要支撑。实现中华民族伟大复兴，就是要实现中国强、中国美、中国富，而全面推进乡村振兴的目标正是实现农业强、农村美、农民富。前者是后者的引领和带动，后者是前者的重要内容、具体呈现和重要标志。实施乡村振兴战略是构建人类文明新形态的重要实践。在发展中处理好城乡关系，一直是现代化发展的世界性难题。中国的乡村振兴，是要通过重塑城乡关系，坚持以工补农、以城带乡，逐渐形成工农互促、城乡互补、全面融合、共同繁荣的新型工农城乡关系格局。坚持工农互补理念，把实施乡村振兴战略与城市化工业化发展结合起来，相互促进、共同提高，为乡村如何更好地建设与发展提供了路径选择。实施乡村振兴战略是推进并实现我国农村现代化的战略布局，是以三产融合为核心的经济现代化、以农民为中心的内生现代化、以农民再组织为枢纽的治理现代化，最终实现农业农村的现代化。通过推进农业供给侧结构性改革，把各种现代元素注入农业农村，推动农业农村的历史性变革，实现农村社会的一、二、三产业融合、城乡融合以及生产要素集合，把现代农业的食物保障、原料供给、就业收入、生态保育、文化传承等多重功能进行有效融合，形成新的发展动力。实施乡村振兴战略，着力补齐农业、农村短板，满足广大农民日益增长的美好生活需要，根本目的在于更好地为人民服务，充分发挥人民群众的主体作用，让人民群众更充分地共享发展成果。

（二）中国乡村振兴理论的理论渊源

追溯中国乡村振兴理论形成的理论渊源，主要是基于马克思主义关于城乡发展的思想，对中华优秀传统农耕文化的创造性转化和现代化发展，以及对党关于乡村建设理论的继承发展。

1.马克思主义为城乡发展思想提供了理论基础

（1）关于对农村基础地位的思想

马克思和恩格斯认为，人类获得生存和发展的首要前提是获得最基本的生活资料——食物，食物的生产是直接生产者的生存和一切生产的首要条件，"人们首先必须吃、喝、住、穿，然后才能从事政治、科学、艺术、宗教等等"[1]。"人们为了能够'创造历史'，必须能够生活。但是为了生活，首先就需要衣、食、住以及其他东西。因此第一个历史活动就是生产满足这些需要的资料，即生产物质生活本身。"[2] 列宁也指出，"粮食问题是一切问题的基础"，只有解决了粮食问题，"我们才能在这个社会主义的基础上建立起富丽

---

[1] 中共中央马克思恩格斯列宁斯大林著作编译局编《马克思恩格斯选集（第三卷）》，人民出版社，2012，第1002页。
[2] 中共中央马克思恩格斯列宁斯大林著作编译局编《马克思恩格斯选集（第一卷）》，人民出版社，2012，第158页。

堂皇的社会主义大厦来"①。马克思和恩格斯认为,随着农业生产效率大幅度提高,农业的经济地位明显下降,但是这并不意味着农业失去了基础性地位。相反,随着工业规模日益扩大,城市人口越来越多,农村及农业为整个国家经济和社会的发展提供着赖以生存的生产和生活资料。正如恩格斯1882年在《家庭、私有制和国家的起源》一书中所说:"农业是整个古代世界的决定性的生产部门,现在它更是这样了。"②

(2)关于城乡融合发展的思想

马克思和恩格斯认为生产力决定生产关系,生产力在推动人类社会历史不断向前发展的同时,也决定着城乡关系的产生、发展和变化过程。"一个民族内部的分工,首先引起工商业劳动同农业劳动的分离,从而也引起城乡的分离和城乡利益的对立。"③随着生产力的发展和社会文明的进步,使得现代化大工业城市迅速崛起,城市与乡村之间的鸿沟日益扩大。但马克思和恩格斯认为,"城乡之间的对立只有在私有制的范围内才能存在"④。资本主义工业化和城镇化的结果是,"城市已经表明了人口、生产工具、资本、享受和需求的集中这个事实;而在乡村则是完全相反的情况:隔绝和分散"⑤。可见,城乡之间的分离和对立是封建社会私有制和资本主义私有制发展的必然结果,"私有制"和"社会分工"的存在必然导致城乡差别的出现和城乡的对立。马克思和恩格斯认为,城乡关系的产生和发展都是由生产力发展水平所决定的。实现城乡融合发展需要满足

---

① 中共中央马克思恩格斯列宁斯大林著作编译局编《列宁全集》(第37卷),人民出版社,2017,第353页。
② 《马克思恩格斯文集(第四卷)》,人民出版社,2009,第168页。
③ 《马克思恩格斯选集(第一卷)》,人民出版社,2012,第147—148页。
④ 马克思、恩格斯:《德意志意识形态(节选本)》,人民出版社,2018,第50页。
⑤ 同上。

两个条件,一是消灭资本主义私有制,破除城乡对立的社会条件和制度根源;二是社会生产力的高度发展。马克思和恩格斯指出:"把农业和工业结合起来,促使城乡对立逐步消灭。"①

(3)关于城乡融合发展

城乡融合发展,最终指向是人的自由全面发展的思想。马克思和恩格斯认为,人的发展程度与城乡关系的发展程度有着必然的联系。只有随着社会生产力的高度发展,城乡对立走向城乡融合的同时,个人超越畸形、片面发展走向自由而全面发展才会实现。恩格斯指出,"人们只有在消除城乡对立后才能从他们以往历史所铸造的枷锁中完全解放出来"②,"通过城乡的融合,使社会全体成员的才能得到全面发展"③。马克思和恩格斯还进一步阐释了人与自然关系的发展演变。随着城乡融合发展不断推进,人不再被区分为城市居民和农村居民,所有的人口以及工业和农业等一切生产部门都将按照自身发展的需要在世界范围内均衡地分布。人与自然的关系将超越统治与被统治、支配与被支配的关系,实现和谐共生和共同发展。

2.中华优秀传统农耕文化提供的理论支撑集中体现在中国传统社会乡村治理文化的继承性发展和创造性转化

首先,中国几千年乡土社会生产和生活方式以聚族而居和精耕细作为典型特征,中国传统社会基于人与自然、人与人及人与社会之间关系所形成的乡村文化中蕴含的优秀文化品格不仅孕育出农民的精神家园,也塑造了中华民族的精神世界和心灵归宿。习近平总书记指出:"乡土文化的根不能断,农村不能成为荒芜的农村、留

---

① 中共中央马克思恩格斯列宁斯大林著作编译局编《马克思恩格斯选集(第一卷)》,人民出版社,2012,第422页。
② 同上书,第265页。
③ 同上书,第308—309页。

守的农村、记忆中的故园。"[1]"我们要深入挖掘、继承、创新优秀传统乡土文化"[2]"深入挖掘优秀传统农耕文化蕴含的思想观念、人文精神、道德规范"[3]等重要论述,正是对传统农耕文明中优秀乡村文化品格的新时代转化和发展。同时,丰富的乡村文化遗产成为抹不掉、忘不掉的文化记忆,成为农耕文明的重要组成部分。"要让有形的乡村文化留得住,充分挖掘具有农耕特质、民族特色、地域特点的物质文化遗产"[4],这就把我国农耕文明优秀遗产与现代文明要素结合起来,赋予其新的时代内涵。此外,中国乡村在数千年的村落文化累积孕育形成了许多优秀的风俗礼仪和文化传统,传统乡风礼俗文化所包含的伦理道德、价值追求、处世态度、行为规范等不仅是乡村文化价值理念的体现,更是数千年来乡村社会得以良性运转与和谐发展的文化基础。习近平总书记指出:"优秀乡村文化能够提振农村精气神,增强农民凝聚力,孕育社会好风尚。乡村振兴,既要塑形,也要铸魂,要形成文明乡风、良好家风、淳朴民风,焕发文明新气象。"[5]

其次,中国数千年所形成的乡村治理中的自治、法治、德治等基本要素,以及乡村治理中一直传承的乡约及乡贤文化,为健全我国当代乡村治理体系提供了借鉴,"健全自治、法治、德治相结合的乡村治理体系,是实现乡村善治的有效途径"[6],正是对中国古代乡村治理优秀文化的创造性转化和创新性发展。具体体现在,"乡

---

[1] 中共中央党史和文献研究院编《习近平关于"三农"工作论述摘编》,中央文献出版社,2019,第121—122页。
[2] 同上书,第124页。
[3] 同上书,第125页。
[4] 同上书,第124页。
[5] 同上书,第123页。
[6] 同上书,第135页。

约"作为一种显性规约为乡村自治奠定了基础;"培育具有地方特色和时代精神的新乡贤文化,发挥其在乡村治理中的积极作用"①等论述,是对传统乡村"礼治"和"德治"的新时代转化和发展;"法治是乡村治理的前提和保障,要把政府各项涉农工作纳入法治化轨道,加强农村法治宣传教育,完善农村法治服务,引导干部群众尊法学法守法用法,依法表达诉求、解决纠纷、维护权益。"②这正是对传统社会"乡约"与"礼治"创造性发展,法治为促进乡村治理体系和治理能力的现代化提供了支撑。

此外,中国传统农耕文化中蕴含的农事节气、大道自然、天人合一等生态伦理,为全面推进乡村振兴行动纲领提供了重要的历史基础和文化基因。比如,"推行绿色发展方式和生活方式,让生态美起来,环境靓起来,再现山清水秀、天蓝地绿、村美人和的美丽画卷"③,这就是对传统社会人与自然和谐相处的生产生活方式的新时代发展。

3. 乡村振兴理论是对党历届领导人关于乡村建设思想理论的继承与发展

乡村振兴理论继承了毛泽东关于农业走社会主义道路的重要思想。毛泽东指出:"农民问题,就成了中国革命的基本问题,农民的力量,是中国革命的主要力量。"④这就是要求必须把"三农"问题作为关系国计民生的根本性问题,把解决好"三农"问题作为全党工作的重中之重,把让广大农民过上更加美好的生活作为根本任

---

① 习近平:《论坚持全面深化改革》,中央文献出版社,2018,第408—409页。
② 中共中央党史和文献研究院编《习近平关于"三农"工作论述摘编》,中央文献出版社,2019,第136页。
③ 同上书,第111页。
④ 毛泽东:《毛泽东选集(第二卷)》,北京:人民出版社,1991,第692页。

务。新中国成立后,毛泽东多次指出,组织农民走集体化道路是解决农民共同富裕问题的唯一途径,这就指明了中国农村必须走社会主义现代化道路,走全体人民共同富裕道路的前进方向。毛泽东还重视农村工业化,"必须实行工业与农业同时并举,逐步建立现代化的工业和现代化的农业","过去我们经常讲把我国建成一个工业国,其实也包括了农业的现代化"。[1] 这些理论认识为中国农村走出一条不同于西方国家的工业化道路提供了保证,也为改革开放时期乡镇企业的崛起打下了基础,为把实现农业农村现代化作为乡村振兴总目标提供了理论来源。

乡村振兴理论继承了邓小平提出的"两个飞跃"、发展多种经营、尊重农民主体地位等重要理论。邓小平指出:"中国社会主义农业的改革和发展,从长远的观点看,要有两个飞跃。第一个飞跃,是废除人民公社,实行家庭联产承包为主的责任制。这是一个很大的前进,要长期坚持不变。第二个飞跃,是适应科学种田和生产社会化的需要,发展适度规模经营,发展集体经济。这是又一个很大的前进,当然这是很长的过程。"[2] 这揭示了我国农村生产力和生产关系矛盾运动的规律,指明了我国农村改革和发展的方向。邓小平关于"多种经营发展了,并随之而来成立了各种专业组或专业队,从而使农村的商品经济大大发展起来"[3] 等农村发展多种经营的论述,正是"发展多种形式适度规模经营,培育新型农业经营主体,是建设现代农业的前进方向和必由之路"[4] 的理论原点。邓小平指出:"这些年来搞改革的一条经验,就是首先调动农民的积极性,把生产经

---

[1] 中共中央文献研究室编《毛泽东文集(第七卷)》,人民出版社,1999,第310页。
[2] 邓小平:《邓小平文选(第三卷)》,人民出版社,1993,第355页。
[3] 邓小平:《邓小平文选(第二卷)》,人民出版社,1994,第315—316页。
[4] 习近平:《论坚持全面深化改革》,中央文献出版社,2018,第406页。

营的自主权力下放给农民。"① 这要求乡村发展必须充分尊重农民的首创精神,坚持农民的主体地位。

乡村振兴理论继承了江泽民关于高度重视维护农民利益的重要思想。党的十三届八中全会通过的《中共中央关于进一步加强农业和农村工作的决定》明确指出:"农业是经济发展、社会安定、国家自立的基础,农民和农村问题始终是中国革命和建设的根本问题。没有农村的稳定和全面进步,就不可能有整个社会的稳定和全面进步;没有农民的小康,就不可能有全国人民的小康;没有农业的现代化,就不可能有整个国民经济的现代化。"② 江泽民指出:"努力增加农民收入,切实减轻农民负担,是实现农村稳定的根本保证,也是落实农村基本政策的出发点和归宿。"③ 这就是要求要把维护广大农民根本利益、促进广大农民共同富裕作为出发点和落脚点。

乡村振兴理论继承了胡锦涛关于建设社会主义新农村的重要理论。胡锦涛把"三农"问题进一步提升到了党和国家事业发展全局的高度,十六大以后,他逐步提出了建设社会主义新农村的总要求,即"生产发展、生活宽裕、乡风文明、村容整洁、管理民主",并首次提出培养一批有文化、懂技术、会经营的新型农民,作为新农村建设的主力军。他强调把以人为本作为"三农"工作的根本目的,要"统筹城乡发展","走中国特色农业现代化道路"。习近平总书记提出的"产业兴旺、生态宜居、乡风文明、治理有效、生活富裕"乡村振兴总要求,还有促进城乡融合发展,促进人的全面发展和全体人民共同富裕等重要论述,正是对胡锦涛农村发展理论的

---

① 邓小平:《邓小平文选(第三卷)》,人民出版社,1993,第180页。
② 中共中央文献研究室编《十三大以来重要文献选编(下)》,人民出版社,1993,第1758页。
③ 江金权主编《从十五大到十六大——江泽民同志抓党建重要活动记略》,人民出版社,2003,第463页。

深化发展。

（三）中国乡村振兴理论的实践基础

中国乡村振兴理论是对中国共产党百年领导乡村建设实践的发展，是习近平同志在不同地方主政期间乡村建设实践经验的升华。

1. 中国共产党领导乡村建设的百年探索实践

中国是具有悠久农耕文明的农业社会，乡村一直是农业社会的基本单元、国家治理的基石。党成立之始，就传承了自古以来重视乡村建设、乡村发展的优良传统，立足中国国情、农情，把乡村建设和发展作为新民主主义革命的首要问题，发动农村广大农民参加革命，建立革命根据地，走出了一条农村包围城市的新民主主义革命道路。新中国成立后，农村、农业、农民问题始终被作为党和国家工作的重中之重。可以说，中国共产党百年奋斗史，就是一部党团结领导中国农民推进乡村发展的奋斗史。

在乡村改造时期（1921—1949年），以毛泽东同志为主要代表的中国共产党人领导人民从井冈山革命根据地的建立开始乡村改造实践，通过采取变封建的土地所有制为农民的土地所有制、改善农业农村发展的基础条件、在根据地实行减租减息和精兵简政政策、推动农村文化教育事业的发展、改善农村的医疗卫生状况等措施，保障了农村群众的生存权，为最终取得新民主主义革命胜利奠定了民众基础。

在乡村建设时期（1949—1978年），这一时期中国共产党在农村的主要任务是如何领导广大农民实现农业社会主义现代化，解决广大农民"吃饭穿衣"的问题。推动乡村建设主要是推行农业合作社，强调"在农村中消灭富农经济制度和个体经济制度，使全体农村人民共同富裕起来"[①],从根本上缓解了农村的贫困落后面貌;党和国家将医疗卫生工作重点放到了农村,广大农民以集体经济为依托自发创立了合作医疗制度,群众的基本医疗有了保障;积极开展农村的扫除文盲活动和普及教育事业,多种形式满足农民学习新文化的需求;初步建立新中国社会保障制度,"五保救济"成为减缓贫困的重要手段。这一时期全国范围第一次缓解了农村普遍的绝对贫困状况,推动农村建设事业迈出一大步。

在乡村改革时期(1978—2012年),这是改革开放和社会主义现代化建设新时期。这一时期乡村发展的中心任务是通过改革开放,解决"三农"问题,缩小城乡发展差距。20世纪八九十年代,通过实行家庭联产承包责任制,改革农产品统派购制度,中央通过连续出台一号文件推动农村经济体制改革等一系列举措,极大地调动了广大农民的生产积极性,解放了农村生产力,粮食产量大幅提高,农村的商品经济较快发展,农民收入增加,基本解决了农民吃饭的问题。进入21世纪,关注农村、关心农民、支持农业,成为全党工作的重中之重。全面建设小康社会最艰巨、最繁重的任务在农村。2005年10月,以"生产发展、生活宽裕、乡风文明、村容整洁、管理民主"为主要内容的社会主义新农村建设拉开序幕。社会主义新农村建设是全面建设小康社会的应有之义和重中之重,是党中央统筹新时期城乡发展、推动"工业反哺农业、城市支持农村"方针具体落实的重要举措。随着社会主义新农村建设的深入推进,农村生产生活水平明显提高,农村基层民主制度、法治、公共文化建设得到加强,义务教育和职业教育、医疗卫生体系和社会保障制度持续发展。

进入新时代乡村振兴时期(2012年至今),乡村发展的主要任

[①] 中共中央文献研究室编《毛泽东文集(第六卷)》,人民出版社,1999,第437页。

务转变为实现城乡融合发展、解决发展不平衡不充分的矛盾。党中央高度重视乡村发展，2013年以来的中央一号文件均围绕"三农"问题，对乡村发展进行顶层设计，注重推进农业现代化，激发农业农村发展"原动力"，破解"三农"难题。如2016年提出发展特色小镇，2017年提出田园综合体建设，党的十九大正式提出以"产业兴旺、生态宜居、乡风文明、治理有效、生活富裕"为目标的乡村振兴战略总要求。在脱贫攻坚取得全面胜利后，《中共中央 国务院关于全面推进乡村振兴加快农业农村现代化的意见》发布，将"三农"工作重心历史性地从脱贫攻坚转移到全面推进乡村振兴。在新时代的十年，历史性地解决了我国绝对贫困问题，推进巩固拓展脱贫攻坚同乡村振兴有效衔接，守住了不发生规模性返贫的底线，乡村发展、乡村建设、乡村治理实现良好开局。

纵观中国共产党百年探索，从"乡村改造""乡村建设""乡村改革"到"乡村振兴"，伴随着中国共产党在不同历史时期的时代使命，循序发展，有机演进，逐步提升，浑然一体。百年来，中国共产党始终将为亿万农民谋幸福作为初心使命，根据不同阶段的发展目标，制定相应的政策措施，领导全国人民取得乡村建设重大成就，积累了坚持党对乡村建设工作的领导、坚持以人民为中心的发展理念、坚持农村工作服务国家大局、坚持一切从实际出发的工作原则等重要历史经验，形成了全面推进乡村振兴行动纲领的重要实践基础。

2. 习近平同志不同时期特别是主政不同地方推动乡村建设的实践经验

习近平总书记从当年陕西梁家河大队党支部书记到河北正定县委书记、福建宁德地委书记、福州市委书记、福建省省长、浙江省委书记、上海市委书记等基层和地方工作、主政的丰富历练，形成了他对"三农"的深厚情怀。他所进行的解决"三农"问题、推进乡村建设的创新性探索与实践,奠定了全面推进乡村振兴行动纲领的实践基础。

1969—1975年,在陕西梁家河插队的青年习近平,积极参与梁家河农业农村建设实践,在农村劳动过程中,向当地农民学习农作经验,积极参与村里决策。当选为梁家河村支书后,他带领村民打淤地坝、兴办铁业社和缝纫社、办代销点和磨坊,结合实际鼓励农民发展沼气。一系列乡村建设实践,塑造了习近平坚韧的意志品质,厚植了他的"三农"情怀,开启了他思考中国乡村建设、解决农村贫困问题的历程,萌发了他让农村摆脱贫困、让农民生活幸福的决心。这是习近平关于乡村建设思路的萌芽时期。

1982—1985年,习近平同志在河北正定开始从政,特别是担任正定县委书记以后,开始了领导乡村建设的实践探索。在农村发展思路上,他创造性地提出正定县要积极探索"半城郊型"经济发展方式,就是利用自身优势资源,借助邻近于城市的优越地理位置,依托城市、服务城市,推动经济发展;对农工商各业进行综合研究和整体规划,搞好农工商综合经营,总结形成了"投其所好""供其所需""取其所长""补其所短""应其所变"促进"半城郊型"经济的发展经验。在发展现代农业方面,他提出要摆脱"小农业"思想,走"农林牧副渔"全面发展和农工商综合经营的道路。[①] 在深化农村改革方面,他全面推广"统分结合"经营模式,在河北率先开展扶持"两户一体"的试点工作,积极推动供销社体制改革,基本完成了农村土地确权。在生态环境方面,他提出保持农业发展过程中生态协调与生态稳定,推动正定县打造开放式的"农业生态—经济系统",发展满足城市和乡村居民需求的多种生产类型,促进

---

① 习近平:《知之深爱之切》,河北人民出版社,2015,第141页。

生态和经济良性循环。

　　1985—2002年，习近平在福建工作期间，曾主政福建宁德市、福州市，担任福建省政府主官，站在更大的平台上思考和探索城乡发展问题，对于城市和农村发展战略问题的认识有了更进一步的延伸和拓展。在农业发展问题上，他首次提出了"大农业"的概念，指出"大农业是朝着多功能、开放式、综合性方向发展的立体农业"①。在农村富余劳动力转移问题上，他提出将富余劳动力引向山海开发，对农副产品进行深加工，大力发展外向型经济：注重发展综合大农业，推进山海开发，促进剩余劳动力因地制宜转移；在空间层面上，提倡就地消化，离土不离乡，进厂不进城；鼓励同时进行多种经营，比如从事饮食服务、服装加工、运输；等等。在依靠科技方面，他提出要以科技为导向，实行配套服务；以教育兴农为基础，提高农民科学文化素质；充实科技力量，加强科研工作；等等。在脱贫致富方面，他提出扶贫先要扶志，在思想上淡化"贫困意识"、摆脱"贫困观念"，脱贫的手段和措施必须明确有效，扶贫资金要相对集中一部分用于扶持乡村集体经济实体，要把脱贫与农村社会主义精神文明建设结合起来。

　　2002—2007年，习近平同志在浙江省担任省委书记，提出了大量关于"三农"发展、脱贫开发、生态文明建设等重要论述和思想，为全面推进乡村振兴行动纲领提供了实践支撑。在"三农"地位以及发展战略问题上，他强调："无论什么时候都要坚持把解决好'三农'问题作为全党工作的重中之重，在任何时候都不动摇。"②他提出跳出"三农"抓"三农"，解决"三农"问题的新思路。在推进农村建设方面，他提出把"千村示范、万村整治"工程作为"基础

---

① 习近平:《摆脱贫困》,福建人民出版社,1992,第178页。
② 习近平:《之江新语》,浙江人民出版社,2007,第198页。

工程""龙头工程""生态工程""民心工程",同时,着力引导城市基础设施和公共服务向农村延伸覆盖。在推进农业现代化上,他指出在工业化城镇化进程中无论如何都不能忽视,要推进农业发展,要重点扶持高效生态农业,贯彻经济生态化和农业工业化的价值理念,推进农业结构的战略性调整,切实提高农业市场竞争力和可持续发展能力。在提高浙江农民收入和扶贫方面,他提出"要把农民增收放在整个国民经济发展中统筹考虑",强调"坚持富民为本,富民为先","加快农业与二三产业融合发展",要培养新型经营主体和新型职业农民,大力扶持农民回乡创业,扶贫要因地制宜"真扶贫、扶真贫",要增强贫困地区的自我发展能力。在生态文明建设方面,他指出,"如果能够把这些生态环境优势转化为生态农业、生态工业、生态旅游等生态经济的优势,那么绿水青山也就变成了金山银山"[①],阐述了"两山"理念。在深化农村改革问题上,他提出要深化市场取向的改革,提供农业农村农民发展的体制性保障,消除"三农"发展的制度障碍,着眼于突破城乡二元结构,优化资源配置,加快经济增长,让土地、劳动、资本、知识等要素能在农村焕发活力,并为农民提供平等的发展机会,推动农村经济发展。他推动浙江率先开始农村综合改革,开展"城乡一体新型工农城乡关系"建立试点。

2012年担任党的总书记以后,习近平总书记始终关注乡村建设发展问题,对乡村建设发展进行了深入思考,提出一系列新思想新论断,关于"三农"工作重要论述的理论体系逐步成熟,为全面推进乡村振兴提供了理论指导和价值遵循。他亲自领导人类发展史上规模最大的脱贫攻坚战,完成了消除绝对贫困的艰巨任务,历史性地解决了困扰中华民族几千年的绝对贫困问题;加快推进农业现代

---

① 习近平:《之江新语》,浙江人民出版社,2007,第153页。

化建设,强调以创新推进农业升级转型,以协调推进农业均衡发展,以绿色理念推进乡村可持续发展,以开放推进农业对外合作,以共享促进农民共同富裕;部署建设美丽乡村,推进生态文明建设及美丽中国建设,改善农村生态环境、改善农村百姓生活、提升乡村建设水平;提出田园综合体建设,鼓励发展乡村旅游;要求健全"三治融合"乡村治理体系,指出村民自治是"三治融合"的核心,法治是"三治融合"的根本保障,德治是"三治融合"的坚实基础。

（四）中国乡村振兴理论的丰富内涵

习近平总书记关于全面推进乡村振兴的重要论述,是被实践证明了正确的、党的"三农"工作的理论结晶和经验升华。学习领会习近平总书记关于乡村振兴领域的重要讲话、重要论述、重要指示批示,从指导顶层设计和推动具体实践出发,从理论的体系性、系统性和思想性等多个维度初步体会,从以下方面理解和把握中国乡村振兴理论的丰富内涵。

实施乡村振兴战略是决胜全面建成小康社会、全面建设社会主义现代化国家的重大历史任务,这是全面推进乡村振兴的战略定位。习近平总书记指出:"实施乡村振兴战略,是党的十九大作出的重大决策部署,是决胜全面建成小康社会、全面建设社会主义现代化国家的重大历史任务,是新时代做好'三农'工作的总抓手。农业强不强、农村美不美、农民富不富,决定着全面小康社会的成色和社会主义现代化的质量。要深刻认识实施乡村振兴战略的重要性和必要性,扎扎实实把乡村振兴战略实施好。"[①] 这是总书记站在全

---

① 《习近平、李克强、王沪宁、赵乐际、韩正分别参加全国人大会议一些代表团审议 在"三八"国际劳动妇女节到来之际,习近平代表党中央,向妇女代表、委员及全国各族各界妇女同胞,致以节日的祝贺和诚挚的祝福》,《人民日报》2018年3月9日第1版。

面建设社会主义现代化国家的战略高度,把乡村振兴摆在了党和国家治国理政的突出位置进行决策部署。乡村振兴作为一项国家重大战略,必然关系到党和国家的持续稳定发展,关系到国家现代化建设进程,关系到中华民族伟大复兴大业。全面推进乡村振兴,必须在历史进程中把握好乡村振兴的战略定位和新的历史方位,提高各个方面的自觉性、主动性。

一是加强党对乡村振兴工作的领导。这是全面推进乡村振兴的根本保障。习近平总书记指出:"全面建设社会主义现代化国家、全面推进中华民族伟大复兴,关键在党。"[1]"办好农村的事情,实现乡村振兴,关键在党。"[2]"加强党对'三农'工作的全面领导。……各级党委要扛起政治责任,落实农业农村优先发展的方针,以更大力度推动乡村振兴。特别是县委书记要把主要精力放在'三农'工作上,当好乡村振兴的'一线总指挥'。……选优配强乡镇领导班子、村'两委'成员特别是村党组织书记。要突出抓基层、强基础、固基本的工作导向,推动各类资源向基层下沉,为基层干事创业创造更好条件。"[3] 总书记的重要论述深刻指出,深入实施乡村振兴战略,必须加强和改善党对"三农"工作的集中统一领导,充分发挥党把方向、谋大局、定政策、促改革的主心骨作用,关键是要提高党全面领导新时代"三农"工作的能力和水平。具体体现为广大各级领导干部、普通干部、驻村帮扶工作队干部、乡村干部等领导和推动乡村振兴工作的能力和水平,具体体现在抓党建、促乡村振兴工作

---

[1] 习近平:《高举中国特色社会主义伟大旗帜 为全面建设社会主义现代化国家而团结奋斗——在中国共产党第二十次全国代表大会上的报告》,人民出版社,2022,第63页。

[2] 中央党史和文献研究院编《习近平关于"三农"工作论述摘编》,中央文献出版社,2019,第190页。

[3] 习近平:《论"三农"工作》,中央文献出版社,2022,第17—18页。

效果上。

二是加快推进农业现代化。这是全面推进乡村振兴的目标要求。习近平总书记指出:"要抓住实施乡村振兴战略的重大机遇,坚持农业农村优先发展,夯实农业基础地位,深化农村改革。要加快高标准农田建设,强化农业科技和装备支撑,深化农业供给侧结构性改革,加快发展绿色农业,推进农村三产融合。"[1] "要发展现代农业,确保国家粮食安全,调整优化农业结构,加快构建现代农业产业体系、生产体系、经营体系,推进农业由增产导向转向提质导向,提高农业创新力、竞争力、全要素生产率,提高农业质量、效益、整体素质。"[2] 这些重要论述为全面推进乡村振兴指明方向,阐述了乡村振兴的实现路径,即没有农业现代化、没有农村繁荣富强,就没有农民安居乐业,国家的现代化也将是不完整、不全面、不牢固的。由此,农业现代化就是乡村振兴的重要任务和重要目标,实现农业现代化必须多措并举、多途径并行,走中国特色农业现代化道路。

三是发展壮大乡村产业。这是全面推进乡村振兴的前提。习近平总书记指出:"要推动乡村产业振兴,紧紧围绕发展现代农业,围绕农村一二三产业融合发展,构建乡村产业体系,实现产业兴旺,把产业发展落到促进农民增收上来,全力以赴消除农村贫困,推动乡村生活富裕。"[3] "乡村振兴,关键是产业要振兴。要鼓励和扶持农

---

[1]《习近平在吉林考察时强调 坚持新发展理念深入实施东北振兴战略 加快推动新时代吉林全面振兴全方位振兴》,《人民日报》2020年7月25日第1版。
[2]《习近平、李克强、王沪宁、赵乐际、韩正分别参加全国人大会议一些代表团审议 在"三八"国际劳动妇女节到来之际,习近平代表党中央,向妇女代表、委员及全国各族各界妇女同胞,致以节日的祝贺和诚挚的祝福》,《人民日报》2018年3月9日第1版。
[3] 同上。

民群众立足本地资源发展特色农业、乡村旅游、庭院经济，多渠道增加农民收入。"①"依托丰富的红色文化资源和绿色生态资源发展乡村旅游，搞活了农村经济，是振兴乡村的好做法。"②总书记的系列重要论述为加快发展绿色农业、发展乡村特色产业、推动乡村产业融合、构建现代乡村产业体系指明了前进方向，提供了行动指南。我们要深刻认识和领悟"发展壮大乡村产业是乡村发展的核心"，只有乡村产业发展壮大，实现产业兴旺，乡村才能真正实现发展、实现振兴。

四是强化乡村振兴人才支撑。这是全面推进乡村振兴的基础。习近平总书记指出："要推动乡村人才振兴，把人力资本开发放在首要位置，强化乡村振兴人才支撑，加快培育新型农业经营主体，让愿意留在乡村、建设家乡的人留得安心，让愿意上山下乡、回报乡村的人更有信心，激励各类人才在农村广阔天地大施所能、大展才华、大显身手，打造一支强大的乡村振兴人才队伍，在乡村形成人才、土地、资金、产业汇聚的良性循环。"③"要积极培养本土人才，鼓励外出能人返乡创业，鼓励大学生村官扎根基层，为乡村振兴提供人才保障。"④"人才振兴是乡村振兴的基础，要创新乡村人才工作体制机制，充分激发乡村现有人才活力，把更多城市人才引向乡村

---

① 《习近平在海南考察时强调　以更高站位更宽视野推进改革开放　真抓实干加快建设美好新海南》，《人民日报》2018年4月14日第1版。
② 《习近平在河南考察时强调　坚定信心埋头苦干奋勇争光　谱写新时代中原更加出彩的绚丽篇章》，《人民日报》2019年9月16日第1版。
③ 《习近平、李克强、王沪宁、赵乐际、韩正分别参加全国人大会议一些代表团审议　在"三八"国际劳动妇女节到来之际，习近平代表党中央，向妇女代表、委员及全国各族各界妇女同胞，致以节日的祝贺和诚挚的祝福》，《人民日报》2018年3月9日第1版。
④ 《习近平在山东考察时强调　切实把新发展理念落到实处　不断增强经济社会发展创新力》，《人民日报》2018年6月15日第1版。

创新创业。"①总书记的系列重要论述,明确提出了人才振兴在乡村振兴整体布局中的关键地位,要通过培养人才队伍,创新乡村人才工作体制机制,为乡村振兴奠定坚实的人才基础和保障。国内外实践证明,没有人才振兴,乡村振兴就无从谈起。同时,如果留在农村的人口都是没有劳动能力、文化素质偏低的群体,也同样谈不上乡村振兴。乡村振兴,最终还是要靠有知识、有文化,懂农业、爱农业,能创业、善发展的人才队伍作为支撑才能实现。

五是走乡村文化兴盛之路,焕发乡村文明新气象。这是全面推进乡村振兴的紧迫任务。习近平总书记指出:"农村精神文明建设很重要,物质变精神、精神变物质是辩证法的观点,实施乡村振兴战略要物质文明和精神文明一起抓,特别要注重提升农民精神风貌。"②"乡村振兴,既要塑形,也要铸魂。"③"要推动乡村文化振兴,加强农村思想道德建设和公共文化建设,以社会主义核心价值观为引领,深入挖掘优秀传统农耕文化蕴含的思想观念、人文精神、道德规范,培育挖掘乡土文化人才,弘扬主旋律和社会正气,培育文明乡风、良好家风、淳朴民风,改善农民精神风貌,提高乡村社会文明程度,焕发乡村文明新气象。"④围绕乡村文化振兴,习近平总书记多次强调,要加强农村思想道德建设和公共文化建设,培育文明乡风、良好家风、淳朴民风,弘扬优秀传统文化,着力提高乡村社会的文明程度,焕发乡村文明的新气象。

---

① 习近平:《论"三农"工作》,中央文献出版社,2022,第280—281页。
②《习近平在江苏徐州市考察时强调 深入学习贯彻党的十九大精神 紧扣新时代要求推动改革发展》,《人民日报》2017年12月14日第1版。
③ 习近平:《论坚持全面深化改革》,中央文献出版社,2018,第405页。
④《习近平、李克强、王沪宁、赵乐际、韩正分别参加全国人大会议一些代表团审议 在"三八"国际劳动妇女节到来之际,习近平代表党中央,向妇女代表、委员及全国各族各界妇女同胞,致以节日的祝贺和诚挚的祝福》,《人民日报》2018年3月9日第1版。

六是建设生态宜居和美乡村。这是全面推进乡村振兴的内在要求。习近平总书记指出："要推动乡村生态振兴，坚持绿色发展，加强农村突出环境问题综合治理，扎实实施农村人居环境整治三年行动计划，推进农村'厕所革命'，完善农村生活设施，打造农民安居乐业的美丽家园，让良好生态成为乡村振兴支撑点。"①"要以实施乡村建设行动为抓手，改善农村人居环境，建设宜居宜业美丽乡村。"②"统筹乡村基础设施建设和公共服务布局，建设宜居宜业和美乡村。"③总书记这一系列论述，强调"环境美，则乡村美；生态兴，则乡村兴"，明确要求开展农村人居环境整治行动、完善农村公共基础设施、解决农村突出生态环境问题，改进和完善乡村治理体系，为建设生态宜居和美乡村提供了根本遵循和目标方向。从一定程度上说，习近平生态文明思想、中国式现代化理论在乡村发展中的实践，就是全面推进乡村振兴必须建设美丽生态宜居和美乡村。

七是加强农村基层党组织建设。这是全面推进乡村振兴的重要保障。习近平总书记指出："要推动乡村组织振兴，打造千千万万个坚强的农村基层党组织，培养千千万万名优秀的农村基层党组织书记，深化村民自治实践，发展农民合作经济组织。"④"要加强和改

---

① 《习近平、李克强、王沪宁、赵乐际、韩正分别参加全国人大会议一些代表团审议 在"三八"国际劳动妇女节到来之际，习近平代表党中央，向妇女代表、委员及全国各族各界妇女同胞，致以节日的祝贺和诚挚的祝福》，《人民日报》2018年3月9日第1版。
② 《习近平在福建考察时强调 在服务和融入新发展格局上展现更大作为 奋力谱写全面建设社会主义现代化国家福建篇章》，《人民日报》2021年3月26日第1版。
③ 习近平：《高举中国特色社会主义伟大旗帜 为全面建设社会主义现代化国家而团结奋斗——在中国共产党第二十次全国代表大会上的报告》，人民出版社，2022，第31页。
④ 《习近平、李克强、王沪宁、赵乐际、韩正分别参加全国人大会议一些代表团审议 在"三八"国际劳动妇女节到来之际，习近平代表党中央，向妇女代表、委员及全国各族各界妇女同胞，致以节日的祝贺和诚挚的祝福》，《人民日报》2018年3月9日第1版。

进党对农村基层工作的全面领导,提高农村基层组织建设质量,为乡村全面振兴提供坚强政治和组织保证。"①总书记的一系列重要论述,深刻阐述了乡村治理中基层党组织的核心地位和作用。农村基层组织是实现乡村振兴战略的"主心骨",在接续推进乡村振兴中,一定要重视基层组织的作用,切实加强基层党组织建设,提高基层党组织的政治素质和战斗力,为全面推进乡村振兴提供组织保障。

八是健全乡村治理体系,加快推进乡村治理体系和治理能力现代化。这是全面推进乡村振兴的关键。习近平总书记指出:"建立健全党委领导、政府负责、社会协同、公众参与、法治保障的现代乡村社会治理体制,确保乡村社会充满活力、安定有序。"②"要在实行自治和法治的同时,注重发挥好德治的作用,推动礼仪之邦、优秀传统文化和法治社会建设相辅相成。"③"加强法治乡村建设是实施乡村振兴战略、推进全面依法治国的基础性工作。"④总书记在党的十九大报告中明确要求,加强农村基层基础工作,健全自治、法治、德治相结合的乡村治理体系。这为我国推进乡村治理指明了方向,提供了根本遵循。乡村振兴要实现"治理有效"的目标,就必须坚持法治为纲、德治为魂、自治为本,不断推进乡村治理能力和水平现代化。

九是保障和改善农村民生。这是全面推进乡村振兴的兜底性保

---

① 习近平:《在基层代表座谈会上的讲话(2020年9月17日)》,《人民日报》2020年9月21日第2版。
②《习近平、李克强、王沪宁、赵乐际、韩正分别参加全国人大会议一些代表团审议 在"三八"国际劳动妇女节到来之际,习近平代表党中央,向妇女代表、委员及全国各族各界妇女同胞,致以节日的祝贺和诚挚的祝福》,《人民日报》2018年3月9日第1版。
③ 习近平:《把乡村振兴战略作为新时代"三农"工作总抓手》,《求是》2019年第11期。
④ 习近平:《推进全面依法治国,发挥法治在国家治理体系和治理能力现代化中的积极作用》,《求是》2020年第22期。

障。习近平总书记指出:"重视农村'三留守'问题,搞好农村民生保障和改善工作。……要抓紧完善相关政策措施,健全农村留守儿童、留守妇女、留守老年人关爱服务体系,围绕留守人员基本生活保障、教育、就业、卫生健康、思想情感等实施有效服务。"[1]"农业农村工作,说一千、道一万,增加农民收入是关键。要加快构建促进农民持续较快增收的长效政策机制,让广大农民都尽快富裕起来。"[2]总书记这一系列围绕着保障和改善农村民生的重要论述,深刻阐述了人民群众是社会历史主体的基本原理、发展规律。乡村振兴就是要实现广大农民对美好生活的向往。为此,要通过增加农民收入,加强农村基础设施建设,完善农村医疗社会保障制度,不断搞好农村民生保障和改善工作。乡村振兴的重要任务就是要保障和改善农村群众的基本民生。

十是乡村振兴的必然途径。习近平总书记指出:"要把乡村振兴战略这篇大文章做好,必须走城乡融合发展之路。我们一开始就没有提城市化,而是提城镇化,目的就是促进城乡融合。要向改革要动力,加快建立健全城乡融合发展体制机制和政策体系。"[3]"要构建新型城乡关系,建立健全城乡融合发展体制机制和政策体系,促进城乡协调发展、融合发展。"[4]总书记的重要论述,指明了改革创新、推动城乡融合发展对于乡村振兴的重要作用。城镇和乡村是互促互进、共生共存的,能否处理好城乡关系,关乎社会主义现代化建设

---

[1] 中共中央文献研究室编《十八大以来重要文献选编(上)》,中央文献出版社,2014,第681页。
[2]《习近平在山东考察时强调 切实把新发展理念落到实处 不断增强经济社会发展创新力》,《人民日报》2018年6月15日第1版。
[3] 习近平:《论"三农"工作》,中央文献出版社,2022,第279页。
[4]《习近平在江西考察并主持召开推动中部地区崛起工作座谈会时强调 贯彻新发展理念推动高质量发展 奋力开创中部地区崛起新局面》,《人民日报》2019年5月23日第1版。

全局。推进乡村振兴战略、构建新型城乡关系，缩小城乡差距、实现城乡一体化发展，必须建立健全城乡融合发展体制机制和政策体系。理解乡村振兴，不仅要深刻理解"五大振兴"的目标任务、推进要求，同时也要理解"健全城乡融合发展的体制机制和政策体系"的重要论断。事实上，在"城乡融合发展"中推进"五大振兴"，才能完整地体现乡村振兴战略总要求和推进路径。

（五）中国乡村振兴理论的精神实质

党的十八大以来，农业农村领域取得的历史性成就、发生的历史性变革表明，习近平总书记关于全面推进乡村振兴重要论述体系严整、内涵丰富、博大精深，蕴含着强大的真理力量、独特的思想魅力、巨大的实践伟力、深厚的为民情怀，其精神实质集中体现了中国共产党人民至上的根本立场，凝聚了社会主义实现共同富裕的本质要求，反映了新时代新征程中国式现代化的乡村振兴道路，推动了马克思主义城乡融合发展思想的中国化、时代化。

1. 体现中国共产党人民至上的根本立场

坚持"三农"重中之重战略定位。习近平总书记在党的二十大报告中指出："全面建设社会主义现代化国家，最艰巨最繁重的任务仍然在农村。""坚持农业农村优先发展。"[①] 中国共产党始终把解决好"三农"问题作为全党工作的重中之重，"为广大农民谋取更多物质利益，让广大农民过上更加美好的生活"[②]。这是由中国共产党的初心和使命所决定的。从中华民族伟大复兴战略全局看，民族要

---

① 习近平：《高举中国特色社会主义伟大旗帜，为全面建设社会主义现代化国家而团结奋斗——在中国共产党第二十次全国代表大会上的报告》，人民出版社，2022，第30—31页。
② 中共中央党史和文献研究院编《习近平关于"三农"工作论述摘编》，中央文献出版社，2019，第5页。

复兴,乡村必振兴。历史和现实都告诉我们,农为邦本,本固邦宁。全面建设社会主义现代化国家,实现中华民族伟大复兴,最艰巨最繁重的任务依然在农村,最广泛最深厚的基础依然在农村。从世界百年未有之大变局看,稳住农业基本盘、守好"三农"基础是应变局、开新局的"压舱石"。坚持"三农"重中之重战略定位,是我们党百年奋斗积累的宝贵经验。

坚持以人民为中心的发展思想。实施乡村振兴战略就是"要统筹推进农村经济建设、政治建设、文化建设、社会建设、生态文明建设和党的建设,促进农业全面升级、农村全面进步、农民全面发展"[①],中国特色社会主义进入新时代,我国社会主要矛盾已经转化为人民日益增长的美好生活需要和不平衡不充分的发展之间的矛盾。大力实施乡村振兴战略,满足人民日益增长的美好生活需要,就是既要解决好"物"的问题,又要解决好"人"的问题;既要继续把发展作为第一要务,又要着力解决发展不平衡不充分问题,特别是补齐农业农村短板。做到乡村振兴为了人民、乡村振兴依靠人民、乡村振兴成果由人民共享,努力汇聚起乡村振兴的强大合力。

坚持农民主体地位。要发挥亿万农民的主体作用和首创精神,把坚持农民主体地位作为实施乡村振兴战略的基本原则之一,这就指明了乡村振兴一切工作的出发点和落脚点。乡村振兴必须确保农民的受益主体地位,农民是农业的主体,也是乡村的主人,更是乡村振兴最大的直接受益者和主力军。广大农民是乡村振兴的根本力量,只有赋予广大农民切实的知情权、参与权、表达权、监督权,乡村振兴才有厚实的群众基础。在乡村振兴中保障农民的切身利益,乡村发展的本质是人的发展,只有紧紧依靠农民,才能充分调

---

① 中共中央党史和文献研究院编《习近平关于"三农"工作论述摘编》,中央文献出版社,2019,第23页。

动并保护他们推进乡村振兴的积极性、主动性、创造性,乡村振兴才有源源不断的动力。

"让广大农民在乡村振兴中有更多获得感、幸福感、安全感。"①提升农民获得感,要不断加大对农村地区的产业扶持,拉动农村经济发展,改善农村生产生活条件,持续帮助农民减负增收;要创新体制机制,确保广大农民参与乡村发展、乡村建设、乡村治理全过程各环节,确保越来越多的农民真正成为乡村振兴的建设者;要把乡村振兴着力点放在优先解决农民最关心、最直接、最现实的利益问题上,补齐医疗、养老、教育、环境、卫生、社会保障等农村民生短板,提高农村美好生活保障水平。农民增收、人文环境提升、自然环境改善等能促进农民幸福感的提升。农民幸福感的提升,有利于社会和谐,有利于农民身份认同、勤劳致富。提升广大农民的安全感,就是要让广大农民在安全的生产环境、生活环境中参与乡村振兴,充分保障他们在安全生产、食品安全、医疗安全、社会安全、网络安全和金融安全等方面的利益。

2.彰显社会主义实现共同富裕的本质要求

全面推进乡村振兴旨在推动全体人民"共同"实现富裕。共同富裕不是部分人和部分地区的富裕,而是全体人民的共同富裕。"促进共同富裕,最艰巨最繁重的任务仍然在农村。"② 全面推进乡村振兴就是在摆脱绝对贫困、全面建成小康社会的基础上,进一步提升全体农民的生活水平,确保共同富裕路上农民不掉队。"如果只顾一头、不顾另一头,一边是越来越现代化的城市,一边却是越来越萧条的乡村,那也不能算是实现了中华民族伟大复兴。我们要让乡

---

① 中共中央党史和文献研究院编《习近平关于"三农"工作论述摘编》,中央文献出版社,2019,第19页。
② 习近平:《扎实推动共同富裕》,《求是》2021年第20期。

村尽快跟上国家发展步伐。"①乡村振兴强调勤劳致富，积极调动全体农民参与热情，让全体农民共享发展成果；乡村振兴要求持续提高收入积累物质财富，同时注重农村精神文明建设，坚持在发展中保障和改善民生，创造人与自然和谐共生的生态环境，增强脱贫地区和脱贫群众内生发展动力。

全面推进乡村振兴旨在全体人民共同实现"全面"富裕。"实施乡村振兴战略，要顺应农民新期盼，立足国情农情，以产业兴旺为重点、生态宜居为关键、乡风文明为保障、治理有效为基础、生活富裕为根本，推动农业全面升级、农村全面进步、农民全面发展。"②乡村振兴是产业、人才、文化、生态、组织五个方面的振兴，具有整体性、协同性、关联性，与共同富裕的"全面性"相契合。乡村全面振兴必然促进城乡融合发展，逐步缩小城市与乡村发展差距，实现城乡居民共同富裕。

全面推进乡村振兴旨在全体人民"共建"共同富裕。实现共同富裕从根本上需要全体人民通过辛勤劳动和相互帮助，共建美好家园，实现共享美好生活。乡村振兴正是全党、全社会、全体人民的共同行动。全面推进乡村振兴，既要求农业生产效率持续提高，又要求发展成果分享的公平公正，这正是实现社会主义共同富裕的关键。从区域"共建"看，走共同富裕的道路不能让农村掉队，要完善农村地区的基础设施，改善农村人居环境，提高农民科技文化素质，接续推进脱贫地区发展；要推动西部大开发形成新格局，推动东北振兴取得新突破，促进中部地区加快崛起，鼓励东部地区加快推进现代化；还要支持革命老区、民族地区加快发展，加强边疆地

---

① 中共中央党史和文献研究院编《习近平关于"三农"工作论述摘编》，中央文献出版社，2019，第10页。
② 同上书，第16页。

区建设，推进兴边富民、稳边固边。

全面推进乡村振兴旨在全体人民"渐进"实现共同富裕。实现全体人民共同富裕是一项长期艰巨的任务，是一个逐步推进的过程，不可能一蹴而就。乡村振兴是继脱贫攻坚、全面建成小康社会后进一步促进农村农业发展的新阶段。"到二〇三五年基本实现社会主义现代化，大头重头在'三农'，必须向农村全面发展进步聚焦发力，推动农业农村农民与国家同步基本实现现代化。到二〇五〇年把我国建成富强民主文明和谐美丽的社会主义现代化强国，基础在'三农'，必须让亿万农民在共同富裕的道路上赶上来，让美丽乡村成为现代化强国的标志、美丽中国的底色。"[1]

全面推进乡村振兴旨在全体人民在"共享"中推动共同富裕。第一，坚持共享发展理念，引领乡村振兴：以共享发展理念为指导，以农民为主体，充分发挥农民的首创精神；全力推进乡村振兴，让农村人人享有发展成果；全方位、各领域推进乡村振兴，使得人人享受全方面建设的成果；发动农民人人参与建设，共同推进乡村振兴；立足农村的实际情况，因村因户施策，逐步实现共同富裕。第二，发展共享经济，激发乡村振兴活力：以共享促进乡村现有资源的充分利用，吸引更多的资本和资源流向乡村，提供更多的就业创业机会，为乡村全面振兴注入活力。如通过土地流转、房屋租赁等方式，盘活农村闲置的土地、房屋资源，建成共享农田、共享农庄等发展旅游体验、健康养生等服务业。第三，打造共享治理模式，推进乡村振兴：以制定科学的政策为前提，以明晰责权关系为基础，以构建服务供给和利益共享机制为重点，以建设新型乡村文化为保障，促进乡村全面振兴，使乡村物质、精神共同富裕富足。

---

[1] 习近平：《论"三农"工作》，中央文献出版社，2022，第238页。

3. 反映新时代新征程中国式现代化的乡村振兴道路

"把农业农村优先发展作为现代化建设的一项重大原则，把振兴乡村作为实现中华民族伟大复兴的一个重大任务。"① 全面推进乡村振兴，加快建设农业强国，建设宜居宜业和美乡村，实现农业农村农民现代化，是中国式现代化的重要内容，乡村振兴道路是中国式现代化道路的重要组成部分。②

中国式现代化的乡村振兴道路立足"人口规模巨大"基本国情。全面推进乡村振兴必然帮助农村近亿脱贫人口逐步步入中等收入群体，让消费和产业发展释放出巨大的潜力。同时，乡村振兴充分利用农村人口规模大的发展优势，在粮食和重要农产品供应保障更加有力的基础上，加快发展特色种养、农产品加工，培育乡村旅游、农村电商、康养体验、农事体验等新产业新业态，延长产业链，提升价值链，打造供应链。全面推进乡村振兴，可以有效缓冲农村人口向城市流动的过程中产生的不稳定性，应对乡村人口大流动带来的各种挑战；可以推进公共服务设施逐步实现均等化，逐步补齐养老服务设施短板；乡村产业兴旺，返乡人员增加，有利于缓解留守老人问题。因此，全面推进乡村振兴是加快中国式现代化进程的重要推力。

中国式现代化的乡村振兴道路以实现"全体人民共同富裕"为目标。"没有农业农村现代化，就没有整个国家现代化。"③ 脱贫攻坚战取得全面胜利后，党和国家积极部署，实现巩固拓展好脱贫攻坚成果同乡村振兴有效衔接，为实现全体人民共同富裕夯实基础。全

---

① 中共中央党史和文献研究院编《习近平关于"三农"工作论述摘编》，中央文献出版社，2019，第14页。
② 黄承伟：《中国式现代化的乡村振兴道路》，《行政管理改革》2022年第12期。
③ 中共中央党史和文献研究院编《习近平关于"三农"工作论述摘编》，中央文献出版社，2019，第42页。

面推进乡村振兴,必然要求深化农业供给侧结构性改革,转变农业发展方式,构建现代农业产业体系、生产体系、经营体系,激活农村各类生产要素,推动农业从增产导向转向提质导向,从传统农业转向现代农业,为实现全体人民共同富裕提供高质量的农业支撑。同时,评估全面推进乡村振兴的实际效果,主要要看广大农民群众的对美好生活的需要有没有得到满足,得到了多大程度的满足,是不是通过高质量发展得到的满足。只有在富裕农民、提高农民、扶持农民,让农民成为体面职业的基础上,农业才能成为有奔头、有潜力、有创造的产业,农村才能成为安居乐业、和谐共生的美丽家园,中国式现代化才有厚实的乡村底色。

中国式现代化的乡村振兴道路必然要求"物质文明与精神文明相协调"。"实施乡村振兴战略要物质文明和精神文明一起抓,特别要注重提升农民精神风貌。"[①] 首先,全面推进乡村振兴,要以推动高质量发展为主题,统筹发展和安全,落实加快构建新发展格局要求,巩固和完善农村基本经营制度,深入推进农业供给侧结构性改革,充分发挥农业产品供给、生态屏障、文化传承等功能,促进农业高质高效、乡村宜居宜业、农民富裕富足、城乡融合发展,让物质文明建设为精神文明建设奠定基础。其次,加强农村精神文明建设,是全面推进乡村振兴的重要内容。农村精神文明建设,能够切实提升农民精神风貌,不断提高乡村社会文明程度,推动乡风民风美起来、人居环境美起来、文化生活美起来,为中国式现代化在乡村践行提供坚强的思想保证、强大的精神力量、丰润的道德滋养、良好的文化条件。

中国式现代化的乡村振兴道路着力打造"人与自然和谐共生"

---

① 中共中央党史和文献研究院编《习近平关于"三农"工作论述摘编》,中央文献出版社,2019,第122页。

发展格局。坚持绿色低碳方式，就是坚持"绿水青山就是金山银山"的理念，把乡村生态优势转化为经济优势，促进生态产业化和产业生态化的双向互动，在双循环的新发展格局中，使人与自然、城市与乡村、生态系统与经济系统之间达成动态平衡，促进可持续发展。为此，必须加强乡村生态环境综合治理，统筹好"山水林田湖草"各自然要素，建立健康稳定的生态系统，坚持节约优先、保护优先，同时针对农业中的用地、化肥、农药、养殖等要素，农村中的水源、空气、基础设施建设、垃圾污水处理等要素，科学推进灾害和污染综合防范和治理，达成生态、生产、生活三者的有机统一，确保村民参与，倡导绿色生活方式、消费方式；同时，要创新乡村生态监管长效机制，严守生态保护红线，以绿色发展引领乡村振兴，加强重点地区重点行业执法监测，加强乡村生活污水、垃圾处理设施建设，加强乡村生态环境监管队伍建设，引导群众积极参与乡村生态环境监督。

中国式现代化的乡村振兴道路践行"走和平发展道路"的战略理念。历史实践证明，中国要保持经济和社会长期稳定发展，只有走和平发展道路。而实施乡村振兴战略的根本目标就是补齐经济社会持续稳定发展短板，站在全球视角来看，就是致力于世界的和平发展。全面建成小康社会，是中国式现代化建设必经的历史阶段。摆脱贫困一直是困扰全球发展和治理的突出难题，中国集中解决大规模绝对贫困的成功经验，开创了不同于西方国家以对外殖民、暴力甚至战争进行剥削、掠夺来推进本国现代化的全新道路。乡村全面振兴是实现中华民族伟大复兴的重要基础，因而亦是构建人类命运共同体的重要前提。全面推进乡村振兴必将推动人类命运共同体的构建。

4. 推动马克思主义城乡融合发展思想中国化时代化

城乡融合发展以"生产力发展"为物质基础。马克思主义认为，城乡融合发展要以生产力发展为物质基础。生产力不仅生产生活所需物质，而且其作用下产生了各种社会关系。城乡融合并不是一蹴而就的，而是生产力水平发展到一定阶段的产物。乡村振兴战略的重要任务就在于促进乡村生产力向高质量、高水平、高层次发展，创造农民需要的丰富的物质文化生活。习近平总书记就此指出，"提高城乡发展一体化水平，要把解放和发展农村社会生产力、改善和提高广大农民群众生活水平作为根本的政策取向，加快形成以工促农、以城带乡、工农互惠、城乡一体的工农城乡关系"，[①]"产业兴旺，是解决农村一切问题的前提"[②]。这些重要论述与马克思主义城乡融合思想一脉相承，指引我国开启城乡共建共享、共生共荣的融合发展新格局。

城乡融合发展以"公有制"为制度前提。"城乡之间的对立只有在私有制的范围内才能存在。"[③]资本剥削和资本扩张逻辑的客观存在和现实运动导致城乡地域的分离表现为"农村从属于城市"，城乡之间形成一种矛盾对立的紧张状态。随着生产力的不断发展，资本主义私有制导致城乡对立的状况已经越来越不适合工业和农业的协同发展，城乡融合也必将取代城乡的分离与对立。而生产资料公有制是实现城乡融合发展的所有制基础。实施乡村振兴战略，破除城乡分割的体制机制弊端，把工与农、城与乡、市民与农民作为一

---

① 中共中央党史和文献研究院编《习近平关于"三农"工作论述摘编》，中央文献出版社，2019，第36页。
② 习近平：《把乡村振兴战略作为新时代"三农"工作总抓手》，《求是》2019年第11期。
③ 中共中央马克思恩格斯列宁斯大林著作编译局编《马克思恩格斯文集（第一卷）》，人民出版社，2009，第556页。

个整体加以统筹协调发展,其制度前提在于坚持社会主义公有制。

城乡融合发展以"城乡良性互动"为推进手段。"把农业和工业结合起来,促使城乡对立逐步消灭"[1],实现城乡融合,必须以新型的分工体系代替旧式分工体系。将城乡、工农的优点结合起来,既有助于保护并利用合理生产发展所必需的各类自然资源,减轻环境污染,也有助于人的全面发展。新中国成立七十多年来,城乡关系发展事实上遵循了一条"先城后乡、以农助工、以乡助城"的发展逻辑,长期存在的城乡二元结构一直没有得到实质上的破解,城乡发展的相对差距仍然在拉大,城乡之间发展的不均衡实际上影响了农村的经济活力。为此,必须"把城镇和乡村贯通起来","要以城带乡、以乡促城,实现城乡一体化发展"[2],"我国城镇化必须同农业现代化同步发展,城市工作必须同'三农'工作一起推动"[3],要"健全城乡融合发展体制机制","坚持新型城镇化和乡村振兴两手抓"[4]。

城乡融合发展以"人的自由全面发展"为根本追求。在城乡对立的状态下,无论是城市劳动者还是乡村劳动者,"为了训练某种单一的活动,其他一切肉体的和精神的能力都成了牺牲品"[5]。在资本主义社会,"劳动生产力的提高和劳动量的增大是以劳动力本身的破坏和衰退为代价的"[6]。针对资本主义社会城乡关系领域存在的

---

[1] 中共中央马克思恩格斯列宁斯大林著作编译局编《马克思恩格斯文集(第二卷)》,人民出版社,2009,第557页。
[2] 中共中央党史和文献研究院编《习近平关于"三农"工作论述摘编》,中央文献出版社,2019,第31页。
[3] 同上书,第37页。
[4] 同上书,第38页。
[5] 中共中央马克思恩格斯列宁斯大林著作编译局编《马克思恩格斯文集(第九卷)》,人民出版社,2009,第308页。
[6] 中共中央马克思恩格斯列宁斯大林著作编译局编《马克思恩格斯文集(第五卷)》,人民出版社,2009,第579页。

矛盾和问题，马克思和恩格斯提出，未来社会要消除旧式分工，推动城乡关系由对立向融合转化。而城乡融合发展更深层次的目标指向在于消除资本主义生产方式对人的束缚，使社会成员共享财富，促进人的自由全面发展。全面推进乡村振兴，要"坚持农业农村优先发展，坚持城乡融合发展，畅通城乡要素流动"①。"农村现代化既包括'物'的现代化，也包括'人'的现代化。"②

（六）中国乡村振兴理论的理论品格

习近平总书记关于全面推进乡村振兴重要论述以其深厚的理论渊源、科学的理论体系及一系列创新的理论观点，回答了新时代我国农业、农村、农民现代化进展中的重大理论实践问题，深化了党对新发展阶段"三农"工作的规律性认识，丰富发展了新时代党的农村工作理论，呈现了鲜明的中国化时代化的马克思主义理论品格。

1. 政治性

坚持中国共产党领导是全面推进乡村振兴的根本特征。"办好农村的事情，实现乡村振兴，关键在党。必须提高党把方向、谋大局、定政策、促改革的能力和定力，确保党始终总揽全局、协调各方，提高新时代党全面领导农村工作能力和水平。"③"全面推进乡村振兴，必须健全党领导农村工作的组织体系、制度体系、工作机制。"④ 这些重要论述，是"中国式现代化，是中国共产党领导的社会

---

① 习近平：《高举中国特色社会主义伟大旗帜，为全面建设社会主义现代化国家而团结奋斗——在中国共产党第二十次全国代表大会上的报告》，人民出版社，2022，第31页。
② 中共中央党史和文献研究院编《习近平关于"三农"工作论述摘编》，中央文献出版社，2019，第45页。
③ 习近平：《论"三农"工作》，中央文献出版社，2022，第261页。
④ 同上书，第17页。

主义现代化"[①]的具体体现,继承和发扬党管农村工作的优良传统,深刻阐述了党在乡村振兴中的领导地位,为加强党对乡村振兴的领导指明了方向、提出了明确要求,体现了全面推进乡村振兴的政治品格。

政治统领是全面推进乡村振兴的重要保障。这主要表现在以下几个方面。一是着力完善党领导"三农"工作体制机制。各级党委和政府坚持工业农业一起抓,并把农业农村优先发展要求落到实处,在干部配备上优先考虑,在要素配置上优先满足,在公共服务上优先安排。党委全面统一领导、政府负责、党委农村工作部门统筹协调的农村工作领导体制不断健全。二是实行中央统筹、省负总责、市县抓落实的工作机制。党委和政府一把手是第一责任人,五级书记抓乡村振兴。县委书记是乡村振兴"一线总指挥",要把主要精力放在"三农"工作上。各部门结合自身职能,明确工作思路,细化政策举措,主动作为,齐抓共管的工作合力不断强化。三是切实加强党的农村基层组织建设。乡村振兴各项政策,最终要靠农村基层党组织来落实。加强农村基层组织建设,要建立健全党委领导、政府负责、民主协商、社会协同、公众参与、法治保障、科技支撑的现代乡村社会治理体制和党组织领导的自治、法治、德治相结合的乡村治理体系。把农村基层党组织建设成为宣传党的主张、贯彻党的决定、领导基层治理、团结动员群众、推动改革发展的坚强战斗堡垒。四是建设一支政治过硬、本领过硬、作风过硬的乡村振兴干部队伍。选派优秀干部到乡村振兴一线岗位,把乡村振兴作为培养锻炼干部的广阔舞台,对在艰苦地区、关键岗位工作表现突出的

[①] 习近平:《高举中国特色社会主义伟大旗帜,为全面建设社会主义现代化国家而团结奋斗——在中国共产党第二十次全国代表大会上的报告》,人民出版社,2022,第22页。

干部优先重用,形成人才向农村一线流动的用人导向。五是让全面从严治党要求贯穿乡村振兴各方面各环节。抓党建促乡村振兴,推进以党建引领基层治理,持续整顿软弱涣散基层党组织,把持续深化纠治"四风",重点纠治形式主义、官僚主义同高质量乡村振兴结合起来,让深化整改整治问题、推进作风建设常态化长效化贯穿乡村振兴全过程。

2. 人民性

全面推进乡村振兴必须充分体现以人民为中心的发展观。党的二十大报告提出:"人民性是马克思主义的本质属性,党的理论是来自人民、为了人民、造福人民的理论,人民的创造性实践是理论创新的不竭源泉。"人民至上是中国共产党的价值立场,在全面推进乡村振兴中的体现就是一切为了农民、一切依靠农民。"乡村建设是为农民而建,必须真正把好事办好、把实事办实。"[1]《中国共产党农村工作条例》明确,党的农村工作必须"坚持以人民为中心,尊重农民主体地位和首创精神,切实保障农民物质利益和民主权利,把农民拥护不拥护、支持不支持作为制订党的农村政策的依据"[2]。

人民性为新时代新征程乡村振兴提供了价值方向指引。乡村振兴为农民而兴,乡村建设为农民而建,这是乡村振兴的出发点和落脚点。深化农村改革推进乡村振兴,最根本的是"要尊重农民意愿和维护农民权益,把选择权交给农民,由农民选择而不是代替农民选择,可以示范和引导,但不搞强迫命令、不刮风、不一刀切"[3]。"农村改革不论怎么改,不能把农村土地集体所有制改垮了,不能

---

[1] 习近平:《论"三农"工作》,中央文献出版社,2022,第15页。
[2]《中共中央印发〈中国共产党农村工作条例〉》,《人民日报》2019年9月2日第1版。
[3] 中共中央党史和文献研究院编《习近平关于"三农"工作论述摘编》,中央文献出版社,2019,第59页。

把耕地改少了，不能把粮食生产能力改弱了，不能把农民的利益损害了。"①发展乡村产业要让农民有活干、有钱赚；要完善利益联结机制，通过"资源变资产、资金变股金、农民变股东"，尽可能让农民参与进来；要形成企业和农户产业链上优势互补、分工合作的格局，农户能干的尽量让农户干，企业干自己擅长的事，让农民更多分享产业增值收益；要坚持农民主体地位，充分尊重农民意愿，多听农民呼声，多从农民角度思考，更充分调动广大农民自主参与；"要广泛依靠农民、教育引导农民、组织带动农民，激发广大农民群众积极性、主动性、创造性，投身乡村振兴，建设美好家园"②。同时，还要在推进城乡基本公共服务均等化上持续发力，注重加强普惠性、兜底性、基础性民生建设；加快构建党组织领导的乡村治理体系，深入推进平安乡村建设，用好现代信息技术，创新乡村治理方式，提高乡村善治水平。

3. 系统性

全面推进乡村振兴是我国社会变革的重要组成部分。习近平总书记指出，乡村振兴是包括产业振兴、人才振兴、文化振兴、生态振兴、组织振兴的全面振兴，是"五位一体"总体布局、"四个全面"战略布局在"三农"工作的体现。我们要统筹推进农村经济建设、政治建设、文化建设、社会建设、生态文明建设和党的建设，促进农业全面升级、农村全面进步、农民全面发展。从内容维度看，乡村振兴是产业、人才、文化、生态、组织的全面振兴，不仅仅是某一个方面的振兴；从建设维度看，是农村经济建设、政治建设、文化建设、社会建设、生态文明建设和党的建设的统筹推进；从空

---

① 中共中央党史和文献研究院编《习近平关于"三农"工作论述摘编》，中央文献出版社，2019，第63页。
② 习近平：《论"三农"工作》，中央文献出版社，2022年，第18页。

间维度看，是坚持城乡融合发展，畅通城乡要素流动；从时间维度看，实施乡村振兴战略是一项长期而艰巨的任务，要求尊重乡村建设规律，一年接着一年干，久久为功。

乡村振兴统筹推进的路径方法集中体现了系统性特征，要按照产业兴旺、生态宜居、乡风文明、治理有效、生活富裕的总要求，扎实推动乡村产业、人才、文化、生态、组织"五大振兴"。在此过程中，要统筹推进乡村发展、乡村建设和乡村治理。顺应农业农村经济适应市场需求变化、加快优化升级、促进产业融合的新要求，推进产业振兴，逐步实现产业兴旺；根据农村生态文明建设质的提升和广大农民群众对建设美丽家园的追求，推进生态振兴，逐步实现生态宜居；根据弘扬社会主义核心价值观、保护和传承农村优秀传统文化、加强农村公共文化建设、提高乡村社会文明程度的发展需要，推进文化振兴，逐步实现乡风文明；以让农村既充满活力又和谐有序为目标，推进乡村治理能力和治理水平现代化，推进人才振兴，逐步实现治理有效；围绕广大农民群众日益增长的美好生活需要，持续增加农民收入，增强内生发展动力，逐步实现生活富裕。通过顺应产业发展规律，推动乡村产业发展壮大。

4. 科学性

全面推进乡村振兴重要论述蕴含着丰富的方法论，具有鲜明的科学性。实施乡村振兴战略，这是党中央从党和国家事业全局出发、着眼于实现"两个一百年"奋斗目标、顺应亿万农民对美好生活的向往作出的重大决策。实施乡村振兴战略是从解决我国社会主要矛盾出发的，具有鲜明的目标导向，这既是党的使命决定的，也是为全球解决乡村问题贡献中国智慧和中国方案。习近平总书记基于党领导人民推进城乡发展的长期实践探索，科学总结了中国特色社会主义乡村振兴道路,其基本内容包括重塑城乡关系,走城乡融合发展之路;巩固和完善农村基本经营制度,走共同富裕之路;深化农业供给侧结构性改革,走质量兴农之路;坚持人与自然和谐共生,走乡村绿色发展之路;传承发展提升农耕文明,走乡村文化兴盛之路;创新乡村治理体系,走乡村善治之路;打好精准脱贫攻坚战,走中国特色减贫之路。这"七条道路",既是党领导"三农"工作的经验总结,也是对新时代乡村发展、乡村建设规律的深刻揭示。总书记的系列重要论述,运用历史思维、辩证思维、系统思维、创新思维、法治思维、底线思维,深刻阐述了全面推进乡村振兴的重大理论和实践问题,科学指引了乡村全面振兴的发展方向和实现路径。

5. 创新性

全面推进乡村振兴重要论述的创新性,在实践中集中体现为"改革是全面推进乡村振兴的重要法宝"。衡量农村改革成功与否,一看是否契合农业和农村的特点,二看是否兼顾国家、集体、农民三者的利益,三看是否真正调动了农民积极性,四看能否解放农村的社会生产力。深化农村改革始终把改革创新作为农村发展的根本动力,从农业农村发展的深层次矛盾出发,坚持不懈地推进农村改革和制度创新,以处理好农民和土地的关系为主线,聚焦深化农村土地制度改革、巩固和完善农村基本经营制度、完善农业支持保护制度等重点领域和关键环节,有效解放和发展农村生产力,不断巩固和完善中国特色社会主义农村基本经济制度,为推进乡村全面振兴提供更有力的支撑。深化农村土地制度改革,就是要进一步丰富集体所有权、农户承包权、土地经营权的有效实现形式,促进农村土地资源优化配置,深化土地征收制度改革、集体经营性建设用地入市改革、农村宅基地制度改革,增强土地要素活力,助推乡村振兴大发展。巩固和完善农村基本经营制度，就是要深化农村承包地管理与改革，稳步推进农村承包地"三权分置"制度改革，健全农业专业化社会化服务体系，培育壮大新型农业经营主体。完善农业支持保护制度，就是要建立健全农村集体资产管理制度，完善农业投资管理机制，创新农村金融服务，创造良好的农产品国际贸易环境。

（七）中国乡村振兴理论的实践价值

习近平总书记关于全面推进乡村振兴重要论述不仅深刻揭示了新时代"三农"发展的规律和趋势，明确了顶层设计和前进方向，而且为全面推进乡村发展、乡村建设、乡村治理提供了科学指南，在指导实践中展现了强大的真理力量和巨大的实践价值。

1. 指引制定实施乡村振兴战略的顶层设计

（1）确定顶层设计的总体遵循

习近平总书记指出："我在党的十九大报告中对乡村振兴战略进行了概括，提出要坚持农业农村优先发展，按照产业兴旺、生态宜居、乡风文明、治理有效、生活富裕的总要求，建立健全城乡融合发展体制机制和政策体系，加快推进农业农村现代化。"[①] 其中，农业农村现代化是实施乡村振兴战略的总目标，坚持农业农村优先发展是总方针，产业兴旺、生态宜居、乡风文明、治理有效、生活富裕是总要求，建立健全城乡融合发展体制机制和政策体系是制度保障。这实际上为实施乡村振兴战略的顶层设计提供了总体遵循。

（2）构建顶层设计的"四梁八柱"

2018年以来，中共中央、国务院先后印发了多个以乡村振兴为主题的中央一号文件，以及《乡村振兴战略规划（2018—2022年）》《中国共产党农村工作条例》；2021年6月1日，《中华人民共和国

---
① 习近平：《论"三农"工作》，中央文献出版社，2022，第276页。

乡村振兴促进法》生效。这些法规及政策文件，共同构成实施乡村振兴战略的"四梁八柱"。连同《中共中央 国务院关于实现巩固拓展脱贫攻坚成果同乡村振兴有效衔接的意见》以及各部门相关配套政策，乡村振兴顶层设计完成。

（3）明确实施乡村振兴战略的总目标、总方针、总要求

农业农村现代化是实施乡村振兴战略的总目标，坚持农业农村优先发展是总方针。在国家战略资源优化配置过程中，只有坚持农业农村优先发展，深入实施乡村振兴战略，激活农村各类生产要素，促进农业全面升级、农村全面进步、农民全面发展，全面推动乡村振兴，让农业农村现代化与国家现代化同步，才能够最终实现以中国式现代化推进中华民族伟大复兴的百年目标。实施乡村振兴战略的总要求是产业兴旺、生态宜居、乡风文明、治理有效、生活富裕。产业兴旺，就是农村发展要有足够的产业支撑；生态宜居，是农村环境优势的体现，主要指农村生态和人居环境质量要不断改善和提升；乡风文明，是乡村振兴过程中对农村精神文明建设的要求，也是乡村振兴的紧迫任务；治理有效，是对基层组织建设的要求，体现乡村治理目标的新导向，强调治理体制与治理能力的改革与提升，注重治理效率和基层农民群众的主动参与，是乡村治理体系与治理能力现代化的具体体现；生活富裕，是农民生活水平不断提升的新标准，也是实施乡村振兴战略的主要目的。这五个方面要求构成乡村振兴战略实施总要求，也决定了乡村振兴是包括产业、人才、文化、生态、组织振兴的全面振兴。

2. 指引巩固拓展脱贫攻坚成果，守住不发生规模性返贫底线

（1）实施乡村振兴战略的底线任务

习近平总书记指出："我们要切实做好巩固拓展脱贫攻坚成果

同乡村振兴有效衔接各项工作,让脱贫基础更加稳固、成效更可持续。"[1]由此,逐步实现由集中资源支持脱贫攻坚向全面推进乡村振兴平稳过渡。对易返贫致贫人口要加强监测,做到早发现、早干预、早帮扶;对脱贫地区的产业要进行长期培育和支持,促进内生动力的可持续发展;对易地扶贫搬迁群众要做好后续的扶持工作,通过多渠道促进就业,强化社会管理,推动他们积极融入社会;对脱贫县要"扶上马,送一程",设立相应的发展过渡期,持续保持主要的帮扶政策总体稳定。另外,要坚持和完善驻村第一书记和工作队、东西部协作、对口支援、社会帮扶等相关制度,并根据形势和任务变化不断进行完善,压紧压实巩固脱贫攻坚成果责任,坚决守住不发生规模性返贫的制度底线。

(2)守好底线任务的关键要求

守好底线任务,是守护脱贫成果、确保稳定脱贫的关键,实践层面则涵盖了落实"四不摘"要求的各项制度设计,也就是过渡期内严格落实"四不摘"要求:摘帽不摘责任,防止松劲懈怠;摘帽不摘政策,防止急刹车;摘帽不摘帮扶,防止一撤了之;摘帽不摘监管,防止贫困反弹。现有帮扶政策该延续的延续、该优化的优化、该调整的调整,确保政策连续性;继续保持兜底救助类政策的稳定;落实好教育、医疗、住房、饮水等民生保障普惠性政策,根据脱贫人口实际困难给予适度倾斜;优化产业就业等发展类政策。[2]

(3)守好底线任务是一项系统工程

巩固拓展脱贫攻坚成果是一项复杂的系统工程。近年来,各地各部门在习近平总书记关于全面推进乡村振兴重要论述指引下,以

---

[1] 习近平:《论"三农"工作》,中央文献出版社,2022,第322页。
[2]《中共中央 国务院关于巩固拓展脱贫攻坚成果同乡村振兴有效衔接的意见(二○二○年十二月十六日)》,《人民日报》2021年3月23日第1版。

不发生规模性返贫为目标，持续保持靶心不变、力度不减，持续强化巩固拓展脱贫攻坚成果的长效机制，主要体现在几个方面。一是把有效应对疫情影响作为重要任务。有关部门出台了专门政策，从防止返贫监测帮扶、稳岗就业、产业帮扶、项目实施和资金支出、社会帮扶和驻村帮扶等方面着力，降低疫情对返贫影响的风险。二是把完善防止返贫动态监测帮扶机制作为基础工程。通过完善程序、标准，加强管理规范，确保应纳尽纳、应扶尽扶，及时帮助监测对象消除返贫风险。三是把增加脱贫群众收入和壮大集体经济作为防止返贫的根本路径。推动脱贫地区帮扶产业发展，提升产业质量；不断完善利益联结机制，增强产业项目的益贫带贫作用；完善帮扶政策，持续推动脱贫人口稳定就业；持续发展壮大新型村级集体经济。四是把构建持续提升"三保障"和安全饮水保障水平长效机制作为重要内容。进一步完善动态监测与帮扶机制，明确监测目标群体，提升动态监测质量，完善动态帮扶体系。五是把国家乡村振兴重点帮扶县和易地搬迁集中安置区作为巩固拓展脱贫攻坚成果的重中之重。对重点帮扶县给予专项规划、专项政策倾斜支持，对集中安置区后续发展给予加大支持，促进持续发展、稳定融入。六是把东西部协作、中央单位定点帮扶、民营企业参与作为重要力量；完善优化相关支持政策，提高帮扶成效，搭建共赢平台。七是把考核评估问题整改和典型引路作为重要手段，以整改为动力，提升工作水平；以示范创建为导向，推动以点带面。

（4）守好底线任务的现实成效

脱贫县农村居民收入增长继续快于全国农村。据国家统计局统计，2021年，脱贫县农村居民人均可支配收入为14051元，相比上年名义增长11.6%，扣除价格因素，实际增长10.8%，名义增速和实际增速均比全国农村快1.1个百分点。其中，脱贫县农村居民工资、经营、转移三项收入增速均快于全国农村该项收入增速。脱贫县农村居民生活水平稳步提升。2021年脱贫县农村居民人均消费支出12311元，比上年名义增长14.4%，扣除价格因素，实际增长13.6%。巩固拓展脱贫攻坚成果的成效，为脱贫地区发展和群众生活改善的持续推进，逐步实现全体人民共同富裕奠定了坚实基础。

3. 指引全面推进乡村振兴落地见效

（1）聚焦产业促进乡村发展

首先，把确保粮食安全作为全面推进乡村振兴战略的首要任务。积极推进农业供给侧结构性改革，延伸粮食产业链、提升价值链、打造供应链，不断提高农业质量效益和竞争力，实现粮食安全和现代高效农业相统一。坚持以我为主、立足国内、确保产能、适度进口、科技支撑的国家粮食安全战略，建立全方位的粮食安全保障机制；推动"藏粮于地、藏粮于技"落实落地；推动粮食减损，树立大食物观。其次，持续推进农村一、二、三产业融合发展。最后，坚持农业农村绿色发展。加大水土资源保护力度，大力推动农业投入减量增效，多元举措发展生态循环农业，增强农村居民生态意识，完善法律约束体系，建立多渠道投入机制；推行绿色发展方式和生活方式，让生态美起来、环境靓起来，再现山清水秀、天蓝地绿、村美人和的美丽画卷。

（2）扎实稳妥推进乡村建设

乡村建设的远景目标是，到2035年，城乡基本公共服务均等化基本实现，城乡融合发展体制机制更加完善；农村生态环境根本好转，生态宜居的美丽乡村基本实现。近期（"十四五"时期）的目标是，到2025年，乡村建设行动取得明显成效，乡村面貌发生显著变化，乡村发展活力充分激发，乡村文明程度得到新提升，农村发展安全保障更加有力，农民获得感、幸福感、安全感明显提高。实施乡村建设行动，需要继续把公共基础设施建设的重点放在农村，在推进城乡基本公共服务均等化上持续发力，注重加强普惠性、兜底性、基础性民生建设；要接续推进农村人居环境整治提升行动，重点抓好改厕和污水、垃圾处理；合理确定村庄布局分类，注重保护传统村落和乡村特色风貌，加强分类指导。乡村建设行动的主要任务包括以下几个方面：一是强化乡村建设的规划引领，完善县镇村规划布局，合理划分县域村庄类型，统筹谋划村庄发展，充分发挥村民主体作用；二是改善农村人居环境，因地制宜推进农村厕所革命，梯次推进农村生活污水治理，健全农村生活垃圾处理长效机制，整体提升村容村貌；三是提升乡村基础设施水平，推动城乡基础设施互联互通，提升乡村基础设施水平，进一步完善乡村基础设施，推动城乡客运、供水、能源、环卫、物流等一体化发展；四是提升乡村公共服务水平，健全公共文化服务体系，增加乡村公共文化产品和服务供给，支持广泛开展群众文化活动，建好、管好、用好农村网络文化阵地，大力保护、利用乡村传统文化。

（3）突出实效改进乡村治理

治理有效是乡村社会稳定的有力保障，是乡村全面发展的内在支撑，是农村全面发展的必要条件。这主要表现在几个方面。一是完善现代乡村社会治理体制，建立健全党委领导、政府负责、民主协商、社会协同、公众参与、法治保障、科技支撑的现代乡村社会治理体制。二是健全"三治结合"的乡村治理体系，深化村民自治实践，提升乡村发展活力；推进法治乡村建设，强化乡村法治保障；增强德治引领作用，提升乡风文明水平；坚持"三治结合"的农民主体性，创新"三治结合"的有效载体，完善"三治结合"的运行机制。三是提升乡镇和村为农服务能力，增强乡镇在乡村治理中的作用,把乡镇建成农村的服务中心、经济中心,大力推进提升乡镇和村为农服务能力的实践创新。

(八)中国乡村振兴理论的时代贡献

党的二十大报告明确提出:"从现在起,中国共产党的中心任务就是团结带领全国各族人民全面建成社会主义现代化强国、实现第二个百年奋斗目标,以中国式现代化全面推进中华民族伟大复兴。"[1]习近平总书记多次强调,"实施乡村振兴战略是关系全面建设社会主义现代化国家的全局性、历史任务"[2]。全面推进乡村振兴重要论述从理论和实践层面都作出了时代贡献。

1. 理论维度的时代贡献

一是推动形成了马克思主义城乡发展思想中国化的最新成果。马克思主义从人类社会发展的历史视野考察了城乡关系的变迁,科学预判了城乡关系的未来走向,提出了"城乡融合"的命题,形成了具有科学性和实践性的城乡融合思想。马克思主义认为,城市与乡村都有各自的优势和缺点,两者均需要彼此的资源和人口流动,从而带来新的生产力,避免模式固化。相对于城市,乡村发展也有许多优势。比如,中国乡村具有悠久的自治传统、德治传统和丰富的村规民约等。中国共产党成立以来,毛泽东吸取马克思的城乡关系理论,提出要把农村作为切入点,农业作为基础性产业,然后再进行工业化的发展。邓小平进一步发展了毛泽东的城乡关系理论,提出了城市化发展的思想。江泽民高度重视"三农"问题,把"三

---

[1] 习近平:《高举中国特色社会主义伟大旗帜,为全面建设社会主义现代化国家而团结奋斗——在中国共产党第二十次全国代表大会上的报告》,人民出版社,2022,第21页。

[2] 习近平:《论"三农"工作》,中央文献出版社,2022,第274页。

农"问题摆在更加重要位置上。胡锦涛提出"统筹城乡发展"。习近平首次提出了"城乡融合发展"概念，并反复强调："振兴乡村，不能就乡村论乡村，还是要强化以工补农、以城带乡，加快形成工农互促、城乡互补、协调发展、共同繁荣的新型工农城乡关系。""要把县域作为城乡融合发展的重要切入点，推进空间布局、产业发展、基础设施等县域统筹，把城乡关系摆布好处理好，一体设计、一并推进。"[①]总之，建党百年来，中国共产党始终以马克思主义城乡融合思想为指导，坚持从国情出发，从我国城乡发展不平衡和二元结构的现实出发，结合我国的自然禀赋、历史文化传统、制度体制等实际情况，创造性地走出了一条具有本国特色和时代特点的城乡融合发展道路。这条融合发展道路，既是中国共产党对马克思主义城乡融合发展思想的创造性运用，同时也是对这一思想的创新性发展。中国特色城乡融合发展道路是对我国城乡关系、城乡变化趋势、城乡发展规律的正确认识和科学把握，是从根本上破解城乡发展不平衡问题、不断满足中国人民对美好生活的期待、实现城乡协调发展、促进全体人民共同富裕的根本途径。

二是丰富发展了习近平新时代中国特色社会主义思想。习近平新时代中国特色社会主义思想开辟了马克思主义中国化时代化的新境界，是中国化时代化的马克思主义。习近平总书记关于乡村振兴的一系列新思想、新观点、新论断，是立足新时代实践不断发展的，是新时代以来，在解决中国发展重大实际问题的过程中逐渐形成的，具有鲜明的时代性，是体现党和人民意愿的科学理论，成为习近平新时代中国特色社会主义思想的重要组成部分。这套思想实际上萌芽于青年习近平在梁家河插队的七年，发展于习近平在河北、

[①] 习近平：《论"三农"工作》，中央文献出版社，2022，第16页。

福建、浙江工作特别是主政期间，形成于习近平担任党的总书记以后。乡村是具有自然、社会、经济特征的地域综合体，兼具生产、生活、生态、文化等多重功能，与城镇互促互进、共生共存，共同构成人类活动的主要空间。党的十八大以来，习近平总书记关于乡村振兴的重要论述，涵盖农村经济、政治、文化、生态文明和党的建设等方方面面，是集世界观和方法论、理论总结和工作指导、战略部署和战术安排于一体的理论体系。这一科学理论，明确了乡村振兴的战略定位，明确全面推进乡村振兴，就是要守住粮食安全和不发生规模性返贫两条底线，聚焦产业促进乡村发展，坚持乡村建设为农民而建，健全党组织领导的乡村治理体系，坚持深化改革，巩固完善农村基本经营制度，促进城乡融合发展，坚持党对农村工作的全面领导。这一科学理论着眼于社会主义现代化建设大局，准确把握乡村振兴工作的时代定位，是全面建设社会主义现代化国家的根本遵循，成为习近平新时代中国特色社会主义思想的重要组成部分。

三是构建了中国特色社会主义乡村振兴道路的理论框架。习近平总书记深刻阐述的"七条道路"，为中国特色社会主义乡村振兴道路提供了理论框架（详见本书第一章）。

2. 实践维度的时代贡献

一是全面推进乡村振兴是解决我国社会主要矛盾的必然路径。"我国社会主要矛盾已经转化为人民日益增长的美好生活需要和不平衡不充分的发展之间的矛盾。社会主要矛盾的变化要求我们在继续推动发展的基础上，着力解决好发展不平衡不充分问题，更好满足人民日益增长的美好生活需要。"[1] 全面推进乡村振兴，就是要协

---

[1] 习近平：《论"三农"工作》，中央文献出版社，2022，第235页。

调推进农村经济建设、政治建设、文化建设、社会建设、生态文明建设和党的建设,从而解决农业农村发展相对滞后的问题,通过促进乡村全面发展补齐现代化进程中的短板弱项。从城乡发展的不平衡性看,整体而言,乡村发展落在城市后面,只有实施乡村振兴战略,全面推进乡村振兴,才能够避免一边是越来越现代化的城市,一边却是越来越萧条的乡村的景象。只有让乡村尽快跟上国家发展步伐,中华民族伟大复兴才能真正实现,这就是"民族要复兴,乡村要振兴"的含义。

二是全面推进乡村振兴是全面建设社会主义现代化国家的重要保障。习近平总书记指出:"全面建设社会主义现代化国家,实现中华民族伟大复兴,最艰巨最繁重的任务依然在农村,最广泛最深厚的基础依然在农村。"[1] 从党的十九大提出实施乡村振兴战略开始,目前乡村振兴的制度框架和政策体系初步健全,乡村振兴取得积极成效:守住了不发生规模性返贫和粮食安全两条底线;现代农业体系初步构建,农业绿色发展全面推进,农村一、二、三产业融合发展格局初步形成,乡村产业加快发展,农民收入水平进一步提高;农村基础设施条件持续改善,城乡统一的社会保障制度体系基本建立,农村人居环境显著改善,生态宜居的美丽乡村建设扎实推进;城乡融合发展体制机制初步建立,农村基本公共服务水平进一步提升;乡村优秀传统文化得以传承和发展,农民精神文化生活需求基本得到满足;以党组织为核心的农村基层组织建设明显加强,乡村治理能力进一步提升,现代乡村治理体系初步构建;探索形成一批各具特色的乡村振兴模式和经验。乡村振兴的阶段性成果,为城市和乡村协调发展奠定了基础,为实现国家现代化提供了保障。

---

[1] 习近平:《论"三农"工作》,中央文献出版社,2022,第3页。

三是全面推进乡村振兴是推动共同富裕的必由之路。中国人民自古以来对幸福生活、共同富裕的期盼和憧憬,在我国具有深厚的历史渊源和思想基础。习近平总书记指出:"共同富裕是社会主义的本质要求,是人民群众的共同期盼。我们推动经济社会发展,归根结底是要实现全体人民共同富裕。新中国成立以来特别是改革开放以来,我们党团结带领人民向着实现共同富裕的目标不懈努力,人民生活水平不断提高。党的十八大以来,我们把脱贫攻坚作为重中之重,使现行标准下农村贫困人口全部脱贫,就是促进全体人民共同富裕的一项重大举措。"[1] "让人民群众过上更加幸福的好日子是我们党始终不渝的奋斗目标,实现共同富裕是中国共产党领导和我国社会主义制度的本质要求。"[2] 人民群众既包含城市人口,也包含农村人口,如果没有乡村振兴,就不可能有全体人民的共同富裕。一方面,如果没有全体人民的参与,那就谈不上全面富裕;另一方面,共同富裕包括物质的富裕和精神的富足,没有乡村的全面振兴,就谈不上全面富裕、共同富裕。同样的,只有全面推进乡村振兴才能推进共同建设、共同富裕。缺少几亿农民的参与,谈不上共同富裕;如果乡村不振兴,总是落在发展后头,也就不可能实现共同富裕。

(九)中国乡村振兴理论的世界意义

从全球乡村发展维度看,全面推进乡村振兴、实现中国乡村振兴,具有重要的世界意义。

首先,中国乡村振兴为世界乡村发展贡献了中国智慧和方案。

---

[1] 习近平:《关于〈中共中央关于制定国民经济和社会发展第十四个五年规划和二〇三五年远景目标的建议〉的说明》,《人民日报》2020年11月4日第2版。
[2] 习近平:《在全国劳动模范和先进工作者表彰大会上的讲话(2020年11月24日)》,《人民日报》2020年11月25日第2版。

习近平总书记指出:"迄今为止,还没有哪个发展中大国能够解决好农业农村农民现代化问题。我国干好乡村振兴事业,本身就是对全球的重大贡献。""乡村衰退导致的'乡村病'、城市贫民窟是一个全球共同面临的挑战。……我国农村发展成就举世瞩目,很多方面对发展中国家具有借鉴意义。""实施乡村振兴战略也是为全球解决乡村问题贡献中国智慧和中国方案。""精准扶贫、精准脱贫被世界银行称为'世界反贫困事业最好的教科书'。"[①] 中国地域广大、发展类型丰富,乡村振兴呈现多种样态,形成各种类型的乡村发展模式,及其蕴含的理论、制度、文化等元素,都是中国为世界乡村发展贡献的中国智慧、中国方案。

其次,全面推进乡村振兴的城乡融合发展道路为世界正确处理城乡关系提供了借鉴。在现代化进程中,如何处理好工农关系、城乡关系,在一定程度上决定着现代化的成败。我国作为中国共产党领导的社会主义国家,应该有能力、有条件处理好工农关系、城乡关系,顺利推进我国社会主义现代化进程。党的十八大以来,我们下决心调整工农关系、城乡关系,采取了一系列举措推动"工业反哺农业、城市支持农村"。党的十九大提出实施乡村振兴战略,就是为了从全局和战略高度来把握和处理工农关系、城乡关系。城乡融合发展是当今时代的新命题,标志着我国的发展方式转向高质量发展,转向多渠道、多样化发展。历史经验表明,当一个国家的经济发展到一定程度时,城市和乡村两个方面的发展会从刚开始发展的对立面转向互相融合发展,在这种融合模式下,会充分发挥彼此的优势,城市、乡村取长补短,形成一个整体性而不是分离的社会综合体。城乡融合发展将打破原有的乡村习惯,

---

① 习近平:《论"三农"工作》,中央文献出版社,2022,第240页。

带来更高效、更便利、更迅速的生活方式。中国发展的多样性带来了城乡融合发展类型的多种样态、多种模式，中国在城乡融合发展上的进步及经验，为其他发展中国家推进城乡融合发展提供了经验，坚定了信心。

此外，随着中国乡村振兴的深入推进，全面推进乡村振兴的行动纲领指导乡村振兴实践深入推进，基于实践基础的持续的理论创新，将成为全球乡村建设理论丰富发展的重要来源和推动力量，也必将在助力构建共同发展的人类命运共同体进程中发挥重要作用。

二、"四梁八柱"

习近平总书记强调，全面实施乡村振兴战略的深度、广度、难度都不亚于脱贫攻坚，必须加强顶层设计，以更有力的举措、汇聚更强大的力量来推进。[①]2020年底，党中央决定将扶贫工作机构重组为乡村振兴部门。至2021年6月，全国乡村振兴工作机构体系组建基本完成。同年6月1日，我国第一部以乡村振兴命名的基础性、综合性法律——《中华人民共和国乡村振兴促进法》生效，与2018—2024年的中央一号文件、《乡村振兴战略规划（2018—2022年）》、《中国共产党农村工作条例》，共同构成实施乡村振兴战略的"四梁八柱"。2020年12月，中央印发《中共中央 国务院关于实现巩固拓展脱贫攻坚成果同乡村振兴有效衔接的意见》，以此为依据，各部门相继出台一系列相关配套政策。上述法规、条例、规划、政策文件，共同构成了实施乡村振兴战略的顶层设计，奠定了乡村振

[①]《习近平在中央农村工作会议上强调 坚持把解决好"三农"问题作为全党工作重中之重 促进农业高质高效乡村宜居宜业农民富裕富足 李克强主持 栗战书汪洋王沪宁赵乐际韩正出席》，《人民日报》2020年12月30日第1版。

兴开新局的制度基础。本小节以习近平总书记关于乡村振兴重要论述为指引，从《中华人民共和国乡村振兴促进法》提供法律保障，《中共中央 国务院关于实施乡村振兴战略的意见》明确时间表、路线图，《乡村振兴战略规划（2018—2022年）》确定重点任务，系列文件形成实施乡村振兴战略的政策体系四个方面，对乡村振兴顶层设计进行全面解读，助力进一步凝聚共识，为全面推进乡村振兴筑牢思想根基。

实施乡村振兴战略，是一项长期的历史性任务，要统筹规划、科学推进。乡村全面振兴方略的顶层设计主要由国家层面的法律、条例、规划、政策文件组成。

（一）乡村振兴的法律保障：《中华人民共和国乡村振兴促进法》

《中华人民共和国乡村振兴促进法》（以下简称《乡村振兴促进法》）由中华人民共和国第十三届全国人民代表大会常务委员会第二十八次会议于2021年4月29日通过并公布，自2021年6月1日起施行。这是我国第一部直接以乡村振兴命名的"三农"领域的基础性、综合性法律，包括总则、产业发展、人才支撑、文化繁荣、生态保护、组织建设、城乡融合、扶持措施、监督检查和附则等十章，法条共七十四条。这部法律的主要特征有三：一是以增加农民收入、提高农民生活水平、提升农村文明程度为核心；二是以解决好农业农村承担的保障好农产品供给安全、保护好农村生态屏障安全、传承好中国农村优秀传统文化等为主要任务；三是全面加强农村社会主义精神文明建设，坚持农民主体地位，全面提升新时代农民素质，培养一代又一代高素质的新型农民。

《乡村振兴促进法》的颁布实施意义重大。一是为实施乡村振兴战略提供了法治基石。《乡村振兴促进法》与2018—2024年中央一号文件、《乡村振兴战略规划（2018—2022年）》、《中国共产党农村工作条例》，共同构成实施乡村振兴战略的"四梁八柱"，而且是"顶梁柱"。二是为实施乡村振兴战略提供了法治保障。《乡村振兴促进法》将中共中央、国务院关于乡村振兴的重大决策部署和各地行之有效的实践经验法定化、制度化，对产业发展、人才支撑、文化繁荣、生态保护、组织建设等乡村振兴重点任务作出了全方位的规定，既指明了鼓励、倡导的方向路径，又画出了禁止、限制的底线红线。三是为实施乡村振兴战略提供了法治利器。该法强化了各级政府及有关部门推进乡村振兴的职责和任务，并对建立考核评价、年度报告、监督检查等制度规定了具体要求，为推动乡村振兴提供了有力抓手。

《乡村振兴促进法》内容丰富。《乡村振兴促进法》按照"五大振兴"的布局安排，用五章三十八条对乡村产业、人才、文化、生态、组织作出具体规定，把农业强、农村美、农民富的目标要求用法律制度固定下来，这也是法律的主体部分。《乡村振兴促进法》对发挥乡村特有功能作出了明确规定。一是保障农产品供给安全。该法规定要坚持藏粮于地、藏粮于技，重点解决好种子和耕地两个要害问题，建设旱涝保收、稳产高产的高标准农田，完善农业支持保护制度，实行粮食安全党政同责，确保粮食年产量保持在1.3万亿斤以上。二是保护农村生态屏障安全。该法规定要加强农村生态环境保护，持续推进农业面源污染防治，统筹山水林田湖草沙系统治理，推行绿色发展方式和生活方式，再现山清水秀、天蓝地绿、村美人和的美丽画卷。三是传承中国农村优秀传统文化。该法规定要传承发扬农村优秀传统文化，加大农业文化遗产和非物质文化遗产保护力度，加强历史文化名镇名村、传统村落和乡村风貌保护，引导发展特色鲜明、优势突出的乡村文化产业。《乡村振兴促进法》以法律的实施促进高素质新型农民培育、保障维护农民合法权益，主要表现在以下几个方面。其一，加强农村社会主义精神文明建设。农村现代化既包括"物"的现代化，也包括"人"的现代化。乡村振兴，农民群众是主体，必须坚持扶志、扶智相结合，着力提振新征程农民精气神，全面提升新时代农民整体素质。其二，坚持农民主体地位这个关键。坚持农民主体地位、充分尊重农民意愿、保障农民民主权利和其他合法权益，是贯穿法律始终的一条主线和根本原则。其三，对农村思想政治、道德文化、社会文明等建设提出明确要求。

实施《乡村振兴促进法》的路径有七条。一是广泛宣传《乡村振兴促进法》，让各级干部特别是农村基层干部，以及广大农民群众充分认识这部法律的重要意义，了解法律确立的政策措施和制度，是法律有效贯彻实施的重要前提。二是因地制宜，促进乡村产业发展，促进农村一、二、三产业融合发展，确保粮食安全。因地制宜促进乡村产业发展，解决好用地难、贷款难等关键制约，提升乡村产业链供应链现代化水平，健全完善产业联农带农机制，让农民更多分享产业增值收益，进一步增加农民收入、提高农民生活水平。三是培养、造就新型职业农民队伍，广泛依靠农民、教育引导农民、组织带动农民，投身乡村振兴、建设美好家园。健全乡村人才工作体制机制，大力培养本土人才，引导城市人才下乡，推动专业人才服务乡村，吸引各类人才在乡村振兴中建功立业。四是推进城乡公共文化服务体系一体建设，增加农村公共文化服务总量供给，提高农村公共文化服务的便利性、可及性。传承好农村优秀传统文化，倡导科学健康的生产生活方式，引导特色鲜明、优势突出的乡村文化产业发展。五是实施乡村建设行动，完善乡村水电路气房讯等基础设施，稳妥有序推进农村改厕、生活垃圾处理和污水治理。加强农村生态环境保护，推行绿色发展方式和生活方式，加强农业面源污染防治，持续改善农村人居环境。六是加强农村基层政权建设，建立健全党领导下自治、法治、德治相结合的乡村社会治理体系，建设充满活力、和谐有序的善治乡村，巩固和确保党长期执政的基层基础。七是保障好维护好农民的合法权益，解决好农民群众关心关切的利益问题，让农民吃上长效"定心丸"。

（二）乡村振兴的时间表、路线图:《中共中央 国务院关于实施乡村振兴战略的意见》

这是 2018 年的中央一号文件，也是改革开放后的第 20 个中央一号文件。该文件着眼于乡村振兴战略的整体部署和实践指南，明确了实施乡村振兴战略的时间表、路线图和任务书，意味着正式向全党全国发出了实施乡村振兴战略的总动员令。该文件有两大突出特点。一是站位全局。历年的中央一号文件主要把握阶段性问题，更倾向于聚焦农民增收、农业综合生产能力、社会主义新农村、统筹城乡发展、水利改革发展、农业基础设施建设、农业科技创新等某一个具体领域具体事项上。2018 年中央一号文件则按照党的十九大报告提出的总要求，从农村经济建设、政治建设、文化建设、社会建设、生态文明建设和党的建设等方方面面，围绕实施乡村振兴战略进行了全面布局，具有更大视野、更宽思维。二是意在长远。乡村振兴是一场持久战，也是一项长期的改革任务。因此，文件按照党的十九大提出的决胜全面建成小康社会、分两个阶段实现第二个百年奋斗目标的战略安排，设定了时间跨度三十年的长期规划：到 2020 年，乡村振兴取得重要进展，制度框架和政策体系基本形成；到 2035 年，乡村振兴取得决定性进展，农业农村现代化基本实现；到2050年，乡村全面振兴，农业强、农村美、农民富全面实现。2018年中央一号文件深刻阐述了实施乡村振兴战略的内涵要义、目标导向、工作布局和基本任务，将农村发展的共性问题和突出矛盾进行系统性梳理，并针对性地予以政策回应。这份文件在乡村振兴战略"四梁八柱"的架构中有着基础性的地位和作用。

（三）乡村全面振兴重点任务：《乡村振兴战略规划（2018—2022年）》

2018年9月，中共中央、国务院印发《乡村振兴战略规划（2018—2022年）》（以下简称《五年规划》）。《五年规划》以习近平总书记关于"三农"工作的重要论述为指导，按照产业兴旺、生态宜居、乡风文明、治理有效、生活富裕的总要求，对实施乡村振兴战略作出阶段性谋划，分别明确至2020年全面建成小康社会和2022年召开党的二十大时的目标任务。

《五年规划》包括十一篇、三十七章。第一篇，规划背景：重大意义、振兴基础、发展态势。第二篇，总体要求：指导思想和基本原则、发展目标、远景谋划。第三篇，构建乡村振兴新格局：统筹城乡发展空间、优化乡村发展布局、分类推进乡村发展、坚决打好精准脱贫攻坚战。第四篇，加快农业现代化步伐：夯实农业生产能力基础、加快农业转型升级、建立现代农业经营体系、强化农业科技支撑、完善农业支持保护制度。第五篇，发展壮大乡村产业：推动农村产业深度融合、完善紧密型利益联结机制、激发农村创新创业活力。第六篇，建设生态宜居的美丽乡村：推进农业绿色发展、持续改善农村人居环境、加强乡村生态保护与修复。第七篇，繁荣发展乡村文化：加强农村思想道德建设、弘扬中华优秀传统文化、丰富乡村文化生活。第八篇，健全现代乡村治理体系：加强农村基层党组织对乡村振兴的全面领导、促进自治法治德治有机结合、夯实基层政权。第九篇，保障和改善农村民生：加强农村基础设施建设、提升农村劳动力就业质量、增加农村公共服务供给。第十篇，完善城乡融合发展政策体系：加快农业转移人口市民化、强化乡村振兴人才支撑、加强乡村振兴用地保障、健全多元投入保障机制、加大金融支农力度。第十一篇，规划实施：加强组织领导、有序实现乡村振兴。

《乡村振兴战略规划（2018—2022年）》通过以下十六个专栏，对实施乡村振兴战略的重点任务进行了安排：

专栏一，乡村振兴战略规划主要指标；

专栏二，农业综合生产能力提升重大工程，包括"两区"建管护，高标准农田建设，主要农作物生产全程机械化，数字农业农村和智慧农业，粮食安全保障调控和应急；

专栏三，质量兴农重大工程，包括特色农产品优势区创建，动植物保护能力提升，农业品牌提升，特色优势农产品出口提升行动，产业兴村强县行动，优质粮食工程；

专栏四，现代农业经营体系培育工程，包括新型农业经营主体培育，农垦国有经济培育壮大，供销合作社培育壮大，新型农村集体经济振兴计划；

专栏五，农业科技创新支撑重大工程，包括农业科技创新水平提升，现代种业自主创新能力提升，农业科技园区建设；

专栏六，构建乡村产业体系重大工程，包括电子商务进农村综合示范，农商互联，休闲农业和乡村旅游精品工程，国家农村一、二、三产业融合发展示范园创建计划，农业循环经济示范，农产品加工业提升行动，农村"星创天地"，返乡下乡创业行动；

专栏七，农业绿色发展行动，包括国家农业节水行动，水生生

物保护行动,农业环境突出问题治理,农业废弃物资源化利用,农业绿色生产行动;

专栏八,农村人居环境整治行动,包括农村垃圾治理,农村生活污水处理,厕所革命,乡村绿化行动,乡村水环境治理,宜居宜业美丽乡村建设;

专栏九,乡村生态保护与修复重大工程,包括国家生态安全屏障保护与修复,大规模国土绿化,草原保护与修复,湿地保护与修复,重点流域环境综合治理,荒漠化、石漠化、水土流失综合治理,农村土地综合整治,重大地质灾害隐患治理,生物多样性保护,近岸海域综合治理,兴林富民行动;

专栏十,乡村文化繁荣兴盛重大工程,包括农耕文化保护传承,戏曲进乡村,贫困地区村综合文化服务中心建设,中国民间文化艺术之乡,古村落、古民居保护利用,少数民族特色村寨保护与发展,乡村传统工艺振兴,乡村经济社会变迁物证征藏;

专栏十一,乡村治理体系构建计划,包括乡村便民服务体系建设,"法律进乡村"宣传教育,"民主法治示范村"创建,农村社会治安防控体系建设,乡村基层组织运转经费保障;

专栏十二,农村基础设施建设重大工程,包括农村公路建设,农村交通物流基础设施网络建设,农村水利基础设施网络建设,农村能源基础设施建设,农村新一代信息网络建设;

专栏十三,乡村就业促进行动,包括农村就业岗位开发,农村劳动力职业技能培训,城乡职业技能公共实训基地建设,乡村公共就业服务体系建设;

专栏十四,农村公共服务提升计划,包括乡村教育质量提升,健康乡村计划,全民参保计划,农村养老计划;

专栏十五,乡村振兴人才支撑计划,包括农业科研杰出人才计划和杰出青年农业科学家项目，乡土人才培育计划，乡村财会管理"双基"提升计划，"三区"人才支持计划；

专栏十六，乡村振兴金融支撑重大工程，包括金融服务机构覆盖面提升，农村金融服务"村村通"，农村金融产品创新，农村信用体系建设。

（四）乡村振兴的政策体系：中央一号文件及相关政策

实施乡村振兴的核心政策主要是2019—2024年的中央一号文件和2020年12月印发的《中共中央 国务院关于实现巩固拓展脱贫攻坚成果同乡村振兴有效衔接的意见》。以这些核心政策为依据，国家有关部门出台了一系列配套文件，共同构成了实施乡村振兴战略的政策体系。

中共中央、国务院每一年以中央一号文件的方式，对实施乡村振兴战略的年度目标、重点任务、主要政策措施进行全面部署。2019—2024年这六年的中央一号文件都是围绕实施乡村振兴战略已经明确的时间表、路线图和任务书，逐项明确阶段性工作举措，推动乡村振兴一年一个新进展。

1.2019年的中央一号文件《中共中央 国务院关于坚持农业农村优先发展　做好"三农"工作的若干意见》

该文件印发之时正值决胜全面小康的攻坚阶段，同时也是打赢脱贫攻坚战和实施乡村振兴战略的重要历史交汇期。全面建成小康社会决胜阶段的重中之重、急中之急，就是打赢脱贫攻坚战。为此，2019年中央一号文件提出三方面的重点要求。

一是要将深度贫困地区精准脱贫作为主攻方向，尤其在以"三区三州"为代表的贫困人口多、贫困发生率高、脱贫难度大的深度贫困地区，集中优势资源、统筹举措进行强攻。

二是要着重解决攻坚过程中出现的突出问题，诸如易地搬迁的后续工作、产业扶贫的可持续性；加强落实基本医疗保险、大病保险、医疗救助等多重保障，筑牢乡村卫生服务网底，对接贫困人口基本医疗需求；尤其是要坚持扶贫与扶志扶智相结合，着力解决"一兜了之"和部分贫困人口"等靠要"问题，激发贫困民众的主动性和内生发展动力。

三是对于脱贫摘帽的贫困县、贫困村和贫困人口，要保持相关扶持政策的稳定，减少和防止返贫，努力巩固和扩大脱贫攻坚成果。同时，要加强脱贫监测，杜绝数字脱贫、虚假脱贫。确保到2020年我国现行标准下农村贫困人口实现脱贫，贫困县全部摘帽，解决区域性整体贫困。

四是为完善落实党的十九大明确的农业农村优先发展顶层设计，2019年中央一号文件提出了"四个优先"的具体举措，就是优先考虑"三农"干部配备，优先满足"三农"发展要素配置，优先保障"三农"资金投入，优先安排农村公共服务。

2.2020年中央一号文件《中共中央 国务院关于抓好"三农"领域重点工作确保如期实现全面小康的意见》

该文件以习近平新时代中国特色社会主义思想为指导，全面贯彻党的十九大和十九届二中、三中、四中全会精神，贯彻落实中央经济工作会议精神，对"三农"工作作出了全面部署。一是明确了工作重点，就是对标对表全面建成小康社会目标，集中力量完成打赢脱贫攻坚战和补上全面小康"三农"领域突出短板两大重点任务。二是强化了政策举措。针对基层干部群众反映强烈的问题和工作落实中存在的薄弱环节，有的放矢、精准施策，提出了一些含金量高、可操作性强的政策举措，进一步强化了补短板的政策支撑保障。三是强调了抓好落实。围绕影响脱贫攻坚质量和全面小康成色、到2020年必须补上的突出短板，逐项抓好落实，确保如期完成。

文件明确在脱贫攻坚战收官之年，要做好以下工作：完成好剩余脱贫任务，巩固脱贫成果防止返贫，做好考核验收和宣传工作，研究接续推进减贫工作。

文件对标对表全面建成小康社会目标任务，提出了农村基础设施和公共服务八个方面的短板。一是农村公共基础设施方面。在完成具备条件的建制村通硬化路和通客车任务基础上，有序推进较大人口规模自然村（组）等通硬化路建设，支持村内道路建设和改造。二是农村供水保障方面。重点是全面完成农村饮水安全巩固提升工程任务，有条件的地区推进城乡供水一体化。三是农村人居环境整治方面。重点是分类推进农村厕所革命，全面推进农村生活垃圾治理，梯次推进生活污水治理，广泛开展村庄清洁行动。四是农村教育方面，硬件上，改善农村办学条件；软件上，加强乡村学校教师队伍建设。五是农村基层医疗卫生服务方面。在建好县乡村三级医疗卫生机构、消除医疗服务空白点的同时，重点加强乡村医生队伍建设。六是农村社会保障方面。主要是适当提高城乡居民基本医疗保险财政补助和个人缴费标准，加强农村低保对象动态精准管理，合理提高社会救助水平，发展互助式养老等。七是乡村公共文化服务方面。主要是扩大乡村文化惠民工程覆盖面、鼓励送文化下乡、实施乡村文化人才培养工程等。八是农村生态环境治理方面。主要是对做好畜禽粪污资源化利用、农药化肥减量、长江流域重点水域常年禁捕、黑土地保护、农村水系综合整治等提出要求。

文件在多渠道促进农民持续增收方面进行具体部署。一是发展富民乡村产业。要支持各地立足资源优势打造各具特色的农业全产业链，推动农村一、二、三产业融合发展。加快建设各类产业园区基地，重点培育家庭农场、农民合作社等新型农业经营主体，通过订单农业、入股分红、托管服务等方式，带动小农户融入农业产业链。继续调整优化农业结构，打造地方知名农产品品牌，增加优质绿色农产品供给，提升农民生产经营效益。二是稳住农民工就业。稳住农民工就业对稳定农民增收至关重要。重点是加强职业技能培训，积极开发城镇就业岗位，加大农民工稳岗支持力度。要加大对拖欠农民工工资的整治力度，以政府投资项目和工程建设领域为重点开展排查整顿，确保农民工工资按时足额发放。农村创新创业是农民就近就地就业的重要渠道，要深入实施农村创新创业带头人培育行动。三是稳定农民转移性收入。要保持好强农惠农富农政策的连续性稳定性，确保农民转移性收入不减少。

文件强调，粮食生产要"稳"字当头，稳政策、稳面积、稳产量，释放了鲜明的政策信号。一要压实各级责任，强化粮食安全省长责任制考核；二要保护农民种粮积极性，保障农民基本收益；三要调动地方抓粮积极性，让地方抓粮不吃亏；四要加强技术服务，推动粮食生产提质增效。

文件要求把生猪稳产保供作为重大政治任务，像抓粮食生产一样抓生猪生产，采取综合性措施，确保2020年年底前生猪产能基本恢复到接近正常年份水平。一是压实地方责任，二是落实支持政策，三是抓好疫病防控，四是推进转型升级，五是加强市场调控。

文件在强化"人地钱"要素保障方面出台了含金量高的政策。在人才保障方面，提出抓紧出台推进乡村人才振兴的意见，有组织地动员城市科研人员、工程师、规划师、建筑师、教师、医生下乡服务，城市中小学教师、医生晋升高级职称前原则上要有一年以上农村基层工作服务经历。在用地保障方面，提出完善乡村产业发展用地政策体系，将农业种植养殖配建的各类辅助设施用地纳入农用地管理，合理确定辅助设施用地规模上限，明确农业设施用地可以使用耕地。在投入保障方面，加大中央和地方财政"三农"投入力度，加大地方债用于"三农"规模，强化对"三农"信贷的货币、财税、监管政策正向激励，稳妥扩大农村普惠金融改革试点。

文件对有效扩大农业农村投资作出了相应部署。一是启动实施现代农业设施投资项目，二是优化农业农村投资环境，三是加大对农业农村投融资金融支持力度。

文件对各项重点改革任务进行了部署。一是完善农村基本经营制度。重点是落实保持土地承包关系稳定并长久不变的要求，部署开展第二轮土地承包到期后再延长三十年试点，在试点基础上研究制定延包的具体办法。二是扎实推进农村土地制度改革。抓紧制定农村集体经营性建设用地入市配套制度。严格农村宅基地管理，扎实推进宅基地使用权确权登记颁证，以探索宅基地所有权、资格权、使用权"三权分置"为重点，进一步深化农村宅基地制度改革试点。三是深入推进农村集体产权制度改革。在完成清产核资的基础上，全面推开农村集体产权制度改革试点，有序开展集体成员身份确认、集体资产折股量化、股份合作制改革、集体经济组织登记赋码等工作。积极探索拓宽农村集体经济发展路径。此外，文件还对中央部署的供销合作社、农垦、国有林区林场、集体林权制度、草原承包经营制度、农业水价、农业综合行政执法等重大改革任务进行了部署。

3.2021年中央一号文件《中共中央 国务院关于全面推进乡村振兴加快农业农村现代化的意见》

该文件立足当前，突出年度性、时效性，部署当年必须完成的任务；又兼顾长远，着眼"十四五"开局，突出战略性、方向性，明确"十四五"时期的工作思路和重点举措。文件的政策含义主要体现在以下方面。

第一，政策亮点多。围绕实现巩固拓展脱贫攻坚成果同乡村振兴有效衔接，明确设立衔接过渡期，提出持续巩固拓展脱贫攻坚成果、接续推进脱贫地区乡村振兴、加强农村低收入人口常态化帮扶等重点举措；围绕提升粮食和重要农产品供给保障能力，提出实行粮食安全党政同责，明确要求"十四五"时期各省（区、市）要稳定粮食播种面积、提高单产水平；围绕推动农业农村现代化开好局、起好步，提出解决种子和耕地两个要害问题、强化现代农业科技和物质装备支撑、构建现代乡村产业体系、推进农业绿色发展、推进现代农业经营体系建设等重点举措。以实施乡村建设行动为抓手，部署一批重点工程、重大项目和重要行动；围绕加强党对"三农"工作的全面领导，对健全党的农村工作领导体制和工作机制、加强党的农村基层组织建设和乡村治理等方面提出明确要求。

第二，政策含金量足。针对农村的地自己用不上、用不好的问题，提出完善盘活农村存量建设用地政策，实行负面清单管理，探索灵活多样的供地新方式等；针对乡村振兴资金需求量大的问题，提出支持地方政府发行一般债券和专项债券用于现代农业设施建设和乡村建设行动、支持以市场化方式设立乡村振兴基金等；针对农村贷款难、贷款贵问题，提出大力开展农户小额信用贷款业务，鼓励开发专属金融产品支持新型农业经营主体和农村新产业新业态，加大对农业农村基础设施投融资的中长期信贷支持。

第三，明确巩固拓展脱贫攻坚成果，做好同乡村振兴有效衔接，是2021年和"十四五"时期"三农"工作最重要的任务。一方面，把巩固拓展脱贫攻坚成果摆在首要位置，守住防止规模性返贫底线。对摆脱贫困的县，从脱贫之日起设立五年过渡期，过渡期内保持现有主要帮扶政策总体稳定。加大对脱贫县乡村振兴支持力度。在西部地区的脱贫县中确定一批国家乡村振兴重点帮扶县，从财政、金融、土地、人才、基础设施、公共服务等方面给予集中支持。另一方面，有序推进政策优化调整，推动工作体系平稳转型。脱贫攻坚过程中，中央有关部门出台了200多个政策文件和实施方案。在保持主要帮扶政策总体稳定基础上，逐项推进政策分类优化调整，合理把握节奏、力度和时限，做好同乡村振兴在领导体制、工作体系、发展规划、政策举措、考核机制等方面的有效衔接，逐步实现从集中资源支持脱贫攻坚向全面推进乡村振兴平稳过渡。

第四，围绕粮食播种面积保持稳定、产量达到1.3万亿斤以上的目标，重点抓好四个方面工作：稳定种植面积，强化政策支持，突出抓好要害，狠抓防灾减灾。

第五，重点从三方面促进农民收入增长：一是提高效益促增收，二是扩大就业促增收，三是深化改革促增收。

第六，当年和"十四五"时期新一轮农村改革将以处理好农民和土地的关系为主线，以推动小农户和现代农业有机衔接为重点，着力激发农业农村发展的动力活力，为推进乡村全面振兴提供更有力的制度支撑。一是巩固和完善农村基本经营制度，二是深化农村产权制度改革，三是稳慎推进农村宅基地制度改革试点，四是完善农业支持保护制度，五是加快推动城乡融合发展。把县域作为城乡融合发展的重要切入点，推动土地、劳动力等要素市场化改革和户籍制度改革取得新突破，促进城乡要素平等交换、双向流动。

4.2022年中央一号文件《中共中央 国务院关于做好2022年全面推进乡村振兴重点工作的意见》

这是新世纪以来指导"三农"工作的第19个中央一号文件。

文件对2022年全面推进乡村振兴重点工作进行了部署。文件指出，百年变局和世纪疫情叠加，外部环境更趋复杂和不确定，必须坚持"稳"字当头、稳中求进，稳住农业基本盘、做好"三农"工作，确保农业稳产增产、农民稳步增收、农村稳定安宁，为保持平稳健康的经济环境、国泰民安的社会环境提供坚实有力的支撑。要牢牢守住保障国家粮食安全和不发生规模性返贫这两条底线。扎实有序做好乡村发展、乡村建设、乡村治理重点工作。持续推进农村一、二、三产业发展，带动农民就地就近就业增收。健全乡村建设实施机制，着力解决农民生产生活实际问题。加强农村基层组织建设，健全党组织领导下的自治、法治、德治相结合的乡村治理体系，切实维护农村社会平安稳定。

文件把抓好粮食生产和重要农产品供给摆在首要位置，目的就是把14亿多中国人的饭碗端得更稳更牢固，饭碗主要装中国粮。重点做好三方面工作：稳产量，调结构，保耕地。

文件对坚决守住不发生规模性返贫底线作出一系列具体安排，明确要压紧压实责任，持续响鼓重槌地抓好，确保工作不留空档、政策不留空白；要聚焦重点人群完善监测帮扶机制；促进脱贫人口持续稳定增收，更多依靠发展来积极巩固拓展脱贫攻坚成果；要加大乡村振兴重点帮扶县帮扶力度，聚焦重点地区强化帮扶措施，增强自我发展能力，让脱贫基础更加牢固、更可持续。

文件明确，"三农"工作重心历史性转移后，新时代抓"三农"工作就是抓全面推进乡村振兴，要扎实有序推进各项重点工作，推动全面推进乡村振兴取得新进展、农业农村现代化迈出新步伐。一是聚焦产业促进乡村发展。拓展农业多种功能、挖掘乡村多元价值，重点发展农产品加工业、乡村休闲旅游、农村电商三大产业；大力发展比较优势明显、带动农业农村能力强、就业容量大的县域富民产业，促进农民就地就近就业创业；加强农业面源污染综合治理，深入推进农业投入品减量化、废弃物利用资源化，推进农业农村绿色发展。二是扎实稳妥推进乡村建设。健全自下而上、村民自治、农民参与的实施机制，坚持数量服从质量、进度服从实效，求好不求快，不超越发展阶段搞大融资、大开发、大建设。聚焦普惠性、基础性、兜底性民生建设，接续实施农村人居环境整治提升五年行动，加强农村道路、供水、用电、网络、住房安全等重点领域基础设施建设，强化基本公共服务县域统筹。三是突出实效改进乡村治理。强化县级党委抓乡促村，健全乡镇党委统一指挥和统筹协调机制，发挥驻村第一书记和工作队抓党建促乡村振兴作用。创新农村精神文明建设工作方法，推广积分制等治理方式，推进农村婚俗改革试点和殡葬习俗改革，持续推进乡村移风易俗。

文件明确，要制定乡村振兴责任制实施办法，开展省级党政领导班子和领导干部推进乡村振兴战略实绩考核，完善市县党政领导班子和领导干部推进乡村振兴战略实绩考核制度，把五级书记抓乡村振兴落到实处。同时，要建立表彰奖励制度，形成全社会共同参与乡村振兴的良好氛围。

5.2023年中央一号文件《中共中央 国务院关于做好2023年全面推进乡村振兴重点工作的意见》

该文件既立足当前，部署了全面推进乡村振兴重点工作；也着眼长远，提出了加快建设农业强国的总体要求。文件分九个部分，分别是抓紧抓好粮食和重要农产品稳产保供，加强农业基础设施建设，强化农业科技和装备支撑，巩固拓展脱贫攻坚成果，推动乡村产业高质量发展，拓宽农民增收致富渠道，扎实推进宜居宜业和美乡村建设，健全党组织领导的乡村治理体系，强化政策保障和体制机制创新，共三十三条。

政策重点和要点集中体现在以下几个方面。

第一，抓好粮食和重要农产品稳产保供。粮食安全是"国之大者"。根据文件部署，2023年将紧紧围绕确保全国粮食产量保持在1.3万亿斤以上这个目标，千方百计稳住面积、主攻单产、力争多增产。中央一号文件提出，加强农业基础设施建设，强化农业科技和装备支撑，完善农业支持保护制度，强化粮食安全党政同责，健全农民种粮挣钱得利、地方抓粮担责尽义的机制保障。文件从价格、补贴、保险等方面健全种粮农民收益保障机制，健全主产区利益补偿机制，增加产粮大县奖励资金规模；压实地方党委政府重农抓粮主体责任，严格省级党委、政府耕地保护和粮食安全责任制考核，确保主产区、主销区、产销平衡区各尽其责，饭碗一起端、责任一起扛。

第二，巩固拓展脱贫攻坚成果。文件将防止规模性返贫作为全面推进乡村振兴的底线任务进行具体部署：要压紧压实各级巩固拓展脱贫攻坚成果责任，强化防止返贫动态监测和精准帮扶，落实巩固拓展脱贫攻坚成果同乡村振兴有效衔接政策，推动各级各部门细化政策举措，加强政策协同，形成工作合力；要加大对重点区域的倾斜支持力度，加大财政金融支持力度；要深化东西部协作和中央单位定点帮扶，引导社会力量广泛参与帮扶，为脱贫地区引进理念、人才、资金、技术等要素，助力脱贫地区培育新的经济增长点；要深化驻村帮扶，切实发挥好驻村第一书记和工作队在加强村党组织、推进强村富民、提升治理水平、为民办事服务等方面的作用；要统筹开展乡村振兴战略实绩考核、巩固拓展脱贫攻坚成果同乡村振兴有效衔接考核评估，优化考核评估方式，用好考核评估结果，发挥好"指挥棒"作用，压紧压实责任，把脱贫人口和脱贫地区的帮扶政策衔接好、措施落到位。文件对增强脱贫地区和脱贫群众内生发展动力进行了针对性的具体部署,总的要求是把增加脱贫群众收入作为根本任务,把促进脱贫县加快发展作为主攻方向,聚焦产业就业,更加注重扶志扶智,用发展的办法让脱贫成果更加稳固、更可持续;主要要求是一要培育提升产业,二要积极扩大就业,三要坚持用发展的办法推动脱贫地区增强内生发展动力。

第三,扎实推进宜居宜业和美乡村建设。在宜居方面,要求各地区各部门瞄准"农村基本具备现代生活条件"的目标,立足实际、科学规划,扎实推进乡村发展、乡村建设、乡村治理,让农民就地过上现代文明生活,具体部署包括以下几个方面。一要规划先行。严禁违背农民意愿撤并村庄、搞大社区,防止大拆大建、盲目建牌楼亭廊"堆盆景",立足乡土特征、地域特点和民族特色,提升村庄风貌,留住乡韵乡愁。二要在改善人居环境上下足功夫。持续开展村庄清洁行动,分类梯次推进农村生活污水治理,推动农村生活垃圾源头分类减量。三要着力改善公共服务。要求各地区各部门推动基本公共服务资源下沉,着力加强薄弱环节,加快防疫、养老、教育、医疗等方面的公共服务设施建设,进一步完善农村社会保障体系,提升基本公共服务能力。在宜业方面,要推动乡村产业高质量发展。其一,要按照"土特产"三个字要求谋篇布局,着力强龙头、补链条、兴业态、树品牌,提升产业市场竞争力和抗风险能力,带动农民就地就近就业创业;其二,各地要着力完善产业发展联农带农的利益联结机制,加快形成企业和农户在产业链上优势互补、分工合作的格局,把产业增值收益更多留给农民。在和美方面,文件强调乡村塑形与铸魂并重、物质文明与精神文明协调,以"和"的理念德化人心、凝聚人心,确保农村人心向善、稳定安宁。其一,要完善乡村治理体系,关键在党;其二,要加强农村精神文明建设;

其三，要提升乡村治理效能；其四，要用好传统治理资源和现代治理手段，依法严厉打击侵害农村妇女儿童权利的违法犯罪行为，完善推广积分制、清单制、数字化、接诉即办等务实管用的治理方式。

第四，强化实施乡村振兴战略的组织保障。一是始终坚持党的全面统一领导。完善党领导"三农"工作体制机制，健全党委全面统一领导、政府负责、党委农村工作部门统筹协调的农村工作领导体制；建立实施乡村振兴战略领导责任制，实行中央统筹、省负总责、市县抓落实的工作机制，县委书记要把主要精力放在抓"三农"工作上，当好乡村振兴"一线总指挥"，各级党委和政府主要领导要切实承担起实施乡村振兴战略的领导责任；强化各级党委和政府责任，省级党委和政府要对本地乡村振兴负总责，县级党委和政府要负起抓落实责任；明确国家层面专责部门，国务院农业农村主管部门负责全国乡村振兴促进工作的统筹协调、宏观指导和监督检查；落实各级相关部门责任，各级党委农村工作部门要切实履行好牵头抓总职责，加强对实施乡村振兴战略的统筹协调；开展表彰奖励。二是建立考核报告制度。国家实行乡村振兴战略实施目标责任制和考核评价制度，把巩固拓展脱贫攻坚成果纳入乡村振兴考核范围；完善评估制度，因地制宜建立客观反映乡村振兴进展的指标和统计体系；完善报告制度。三是健全多元投入保障机制。继续坚持财政优先保障，国家建立健全实施乡村振兴战略财政投入保障制度；加大金融重点倾斜力度，健全金融支农组织体系，创新金融支农产品和服务，创新服务模式，完善金融支农激励政策，健全农村金融风险缓释机制，引导更多金融资源支持乡村振兴；加强土地支持政策，调整完善土地出让收入使用范围，提高土地出让收益用于农业农村比例，完善农村新增用地保障机制，盘活农村存量建设用地，建立集体经营性建设用地入市制度；吸收促进社会资本投向乡村。四是强化人才支撑。实施新型职业农民培育工程，培育形成一批家庭农场、专业大户、农民合作社等建设现代农业的生力军；实施新型职业农民培育工程，大力开展乡土人才示范培训；实施引才回乡工程，完善返乡创业支持保障体系；制定财政、金融、社会保障等激励政策，吸引各类人才返乡入乡创业；建立选派第一书记工作长效机制；强化对 160 个国家乡村振兴重点帮扶县的科技和人才支撑。五是深化农村改革、城乡改革。主要是加快构建城乡融合发展体制机制和政策体系，健全农业转移人口市民化机制，维护进城落户农民土地承包权、宅基地使用权、集体收益分配权，建立科技成果入乡转化机制。

6.2024 年中央一号文件《中共中央 国务院关于学习运用"千村示范、万村整治"工程经验有力有效推进乡村全面振兴的意见》

该文件指出，做好 2024 年及今后一个时期"三农"工作，要以习近平新时代中国特色社会主义思想为指导，全面贯彻落实党的二十大和二十届二中全会精神，深入贯彻落实习近平总书记关于"三农"工作的重要论述，坚持和加强党对"三农"工作的全面领导，锚定建设农业强国目标，以学习运用"千万工程"经验为引领，以确保国家粮食安全、确保不发生规模性返贫为底线，以提升乡村产业发展水平、提升乡村建设水平、提升乡村治理水平为重点，强化科技和改革双轮驱动，强化农民增收举措，打好乡村全面振兴漂亮仗，绘就宜居宜业和美乡村新画卷，以加快农业农村现代化更好地推进中国式现代化建设。这主要体现在以下几个方面。

一是确保国家粮食安全。抓好粮食和重要农产品生产，严格落实耕地保护制度，加强农业基础设施建设，强化农业科技支撑，构建现代农业经营体系，增强粮食和重要农产品调控能力，持续深化食物节约各项行动。

二是确保不发生规模性返贫。落实防止返贫监测帮扶机制，研究推动防止返贫帮扶政策和农村低收入人口常态化帮扶政策衔接并轨。持续加强产业和就业帮扶，强化帮扶产业分类指导，巩固一批、升级一批、盘活一批、调整一批，推动产业提质增效、可持续发展，稳定脱贫劳动力就业规模。加大对重点地区帮扶支持力度，推动建立欠发达地区常态化帮扶机制。

三是提升乡村产业发展水平。促进农村一、二、三产业融合发展，推动农产品加工业优化升级，推动农村流通高质量发展，强化农民增收举措。

四是提升乡村建设水平。增强乡村规划引领效能，深入实施农村人居环境整治提升行动，推进农村基础设施补短板，完善农村公共服务体系，加强农村生态文明建设，促进县域城乡融合发展。

五是提升乡村治理水平。推进抓党建促乡村振兴，繁荣发展乡村文化，持续推进农村移风易俗，建设平安乡村。

六是加强党对"三农"工作的全面领导。健全党领导农村工作体制机制，强化农村改革创新，完善乡村振兴多元化投入机制，壮大乡村人才队伍。

7.《中共中央 国务院关于实现巩固拓展脱贫攻坚成果同乡村振兴有效衔接的意见》

该文件指出，我国打赢脱贫攻坚战、全面建成小康社会后，为了进一步巩固拓展脱贫攻坚成果，做好乡村振兴这篇大文章，需要进一步统一思想认识、明确巩固成果责任、形成乡村振兴合力。在明确有效衔接的指导思想、基本思路和目标任务、主要原则的基础上，文件着重从建立健全长效机制方面，对巩固拓展脱贫攻坚成果进行部署，就是要稳政策、防返贫、固成果，坚决守住不发生规模性返贫的底线。

文件在聚焦改善脱贫地区发展条件、增强发展内生动力方面作了重点部署：一是支持乡村特色产业发展壮大，二是促进稳定就业，三是持续改善基础设施条件，四是进一步提升公共服务水平。文件同时明确在西部地区脱贫县中确定一批国家乡村振兴重点帮扶县给予集中支持，增强其区域发展能力；支持各地在脱贫县中自主选择一部分县作为乡村振兴重点帮扶县；坚持和完善东西部协作和对口支援、社会力量参与帮扶机制。

文件要求以现有社会保障体系为基础，健全农村低收入人口常态化帮扶机制。

文件在保持脱贫攻坚主要政策总体稳定的基础上，对一些重大政策的调整优化提出了方向性、原则性要求，主要包括财政投入政策、金融服务政策、土地支持政策、人才智力支持政策等方面。

文件对如何做好脱贫攻坚与乡村振兴在领导体制和工作机制上的有效衔接提出了要求：在领导体制上，明确构建责任清晰、各负其责、执行有力的乡村振兴领导体制，充分发挥中央和地方各级党委农村工作领导小组作用，建立统一高效的实现巩固拓展脱贫攻坚成果同乡村振兴有效衔接的决策议事协调工作机制等；在工作体系上，强调及时做好巩固拓展脱贫攻坚成果同全面推进乡村振兴在工作力量、组织保障、规划实施、项目建设、要素保障方面的有机结合，持续加强脱贫村党组织建设，培养乡村振兴带头人，继续选派驻村第一书记和工作队等；在规划实施和项目建设上，提出将实现巩固拓展脱贫攻坚成果同乡村振兴有效衔接的重大举措纳入"十四五"规划，科学编制"十四五"时期巩固拓展脱贫攻坚成果同乡村振兴有效衔接规划；在考核机制上，明确把巩固拓展脱贫攻坚成果纳入市县党政领导班子和领导干部推进乡村振兴战略实绩考核范围，与高质量发展综合绩效评价做好衔接，科学设置考核指标，强化考核结果运用。

三、方法引领

"千村示范、万村整治"工程（以下简称"千万工程"）是习近平同志在浙江工作时亲自谋划、亲自部署、亲自推动的一项重大决策。二十年来，浙江一张蓝图绘到底，久久为功，持续推进"千万工程"，造就万千美丽乡村，造福万千农民群众，深刻改变了浙江农村的面貌。二十年来，浙江持之以恒、锲而不舍推进"千万工程"，创造了农业农村现代化的成功经验和实践范例。

2023年6月，中央财办、中央农办、农业农村部、国家发展改革委印发《关于有力有序有效推广浙江"千万工程"经验的指导意见》的通知，要求各地学深悟透"千万工程"经验蕴含的科学方法，并结合实际创造性转化到"三农"工作实践之中，推动农业农村现代化取得实实在在的成效。

2024年中央一号文件明确，"以学习运用'千万工程'经验为引领"[1]，推进乡村全面振兴。踏上新征程，在全国范围内运用推广"千万工程"的好经验、好做法，将助力加快城乡融合发展，推动美丽中国建设，全面推进乡村振兴，为实现中国式现代化奠定坚实的基础。

（一）学习运用"千万工程"经验的原因

"千万工程"已经历时二十年，成功的实践形成了经验案例。与

---

[1]《中共中央 国务院关于学习运用"千村示范、万村整治"工程经验 有力有效推进乡村全面振兴的意见（2024年1月1日）》，《人民日报》2024年2月4日第1版。

一般性的典型案例不同,这一经验案例蕴含着多方面的时代特征,很好地说明了为什么要学习、运用"千万工程"经验。

首先,"千万工程"经过历史检验,是成功的。2003年6月,时任浙江省委书记的习近平同志在广泛深入调查研究基础上,立足浙江省情、农情和发展阶段特征,准确把握经济社会发展规律和必然趋势,审时度势,高瞻远瞩,作出了实施"千万工程"的战略决策,提出从全省近4万个村庄中选择1万个左右的行政村进行全面整治,把其中1000个左右的中心村建成全面小康示范村。在浙江工作期间,习近平同志亲自制定了"千万工程"具体实施方案,建立工作机制,出席2003年"千万工程"启动会,连续三年出席"千万工程"现场会,并发表重要讲话,为实施"千万工程"指明了方向。2005年,习近平同志在安吉县余村调研时提出"绿水青山就是金山银山"的发展理念,把生态建设与"千万工程"更紧密地结合起来,美丽乡村建设成为"千万工程"的重要目标。习近平同志担任总书记以来,多次作出重要指示批示,为推进"千万工程"提供了根本遵循。浙江历届省委、省政府按照习近平总书记的战略擘画和重要指示要求,与时俱进,持续深化"千万工程"。二十年来,整治范围从最初的1万个左右行政村推广到全省所有行政村,内涵从"千村示范、万村整治"引领起步,到"千村精品、万村美丽"深化提升,再到"千村未来、万村共富"迭代升级,强化数字赋能,逐步形成"千村向未来、万村奔共富、城乡促融合、全域创和美"的生动局面。"千万工程"造就了万千美丽乡村,造福了万千农民群众,促进了美丽生态、美丽经济、美好生活有机融合,被当地农民群众誉为"继实行家庭联产承包责任制后,党和政府为农民办的最受欢迎、最为受益的一件实事",被专家学者誉为"在浙江经济变革、社会转型的关键时刻,让列车换道变轨的那个扳手,转动了乡村振兴的车轮"①。

其次,"千万工程"案例的成效具有强烈说服力。自2003年至2023年二十年来,"千万工程"成效显著,事实和数据令人信服。以浙江省为例,主要取得了以下几个方面的成就。一是农村人居环境深刻重塑。规划保留村生活污水治理覆盖率100%,农村生活垃圾基本实现"零增长""零填埋",农村卫生厕所全面覆盖,森林覆盖率超过61%,农村人居环境质量居全国前列,浙江省成为首个通过国家生态省验收的省份。二是城乡融合发展深入推进。城乡基础设施加快同规同网,最低生活保障实现市域城乡同标,基本公共服务均等化水平全国领先,农村"30分钟公共服务圈""20分钟医疗卫生服务圈"基本形成,城乡居民收入比从2003年的2.43缩小到2022年的1.90。三是乡村产业蓬勃发展。休闲农业、农村电商、文化创意等新业态不断涌现,带动农民收入持续较快增长,全省农村居民人均可支配收入由2003年5431元提高到2022年37565元。村级集体经济年经营性收入50万元以上的行政村占比达51.2%。四是乡村治理效能有效提升。以农村基层党组织为核心、村民自治为基础,各类村级组织互动合作的乡村治理机制逐步健全,乡村治理体系和治理能力现代化水平显著提高,农村持续稳定安宁。五是农民精神风貌持续改善。推动"物的新农村"向"人的新农村"迈进,全域构建新时代文明实践中心、新时代文明实践所、农村文化礼堂三级阵地,建成一批家风家训馆、村史馆、农民书屋等,陈规陋习得到有效遏制,文明乡风、良好家风、淳朴民风不断形成。六是在国内外产生广泛影响。② 各地区认真贯彻习近平总书记重要指示批

---

① 专题调研组:《总结推广浙江"千万工程"经验　推动学习贯彻习近平新时代中国特色社会主义思想走深走实》,《求是》2023年第11期。
② 同上。

示精神，结合实际学习借鉴浙江经验，农村人居环境整治提升和乡村建设取得扎实成效。"千万工程"不仅对全国起到了示范效应，在国际上也得到认可，2018年9月，浙江省"千万工程"荣获联合国"地球卫士奖"，为营造和谐宜居的人类家园贡献了中国方案。

再次，"千万工程"经验呈现多方面价值。从政治维度看，"千万工程"饱含了人民领袖的深厚农民情结和真挚为民情怀，开启了推进乡村全面振兴的先行探索，展现了习近平生态文明思想在乡村的生动实践，形成了促进农民农村共同富裕的重要抓手，成为彰显我国制度优越性的有力佐证，让我们在生动的实践中更加深刻领悟到"两个确立"的决定性意义和历史必然性。从发展维度看，"千万工程"是中国式现代化道路在浙江省域、"三农"领域的成功实践和典型样板，经过二十年的绵绵用力，其实践成就充分展现出这一经验案例具有强大的时代生命力、实践引领力和深远影响力。浙江的城乡发展成就表明，"千万工程"改变的不仅是乡村的人居环境，还触及乡村发展的方方面面，深刻地改变了乡村的发展理念、产业结构、公共服务、治理方式以及城乡关系；不仅是乡村人居环境整治与改善的乡村建设工程，是惠民工程、民心工程和共富工程，也是乡村振兴发展和城乡融合发展的基础性、枢纽性工程。从理论维度看，"千万工程"对于我们回答"为什么建设乡村、建设什么样的乡村、怎样建设乡村"这一时代之问具有重要启示。二十年久久为功，二十年不断持续发力，"千万工程"造就万千"美丽乡村"，在深刻改变浙江农村面貌的同时，丰富发展了实施乡村振兴战略、推进农村人居环境整治、走好人与自然和谐共生的中国式现代化之路的相关理论内涵，也为党的创新理论提供了实践样本和"源头活水"。从国际维度看，"千万工程"在世界上最大的发展中国家实施，在改善农村生态环境的同时促进了经济繁荣，对渴望实现环境保护与经济发展双赢的广大发展中国家具有借鉴意义。联合国前副秘书长兼环境规划署执行主任索尔海姆参观走访浙江村镇后,对绿色发展成果高度赞赏:"我在浙江浦江和安吉看到的,就是未来中国的模样,甚至是未来世界的模样。""千万工程"是中国特色社会主义生态文明建设的典型代表,其取得的重大成效进一步提升了中国生态治理的能力和水平,提高了中国在全球生态治理体系中的影响力,从而对推动全球生态治理体系变革、共同构建地球生命共同体产生积极作用。此外,"千万工程"城乡融合、统筹发展的成功实践,为破解城乡二元结构这一世界难题提供了中国方案。

最后,"千万工程"案例向全国推广经验有重大意义。其一,推广"千万工程"经验是贯彻新发展理念的重大举措。"千万工程"成功实践表明,要走生产发展、生活富裕、生态良好的文明发展道路,就必须推动"三农"领域完整、准确、全面贯彻新发展理念,加快构建新发展格局,着力推动高质量发展,正确处理速度和质量、发展和环保、发展和安全等重大关系,完善政策体系和制度机制。其二,推广"千万工程"经验是加快城乡融合发展的有效途径。"千万工程"坚持统筹城乡发展,有效促进城市基础设施向农村延伸、城市公共服务向农村覆盖、城市现代文明向农村辐射,推动城乡一体化发展,推动农村基本具备现代生活条件,加快形成工农互促、城乡互补、协调发展、共同繁荣的新型工农城乡关系。其三,推广"千万工程"经验是建设美丽中国的有力行动。"千万工程"持续改善农村人居环境,促进生态农业、低碳乡村发展,成为践行习近平生态文明思想的样板和典范。推广这一经验,有利于各地持续改善农村人居环境,促进生态农业、低碳乡村发展,推动建设美丽乡村,为建设美丽中国奠定坚实基础。其四,推广"千万工程"经验是扎实推进乡村振兴的必然要求。推广"千万工程"经验,有利于探索扎实推进乡村振兴的实现路径和阶段性任务，优化人力、物力、财力配置，循序渐进建设宜居宜业和美乡村，不断实现农民群众对美好生活的向往，走出一条迈向农业高质高效、乡村宜居宜业、农民富裕富足的新路子。

（二）学习"千万工程"的基本经验

习近平总书记在浙江工作期间对"千万工程"既绘蓝图、明方向，又指路径、教方法，到中央工作后继续给予重要指导。二十年来，浙江按照习近平总书记重要指示要求，深入谋划推进、加强实践探索，推动"千万工程"持续向纵深迈进，形成了一系列行之有效、可供各地结合实际借鉴的做法和经验，集中体现在以下六个方面。

始终坚持贯彻绿色发展理念，这是"千万工程"最明亮的底色。"千万工程"把"绿水青山就是金山银山"贯穿全过程各阶段，把村庄整治与绿色生态家园建设紧密结合，同步推进环境整治和生态建设，走生态立村、生态致富的路子。以整治环境"脏乱差"为先手棋，全面推进农村环境"三大革命"，全力推进农业面源污染治理，坚持生态账与发展账一起算，大力创建生态品牌、挖掘人文景观，培育"美丽乡村+"农业、文化、旅游等新业态，推动田园变公园、村庄变景区、农房变客房、村民变股东，持续打通"绿水青山就是金山银山"的理念转化通道，把"生态优势"变成"民生福利"。

始终坚持科学规划引领，这是"千万工程"最突出的主线。"千万工程"立足不同地形地貌，区分发达地区和欠发达地区、城郊村庄和纯农业村庄，因地制宜，结合地方发展水平、财政承受能力、农民接受程度开展工作。遵循乡村自身发展规律、体现农村特点、注意乡土味道、保留乡村风貌，构建以县域美丽乡村建设规划为龙头，村庄布局规划、中心村建设规划、农村土地综合整治规划、历史文化村落保护利用规划为基础的"1+4"县域美丽乡村建设规划体系,强化规划刚性约束和执行力,坚持一张蓝图绘到底。

始终坚持循序渐进,这是"千万工程"最根本的方法。浙江二十年来坚持"千万工程"目标不动摇、不折腾,保持工作连续性和政策稳定性,根据不同发展阶段确定整治重点,与时俱进、创新举措,制定针对性解决方案,每五年出台一个行动计划,每个重要阶段出台一个实施意见,从花钱少、见效快的农村垃圾集中处理、村庄环境清洁卫生入手,到改水改厕、村道硬化、绿化亮化,再到产业培育、公共服务完善、数字化改革,先易后难、层层递进,以钉钉子精神推动各项建设任务顺利完成。

始终坚持党政主导、多方协同,这是"千万工程"最核心的动力。坚持把加强领导作为搞好"千万工程"的关键,建立党政"一把手"亲自抓、分管领导直接抓、一级抓一级、层层抓落实的工作推进机制,每年召开"千万工程"高规格现场会,省市县党政"一把手"参加,营造"比学赶超"、争先创优的浓厚氛围。坚持政府投入引导、农村集体和农民投入相结合、社会力量积极支持的机制,投入真金白银。将农村人居环境整治纳入为群众办实事的内容,纳入党政干部绩效考核,强化奖惩激励。突出党政主导、各方协同、分级负责,配优配强村党组织书记、村委会主任,推行干部常态化驻村联户、结对帮扶,实行"网格化管理、组团式服务"。

始终坚持群众主体地位,这是"千万工程"最鲜明的要求。"千万工程"始终尊重农民主体地位,从农民群众角度思考问题,尊重民意、维护民利、强化民管。始终把增进人民福祉、促进人的全面发展作为出发点和落脚点,在进行决策、推进改革时,坚持"村里的事情大家商量着办"。始终注重激发农民群众的主人翁意识,广泛动员农民群众参与村级公共事务，推动从"要我建设美丽乡村"到"我要建设美丽乡村"的转变的实现。

始终坚持以塑形铸魂为目标，这是"千万工程"最核心的取向。"千万工程"注重推动农村物质文明和精神文明相协调、硬件与软件相结合，大力弘扬社会主义核心价值观，加强法治教育，完善村规民约，持续推动移风易俗，从机制、硬件软件建设上推动，变"文化下乡"为"扎根在乡"。结合农村特性传承耕读文化、民间技艺，加强农业文化遗产保护、历史文化村落保护。在未来乡村建设中专门部署智慧文化、智慧教育工作，着力打造乡村网络文化活力高地。

（三）学习运用"千万工程"经验的重要考量

"千万工程"所蕴含的启示，是"千万工程"成功做法经验的提升。领悟这些启示，是各地结合本地实际、因地制宜学习借鉴"千万工程"经验的重要考量。

必须坚持人民至上立场，不断增进民生福祉。二十年来，"千万工程"始终把实现人民对美好生活的向往作为出发点和落脚点，想问题、办事情坚持群众视角，从农民最关心的事情做起，把一件件民生小事作为一个个着力点，为广大农民带来获得感、幸福感。学习"千万工程"经验，最重要的就是要更加自觉站稳人民立场，强化宗旨意识，想农民之所想，急农民之所急，在共建共享中提高农民群众积极性和创造性。当前就是要紧盯农业农村发展最迫切、农民反映最强烈的实际问题，千方百计拓宽农民增收致富渠道，巩固拓展好脱贫攻坚成果，让农民腰包越来越鼓、日子越过越红火，推动农民农村共同富裕取得更为明显的实质性进展。

必须坚持以新发展理念统领乡村振兴。"千万工程"的实践及成效证明，只有完整、准确、全面贯彻新发展理念，推进乡村振兴才能理清思路、把握方向、找准着力点。新征程上贯彻落实党的二十大"全面推进乡村振兴"的决策部署,就是要以新发展理念为统领,立足加快构建新发展格局,正确处理速度和质量、发展和环保、发展和安全等重大关系,加强机制创新、要素集成,抓好乡村产业、人才、文化、生态、组织"五个振兴",实现乡村发展、乡村建设、乡村治理良性互动,实现既保护绿水青山,又带来金山银山。

必须坚持以系统观念推动城乡融合发展。"千万工程"使城乡关系发生深刻变革的成功实践证明,农村和城市是发展中的一个有机整体,只有把城市与乡村发展一并系统考虑、统筹协调,特别是要以县域为重要切入点,着力破除妨碍城乡要素平等交换、双向流动的制度壁垒,促进发展要素、各类服务更多下乡,加快形成工农互促、城乡互补、协调发展、共同繁荣的新型工农城乡关系,才能更充分发挥城市对农村的带动作用和农村对城市的促进作用,在城乡融合发展中实现乡村全面振兴。

必须坚持党建引领乡村治理能力持续提升。"千万工程"成功的背后,是乡村治理体系和治理能力现代化的不断提升。其中最重要的启示有三个方面。一是要把调查研究作为作决策和贯彻落实的依据。当前就是要持续加强和改进调查研究,围绕学习贯彻党的二十大精神,聚焦推进乡村振兴、实现共同富裕、增进民生福祉等改革发展稳定中的重点难点问题,深入基层、掌握实情、把脉问诊,紧密结合自身实际,谋划实施有针对性的政策举措,不断破解矛盾瓶颈、推动高质量发展。二是必须抓党建促乡村振兴,充分发挥农村基层党组织战斗堡垒作用,充分发挥村党组织书记、村委会主任的带头作用,引导基层党员干部干在先、走在前,团结带领农民群众听党话、感党恩、跟党走。只有坚持以党建引领基层治理,善于发动群众、依靠群众,才能把党的政治优势、组织优势、密切联系群众的优势,不断转化为全面推进乡村振兴的工作优势。三是必须锚定目标真抓实干,一张蓝图绘到底。保持战略定力,改进工作作风,力戒形式主义、官僚主义,一件事情接着一件事情办,一年接着一年干。

(四)学习运用"千万工程"蕴含的发展理念

学习、总结、研究"千万工程"经验案例是一个渐进的过程。首先是从其做法总结可以借鉴的经验,基于经验从学理层面提炼案例中蕴含的启示,再进一步就是要从理论层面发现其背后闪耀的思想光芒。"千万工程"是习近平新时代中国特色社会主义思想在"三农"领域、浙江省域的成功实践和典型样板。习近平新时代中国特色社会主义思想指引了"千万工程"的发生发展,同时,"千万工程"也以二十年来的长期实践验证了习近平新时代中国特色社会主义思想的前瞻性、真理性。[①] 对"千万工程"蕴含的丰富理论价值的认识和理解,是学习运用推广"千万工程"经验的有力支撑,主要体现在以下几个方面。

1. 价值导向

人民性是马克思主义最鲜明的品格。全面建成社会主义现代化强国,人民是决定性力量。"千万工程"的成果之所以能够经得起历史的检验,至今依然发挥着重要示范引领作用,关键在于始终坚持尊重广大农民意愿,激发广大农民积极性、主动性、创造性,激活乡村振兴内生动力,让广大农民在乡村振兴中有更多获得感、幸福感、安全感。"千万工程"推动实现从"要我建设美丽乡村"到"我要建设美丽乡村"的转变,建立机制创新路径,充分发挥农民

---

① 仲农平:《又一次"农村包围城市"的伟大壮举》,《农民日报》2023年8月30日第1版。

群众的主体作用和首创精神,回答好"发展为了谁、依靠谁、发展成果由谁共享"等根本问题,夯实了美丽乡村建设、乡村振兴的群众基础和社会基础。"千万工程"迭代升级,"为了人民"始终是价值取向,"依靠人民"始终是行动路径。"千万工程"实践还证明,乡村是具有自然、社会、经济特征的地域综合体,与城镇共同构成人类活动的主要空间,在满足城乡居民多元化需求、促进经济增长方面发挥着各自不可替代的重要功能。城乡不是彼此对立的,而是相辅相成的。"千万工程"基于城市繁荣、农村落后的现实,充分认识到城乡之间的共生关系,以及乡村在现代化进程中的地位和价值,对乡村进行了系统性、全面性塑造,系统回答了为什么建设乡村、怎样建设乡村等问题,从而推动了浙江乡村巨变。全面推进乡村振兴,必须深刻认识新时代新征程乡村的价值和地位,摒弃乡村是负担、城市的附庸等错误认识,在城镇化和乡村振兴的互促互生中全面拓展乡村生产、生活、生态、文化等多重功能,焕发乡村发展新活力。

2. 理念基础

理念是行动的先导,一定的发展实践都是由一定的发展理念指导的。2005年时任浙江省委书记的习近平同志在安吉县余村调研时,对余村在实施"千万工程"过程中关停严重污染环境、危害农民身心健康的石矿场与水泥厂,发展绿色经济的做法给予高度赞扬,并有感而发,提出了"绿水青山就是金山银山"新理念,该概念指导"千万工程"向美丽乡村建设深化,进而推动生态省和绿色浙江建设。"绿水青山就是金山银山"这一富有哲理又通俗易懂的理念也成为指导中国生态文明建设和绿色发展的核心理念。"千万工程"将可持续发展、绿色发展理念贯穿于各阶段、各环节、全过程,妥善处理了"金山银山"与"绿水青山"之间的辩证统一关系,使环境保护与经济发展同步,给农民带来了美丽生态、美丽经济和美好生活,进而产生了变革性的力量。浙江深刻践行"两山"理念,源源不断地将生态财富转化为物质财富和精神财富,生态农业、农村电商、生态康养、休闲旅游等新兴业态蓬勃发展,成为实现"绿水青山"向"金山银山"转化的有效途径。"千万工程"实践证明,从"千村示范、万村整治"到"千村精品、万村美丽",再到"千村未来、万村共富",新发展理念引领着"千万工程"的内涵之变和实践探索,为在新征程上全面推进乡村振兴,坚持以创新、协调、绿色、开放、共享的新发展理念统领乡村振兴工作全局提供了理念基础。

3. 发展道路

这条道路充分体现了中国式现代化的中国特色和本质要求。第一,"千万工程"从解决群众反映最强烈的环境脏乱差做起,统筹抓好乡村环境整治与乡风文明培育、产业发展与生态保护、人才振兴与乡村治理等工作;从创建示范村、建设整治村,以点带线、连线成片,再到全域规划、全域建设、全域提升、全域管理,实现美丽乡村建设水平的整体提升,走出一条产业、人才、文化、生态、组织全面振兴的发展道路。第二,"千万工程"始终坚持农村物质文明和精神文明两手抓,硬件与软件相结合,把改造传统农村与提升农民精神风貌、树立乡村文明新风有机结合起来,将文明村、文化村、民主法治村等建设和美丽乡村建设紧密结合起来,不断提高农民的民主法治意识、科学文化素质和思想道德素质,实现了农村农民由点到面、由表及里的全面发展、全面提升,走出了一条物质文明与精神文明协调发展道路。第三,"千万工程"和美丽乡村持续推进,为广大农民找到了"绿水青山"转化为"金山银山"的增收之道。经营美丽乡村、发展美丽经济、共享幸福生活、增强村民利益共同体意识，依靠共同奋斗建设美丽富饶的共富乡村，走出了美丽乡村与美丽经济互促互进道路。第四，"千万工程"始终贯彻以工促农、以城带乡的思想，做到城市基础设施向农村延伸，城市公共服务向农村覆盖，城市现代文明向农村辐射，促进城乡一体化发展，走出了一条统筹城乡发展、缩小城乡差别、推动城乡一体化发展的城乡融合发展道路。第五，"千万工程"二十年来从农村人居环境大整治到美丽乡村大建设，再到乡村振兴大提升，形成了产业兴旺的特色乡村、生态宜居的花园乡村、文化为魂的人文乡村、四治合一的善治乡村、共建共享的共富乡村"五村联建"的联动发展格局，走出了一条农业农村现代化一体设计、一并推进，农民共同富裕的发展道路。

4. 推进路径

一是久久为功。"千万工程"经历了示范引领、深化提升、迭代升级三个大的阶段，每个阶段范围不断拓展、内涵不断丰富，但始终紧盯目标，一以贯之、前后衔接、梯次推进，确保沿着既定轨道持续推进。二是因地制宜。"千万工程"从一开始，就对"示范村"和"整治村"分别提出任务要求。随着工作不断深化，又针对发达和欠发达地区、城郊村庄和传统农区、丘陵山区和海岛渔村等进一步分类细化了整治建设目标和重点。现在浙江以"一统三化九场景"为"未来乡村"建设提出了具体要求，每个场景还有细化的指标体系和操作性的导则手册，形成了因地制宜、差异化推进的推进办法。三是合力推进。"千万工程"始终坚持强化政府引导作用，调动农民主体和经营主体积极性，很好地处理了政府、市场和农民的关系，形成了"政府主导、农民主体、部门配合、社会资助、企业参与、市场运作"的良性互动机制，为全面推进乡村振兴加强政府投入和政策引导，深化市场化改革，推动有效市场和有为政府更好结合，实现政企联动、干群互动，实现政府、市场、农民等多方力量协同提供了实践范例。四是健全层层抓落实的工作机制。二十年来，"千万工程"始终是"一把手"工程，党政"一把手"亲自抓、分管领导直接抓，一级抓一级、层层抓落实，这为抓好"千万工程"提供了根本政治保证。年初把工作任务分解落实到各级、各部门，过程中开展常态化明察暗访，年末总结考核、兑现奖惩。按省内最高规格，每年召开"千万工程"高规格现场会，每五年出台一个行动计划及相关政策意见，推动"千万工程"持续深化、层层递进。责任落实、督查考核、激励动员等方面的工作机制不断健全完善，从制度上把各方面的责任真正落实到位。

（五）"千万工程"蕴含的世界观方法论

"千万工程"是习近平新时代中国特色社会主义思想在浙江大地的生动实践，背后蕴含着重要的世界观和方法论。党的二十大擘画了以中国式现代化全面推进中华民族伟大复兴的宏伟蓝图。全面建设社会主义现代化国家，最艰巨最繁重的任务仍然在农村。深刻把握"千万工程"所蕴含的世界观、方法论，对于更好地推动宜居宜业和美乡村建设，夯实农业农村现代化的基础，扎实推进中国式现代化的乡村振兴道路具有重要的理论和现实意义。

必须坚持人民至上。人民性是马克思主义本质属性，人民至上是马克思主义的政治立场。"千万工程"的生动实践充分证明：人民群众最关心什么，党就做什么；人民群众最需要什么，各级党员干部就致力于什么。"千万工程"是收集群众诉求、捕捉群众需求、解决群众痛点、满足群众意愿的典型代表。"千万工程"实施的初心就是为村民谋幸福，就是为了满足村民对美好生活的向往。从污水治理、垃圾处理到农房改造、绿化美化，产业发展，就业创造，收入增加，处处彰显出人民生活向好。

必须坚持自信自立。事物总是不断发展变化的，发展是前进的上升的运动，事物的发展是一个过程。"千万工程"实施以来，历届浙江省委始终坚信"千万工程"就是合乎浙江实际、合乎历史发展方向、具有强大生命力的新事物。二十年间，"千万工程"从最基本的农村人居环境整治开始，实现了从示范、提升到发展飞跃，在怎样建设美丽乡村的问题上，始终以发展的眼光看待问题，把握时代的脉搏，将一个个成果丰硕的终点变成争取更大胜利的起点，全力打造"千万工程"的升级版。"千万工程"的发展是一任接着一任干、一年接着一年干、一件事接着一件事办所成就的伟大工程，生动践行了如何坚持自信自立。

必须坚持守正创新。"千万工程"本身就是改革的体现和结果，是对浙江农村发展方式、发展路径、发展动能的一次深层次、全方位、整体性的变革重塑，其中，如何处理稳和进、立和破、近和远等关系，蕴含着发展理念的变革、政绩观的升华。"千万工程"始终注重"保护促利用、利用强保护"，在坚守根本的同时开拓创新，始终在推进中用改革的办法解决其中难题，以深化改革促进农业农村现代化。二十年间，浙江省、市、县每五年出台一个实施意见或行动计划，不断创新制度供给，促进了新型工业化、信息化、城镇化与农业农村现代化同步发展。

必须坚持问题导向。"千万工程"始终坚持问题导向，坚持从实际出发。"千万工程"是习近平同志到浙江工作后不久，在跑遍11个地市，一个村一个村地仔细调研，充分掌握省情农情的基础上，聚焦污染问题、厕所问题、发展问题等人民群众最为关心的急难愁盼问题而作出的重大决策。浙江在每一个发展阶段，都聚焦不同重点，在 2003 年至 2010 年"千村示范、万村整治"示范引领阶段，聚焦解决村庄环境综合整治问题，推动乡村更加整洁有序；在 2011 年至 2020 年"千村精品、万村美丽"深化提升阶段，聚焦乡村居住条件、环境改善问题，推动乡村更加美丽宜居；在 2021 年至今"千村未来、万村共富"迭代升级阶段，聚焦加快发展、共同富裕问题，形成了"千村向未来、万村奔共富、城乡促融合、全域创和美"的生动局面。"千万工程"始终在发现问题的基础上，科学分析并深入研究问题，灵活运用科学思维方法努力化解矛盾，解决问题。

必须坚持系统观念。系统观是马克思主义关于事物普遍联系的基本观点。"千万工程"的实施牵涉到农村工作的方方面面。"千万工程"的实施出发点是改善农村人居环境，但绝不是"头痛医头、脚痛医脚"的机械思维，而是一个涉及经济发展、乡村治理、乡风文明、产业发展、环境美化的立体的、完善的系统思维。"千万工程"是浙江系统性破解"经济发展、环境恶劣"难题的突破口，通过"千万工程"，浙江积累了同时实现主导产业兴旺发达、主体风貌美丽宜居、主题文化繁荣兴盛的宝贵经验，也为乡村产业、人才、文化、生态、组织五大振兴协同推进提供了一条成熟的系统路径。"千万工程"的实践证明，在全面推进乡村振兴中坚持系统观念，必须把握好全局和局部、当前和长远、宏观和微观、主要矛盾和次要矛盾、特殊和一般的关系，要牢牢掌握统筹推进的科学方法，坚持两手提升软硬件，设施机制同步抓，环境文明互促进。更加注重完善提升乡村基础设施和公共服务配套，推动乡风文明、乡村治理再提升，让农村群众享受到现代化建设新成果。

第三章
推进乡村全面振兴的关键路径

守住"两条底线"、着力"三个提升"、促进"融合发展"构成推进乡村全面振兴的关键路径。首先,解决绝对贫困问题、牢牢守住保障国家粮食安全和不发生规模性返贫两条底线,是全面推进乡村振兴的基础。其次,推进乡村全面振兴的重点任务主要聚焦在"三个提升"上,就是提升乡村发展水平、提升乡村建设水平、提升乡村治理水平。再次,中国特色乡村振兴道路从本质上就是中国融合发展道路。从当前实践上看,推进乡村全面振兴,重点难点在于易地扶贫搬迁安置区的社会融入、产业融合、城乡融合三个方面。

一、守住"两条底线"

习近平总书记指出:"打好脱贫攻坚战是实施乡村振兴战略的优先任务。"[1] "乡村振兴的前提是巩固脱贫攻坚成果,要持续抓紧抓好,让脱贫群众生活更上一层楼。要持续推动同乡村振兴战略有机衔接,确保不发生规模性返贫,切实维护和巩固脱贫攻坚战的伟大成就。"[2] "保障粮食和重要农产品稳定安全供给始终是建设农业强国的头等大事。""只有把牢粮食安全主动权,才能把稳强

---

[1] 习近平:《论"三农"工作》,中央文献出版社,2022,280 页。
[2]《中央农村工作会议在京召开 习近平对做好"三农"工作作出重要指示 李克强提出要求》,《人民日报》2021 年 12 月 27 日第 1 版。

国复兴主动权。"①

(一)脱贫攻坚的历史性成就为乡村振兴奠定坚实基础

2021年2月25日,习近平总书记在全国脱贫攻坚总结表彰大会上庄严宣告,经过全党全国各族人民共同努力,在迎来中国共产党成立一百周年的重要时刻,我国脱贫攻坚战取得了全面胜利,现行标准下9899万农村贫困人口全部脱贫,832个贫困县全部摘帽,12.8万个贫困村全部出列,区域性整体贫困得到解决,完成了消除绝对贫困的艰巨任务,创造了又一个彪炳史册的人间奇迹!这是中国人民的伟大光荣,是中国共产党的伟大光荣,是中华民族的伟大光荣!②这段重要讲话内涵深刻,每一句话都可以写成一篇大文章,充分彰显了中国共产党执政下的历史性成就,也是新时代历史性变革的重要内容。脱贫攻坚的目标是稳定实现农村贫困人口"两不愁三保障",确保贫困地区农民人均可支配收入增长高于全国平均水平,现行标准下农村贫困人口实现脱贫、贫困县全部摘帽,解决区域性整体贫困。乡村振兴战略的目标是从根本上解决"三农"问题,通过农业和乡村优先发展,推进乡村产业兴旺、生态宜居、乡风文明、治理有效、生活富裕,为解决发展不平衡不充分问题、缩小城乡发展差距、实现人的全面发展和全体人民共同富裕打下基础。脱贫攻坚和乡村振兴目标的一致性,决定了脱贫攻坚从收入增加、人力资本提升、生态保护、基本权利保障等多个维度,为脱贫地区的乡村振兴奠定基础;而乡村振兴战略的实施,全面促进乡村的政治、经济、文化、社会、生态等全方位发展,为脱贫群众、脱贫地区稳定脱贫、加快发展、推动共同富裕创造了环境、增强了造血功能。

---

① 习近平:《加快建设农业强国 推进农业农村现代化》,《求是》2023年第6期。
② 习近平:《论"三农"工作》,中央文献出版社,2022,第307页。

1. 从反贫困到脱贫攻坚的历史演进

（1）中国共产党百年反贫困的历史进程

中国共产党自成立之日起就坚持把为中国人民谋幸福、为中华民族谋复兴作为初心使命，团结带领中国人民为创造自己的美好生活进行长期艰苦奋斗。新民主主义革命时期，党团结带领广大农民"打土豪、分田地"，实行"耕者有其田"，帮助穷苦人翻身得解放，赢得了广大人民群众的广泛支持和拥护，夺取了中国革命胜利，建立了新中国，为摆脱贫困创造了根本政治条件。新中国成立后，党团结带领人民完成社会主义革命，确立社会主义基本制度，推进社会主义建设，组织人民自力更生、发奋图强、重整山河，为摆脱贫困、改善人民生活打下了坚实基础。改革开放以来，党团结带领人民实施了大规模、有计划、有组织的扶贫开发，着力解放和发展社会生产力，着力保障和改善民生，取得了前所未有的伟大成就。党的十八大以来，以习近平同志为核心的党中央鲜明提出，全面建成小康社会，最艰巨最繁重的任务在农村，特别是在贫困地区。没有农村的小康，特别是没有贫困地区的小康，就没有全面建成小康社会；强调贫穷不是社会主义，如果贫困地区长期贫困，面貌长期得不到改变，群众生活水平长期得不到明显提高，那就没有体现我国社会主义制度的优越性，那也不是社会主义。必须时不我待抓好脱贫攻坚工作。[①]2012年年底，党的十八大召开后不久，党中央拉开了新时代脱贫攻坚的序幕。2013年，党中央提出精准扶贫理念，创新扶贫工作机制。2015年，党中央召开扶贫开发工作会议，提出实现脱贫攻坚目标的总体要求，实行"六个精准""五个一批"，发出打赢脱贫攻坚战的总攻令。2017年，党的十九大把精准脱贫作为三

[①] 李捷：《新时代成功推进和拓展中国式现代化的历史意义和理论意义》，《人民论坛》2022年第20期。

大攻坚战之一进行全面部署，决战决胜脱贫攻坚。2020年，党中央要求全党全国人民以更大的决心、更强的力度，有力应对新冠疫情和特大洪涝灾情带来的影响，坚决如期打赢脱贫攻坚战。

（2）党中央关于新时代脱贫攻坚的决策部署

一是确定目标任务。到2020年，我国现行标准下农村贫困人口全部脱贫，贫困县全部摘帽，解决区域性整体贫困。脱贫攻坚与往次扶贫工作不同，其最大特点是不留"锅底"。过去扶贫工作总会留有相当数量的绝对贫困人口，而脱贫攻坚战的里程碑意义在于我国绝对贫困问题得到历史性解决，其国际意义是我国提前十年实现联合国可持续发展议程的减贫目标。二是明确基本方略。精准扶贫精准脱贫基本方略，主要包括做到扶持对象精准、项目安排精准、资金使用精准、措施到户精准、因村派人精准、脱贫成效精准"六个精准"；实施发展生产脱贫一批、易地扶贫搬迁脱贫一批、生态补偿脱贫一批、发展教育脱贫一批、社会保障兜底一批"五个一批"精准脱贫工程，解决好扶持谁、谁来扶、怎么扶、如何退"四个问题"。三是出台政策举措。国家出台财政、金融、土地、交通、水利、教育、健康等一系列超常规的政策举措，中央及各部门出台脱贫攻坚政策多项，打出"组合拳"。四是提供政治保障。充分发挥中国共产党领导的政治优势和中国特色社会主义制度优势，强化组织领导、责任体系、监督检查、考核评估等一系列保障措施，为脱贫攻坚提供坚强政治保证。如五级书记抓脱贫攻坚；脱贫攻坚期间，贫困县党政正职保持稳定等。

2. 脱贫攻坚的伟大成就为乡村振兴奠定了坚实基础

农村贫困人口全部脱贫，为实现全面建成小康社会目标任务作出了关键性贡献。党的十八大以来，平均每年1000多万人脱贫，相当于一个中等国家的人口脱贫。贫困地区农村居民人均可支配收入从 2013 年的 6079 元增长到 2020 年的 12588 元，年均增长 11.6%，增长持续快于全国农村，增速比全国农村高 2.3 个百分点。贫困人口收入水平显著提高，全部实现"两不愁三保障"，脱贫群众不愁吃、不愁穿，义务教育、基本医疗、住房安全有保障，饮水安全也有了保障。

脱贫地区经济社会发展大踏步赶上来，整体面貌发生历史性巨变。贫困地区发展步伐显著加快，经济实力不断增强，基础设施建设突飞猛进，社会事业长足进步，行路难、吃水难、用电难、通信难、上学难、就医难等问题得到历史性解决。义务教育阶段建档立卡贫困家庭辍学学生实现动态清零；具备条件的乡镇和建制村全部通硬化路、通客车、通邮路；贫困地区农网供电可靠率达到 99%，大电网覆盖范围内贫困村通动力电比例达到 100%，贫困村通光纤和 4G 比例均超过 98%；实施农村危房改造，贫困人口全面实现住房安全有保障；贫困地区医疗条件显著改善；综合保障体系逐步健全；所有深度贫困地区的"最后堡垒"被全部攻克。许多乡亲告别溜索桥，天堑变成了通途；告别苦咸水，喝上了清洁水；告别四面漏风的泥草屋，住上了宽敞明亮的砖瓦房。千百万贫困家庭的孩子享受到更公平的教育机会，孩子们告别了天天跋山涉水上学，实现了住学校、吃食堂。28 个人口较少民族全部整族脱贫，一些新中国成立后"一步跨千年"进入社会主义社会的"直过民族"，又实现了从贫穷落后到全面小康的第二次历史性跨越。[1] 少数民族和民族地区脱贫攻坚成效显著，2016 年至 2020 年，内蒙古自治区、广西壮族自治区、西藏自治区、宁夏回族自治区、新疆维吾尔自治区和

---

[1] 习近平：《论"三农"工作》，中央文献出版社，2022，第 311 页。

贵州、云南、青海三个多民族省份贫困人口累计减少1560万人。

　　脱贫群众精神风貌焕然一新，增添了自立自强的信心勇气。广大脱贫群众激发了奋发向上的精气神，社会主义核心价值观得到广泛传播，文明新风得到广泛弘扬，艰苦奋斗、苦干实干、用自己的双手创造幸福生活的精神在广大贫困地区蔚然成风。贫困群众的精神世界在脱贫攻坚中得到充实和升华，信心更坚、脑子更活、心气更足，发生了从内而外的深刻改变。一是脱贫攻坚不仅使贫困群众拓宽了增收渠道、增加了收入，而且唤醒了贫困群众对美好生活的追求，极大提振和重塑了贫困群众自力更生、自强不息、勤劳致富、勤俭持家，创业干事、创优争先的精气神，增强了脱贫致富的信心和劲头。二是脱贫攻坚为贫困群众参与集体事务搭建了新的平台，扶贫项目实施、资金使用等村级重大事项决策，实行"四议两公开"，建立健全村务监督机制，推广村民议事会、扶贫理事会等制度，拓展了贫困群众参与脱贫攻坚的议事管事空间，提高了其参与集体事务的积极性自觉性。三是脱贫攻坚打开了贫困地区通往外部世界的大门，交通基础设施的改善打通了贫困地区与外界的联系，公共文化事业的发展丰富了贫困群众的精神文化生活，网络的普及让贫困群众增长了见识、开阔了视野，贫困群众的开放意识、创新意识、科技意识、规则意识、市场意识等显著增强。四是深化贫困地区文明村镇和文明家庭、"五好"家庭创建，持续推进新时代文明实践中心建设，发挥村规民约作用，推广举办道德评议会、红白理事会等做法，开展移风易俗行动，开展弘扬好家风、"星级文明户"评选、寻找"最美家庭"等活动，社会主义核心价值观广泛传播，贫困地区文明程度显著提升。俭朴节约、绿色环保、讲究卫生等科学、健康、文明的生活方式成为贫困群众的新追求，婚事新办、丧事简办、孝亲敬老、邻里和睦、扶危济困、扶弱助残等社会风尚广泛弘扬，既有乡土气息又有现代时尚的新时代乡村文明新风正在形成。

党群干群关系明显改善，党在农村的执政基础更加牢固。各级党组织和广大共产党员坚决响应党中央号召，广大扶贫干部把心血和汗水洒遍千山万水、千家万户。各地抓党建促脱贫攻坚，基层党组织充分发挥战斗堡垒作用，基层治理能力明显提升。贫困地区广大群众听党话、感党恩、跟党走，党群关系、干群关系得到极大巩固和发展。

创造了减贫治理的中国样本，为全球减贫事业作出了重大贡献。一方面，中国的减贫和发展加快了全球减贫进程。中国共产党带领人民百年奋斗，中国人民从翻身解放到解决温饱、从基本小康到全面小康，中国以自己的发展为人类反贫困作出了重大贡献。改革开放以来，按照现行贫困标准计算，中国7.7亿农村贫困人口摆脱贫困。按照世界银行国际贫困标准，中国减贫人口占同期全球减贫人口70%以上。中国打赢脱贫攻坚战，提前十年实现《联合国2030年可持续发展议程》减贫目标，显著缩小了世界贫困人口的版图。作为世界上最大的发展中国家，中国实现了快速发展与大规模减贫同步、经济转型与消除绝对贫困同步，如期全面完成脱贫攻坚目标任务，大大加快了全球减贫进程，谱写了人类反贫困历史新篇章。另一方面，中国积极参与全球贫困治理，不断深化减贫领域交流合作，推动建立以相互尊重、合作共赢为核心的新型国际减贫交流合作关系，携手增进各国人民福祉。特别是进入新时代，中国担负起大国责任，推动对外援助向国际发展合作转型升级。在亚洲地区，中国与东盟国家共同开展乡村减贫推进计划，在老挝、柬埔寨、缅甸三国同时开展东亚减贫示范合作技术援助项目。在非洲地区，中国为非洲国家援建水利基础设施、职业技术学校、社会保障住房等设施，打造农业合作示范区，推进实施中非菌草技术合作、中非友好医院建设、非洲疾控中心总部建设等项目。在南太平洋地区，中国推动落实对太平洋岛国无偿援助、优惠贷款等举措，开展基础设施建设和农业、医疗等技术合作援助项目。在拉美地区，中国援建农业技术示范中心，帮助受援国当地民众摆脱贫困。中国还与联合国教科文组织合作设立国际农村教育研究与培训中心等机构，面向非洲、东南亚等地区的国家实施农村教育转型、教师培训等项目。为破解全球发展难题、落实联合国 2030 年可持续发展议程，提出中国方案、贡献中国智慧、注入中国力量。纵览古今、环顾全球，没有哪一个国家能在这么短的时间内实现几亿人脱贫。这个成绩属于中国，也属于世界，为推动构建人类命运共同体贡献了中国力量！

3. 中国特色反贫困理论为乡村振兴提供了理论成果

习近平总书记在全国脱贫攻坚总结表彰大会上深刻指出，脱贫攻坚取得举世瞩目的成就，靠的是党的坚强领导，靠的是中华民族自力更生、艰苦奋斗的精神品质，靠的是新中国成立以来特别是改革开放以来积累的坚实物质基础，靠的是一任接着一任干的坚守执着，靠的是全党全国各族人民的团结奋斗。我们立足我国国情，把握减贫规律，出台一系列超常规政策举措，构建了一整套行之有效的政策体系、工作体系、制度体系，走出了一条中国特色减贫道路，形成了中国特色反贫困理论。[①]

中国特色反贫困理论的丰富内涵可以从以下"七个坚持"来理解。

一是坚持党的领导，为脱贫攻坚提供坚强政治和组织保证。坚持党中央对脱贫攻坚的集中统一领导，把脱贫攻坚纳入"五位一

---

① 习近平：《在全国脱贫攻坚总结表彰大会上的讲话（2021 年 2 月 25 日）》，人民出版社，2021，第 7 页。

体"总体布局、"四个全面"战略布局，统筹谋划，强力推进。强化中央统筹、省负总责、市县抓落实的工作机制，构建五级书记抓扶贫、全党动员促攻坚的局面。执行脱贫攻坚一把手负责制，中西部22个省份党政主要负责同志向中央签署脱贫攻坚责任书、立下"军令状"，脱贫攻坚期内保持贫困县党政正职稳定。抓好以村党组织为核心的村级组织配套建设，把基层党组织建设成为带领群众脱贫致富的坚强战斗堡垒。集中精锐力量投向脱贫攻坚主战场，全国累计选派25.5万个驻村工作队、300多万名第一书记和驻村干部，同近200万名乡镇干部和数百万村干部一道奋战在扶贫一线。

二是坚持以人民为中心的发展思想，坚定不移走共同富裕道路。从中央到地方始终坚定人民立场，强调消除贫困、改善民生、实现共同富裕是社会主义的本质要求，是我们党坚持全心全意为人民服务根本宗旨的重要体现，是党和政府的重大责任。把群众满意度作为衡量脱贫成效的重要尺度，集中力量解决贫困群众基本民生需求。注重发挥政府投入的主体和主导作用，优先保障脱贫攻坚资金投入。八年来，中央、省、市县财政专项扶贫资金累计投入近1.6万亿元，其中中央财政累计投入6601亿元。打响脱贫攻坚战以来，土地增减挂指标跨省域调剂和省域内流转资金4400多亿元，扶贫小额信贷累计发放7100多亿元，扶贫再贷款累计发放6688亿元，金融精准扶贫贷款发放9.2万亿元，东部九省市共向扶贫协作地区投入财政援助和社会帮扶资金1005亿多元，东部地区企业赴扶贫协作地区累计投资1万多亿元，等等，为打赢脱贫攻坚战提供了强大资金保障。[1]

三是坚持发挥我国社会主义制度能够集中力量办大事的政治

---

[1] 习近平：《论"三农"工作》，中央文献出版社，2022，第315—317页。

优势，形成脱贫攻坚的共同意志、共同行动。广泛动员全党全国各族人民以及社会各方面力量共同向贫困宣战，举国同心，合力攻坚，"党政军民学"劲往一处使，"东西南北中"拧成一股绳。强化东西部扶贫协作，推动省市县各层面结对帮扶，促进人才、资金、技术向贫困地区流动。组织开展定点扶贫，中央和国家机关各部门、民主党派、人民团体、国有企业和人民军队等都积极行动，所有的国家扶贫开发工作重点县都有帮扶单位。各行各业发挥专业优势，开展产业扶贫、科技扶贫、教育扶贫、文化扶贫、健康扶贫、消费扶贫。鼓励动员民营企业、社会组织和公民个人热情参与，组织开展"万企帮万村"行动。构建专项扶贫、行业扶贫、社会扶贫互为补充的大扶贫格局，形成跨地区、跨部门、跨单位、全社会共同参与的社会扶贫体系。

四是坚持精准扶贫方略，用发展的办法消除贫困根源。坚持对扶贫对象实行精细化管理、对扶贫资源实行精确化配置、对扶贫对象实行精准化扶持，建立了全国建档立卡信息系统，确保扶贫资源真正用在扶贫对象上、真正用在贫困地区。围绕扶持谁、谁来扶、怎么扶、如何退等问题，打出一套政策组合拳，因村因户因人施策，因贫困原因施策，因贫困类型施策，对症下药、精准滴灌、靶向治疗，真正发挥拔穷根的作用。扶贫扶到点上、扶到根上、扶到家庭，防止平均数掩盖大多数。紧紧扭住教育这个脱贫致富的根本之策，尽力阻断贫困代际传递。坚持开发式扶贫方针，坚持把发展作为解决贫困的根本途径，改善发展条件，增强发展能力，实现由"输血式"扶贫向"造血式"帮扶转变，让发展成为消除贫困最有效的办法、创造幸福生活最稳定的途径。

五是坚持调动广大贫困群众积极性、主动性、创造性，激发脱贫内生动力。注重把人民群众对美好生活的向往转化成脱贫攻坚的强大动能，实行扶贫和扶志扶智相结合，既富口袋也富脑袋，引导贫困群众依靠勤劳双手和顽强意志摆脱贫困、改变命运。引导贫困群众树立"宁愿苦干、不愿苦熬"的观念，鼓足"只要有信心，黄土变成金"的干劲，增强"弱鸟先飞、滴水穿石"的韧性，让他们心热起来、行动起来。

六是坚持弘扬和衷共济、团结互助美德，营造全社会扶危济困的浓厚氛围。推动全社会践行社会主义核心价值观，传承中华民族守望相助、和衷共济、扶贫济困的传统美德，引导社会各界关爱贫困群众、关心减贫事业、投身脱贫行动。完善社会动员机制，搭建社会参与平台，创新社会帮扶方式，形成了人人愿为、人人可为、人人能为的社会帮扶格局。

七坚持求真务实、较真碰硬，做到真扶贫、扶真贫、脱真贫。把全面从严治党要求贯穿脱贫攻坚全过程和各环节，拿出抓铁有痕、踏石留印的劲头，把脱贫攻坚一抓到底。突出实的导向、严的规矩，坚决反对搞不符合实际的"面子工程"，坚决反对形式主义、官僚主义，把一切工作都落实到为贫困群众解决实际问题上。实行最严格的考核评估，开展扶贫领域腐败和作风问题专项治理，建立全方位监督体系，真正让脱贫成效经得起历史和人民检验。[①]

4. 脱贫攻坚精神为乡村振兴锻造了精神力量

脱贫攻坚精神有深刻的形成基础。脱贫攻坚精神影响的不仅是某个人，或者贫困地区，影响的是整个中华民族，是中国共产党精神谱系的重要组成部分。脱贫攻坚精神形成于深厚的中华民族精神文化基因，其价值源泉来自党"不忘初心、牢记使命"，为中国人民谋幸福、为中华民族谋复兴的宗旨使命；其理论基础是共同富裕；

---

① 习近平：《论"三农"工作》，中央文献出版社，2022，第317—321页。

其实践来源是我国脱贫攻坚战取得的全面胜利。

脱贫攻坚精神有丰富的基本内涵。脱贫攻坚精神具有丰富的文化基因、深厚的理论基础、鲜明的实践价值。脱贫攻坚精神"上下同心、尽锐出战、精准务实、开拓创新、攻坚克难、不负人民"的 24 个字基本内涵，同样需要在乡村振兴中大力弘扬。

脱贫攻坚精神有重要的时代价值。脱贫攻坚精神产生于脱贫攻坚，但不止于脱贫攻坚。伟大事业孕育伟大精神，伟大精神引领伟大事业，脱贫攻坚精神丰富和发展了党的精神谱系，为全面推进乡村振兴、逐步实现人民共同富裕提供了精神力量。

大力弘扬脱贫攻坚精神。一是在学习百年党史中深入领会脱贫攻坚精神，脱贫攻坚精神是伟大建党精神在脱贫攻坚历史阶段中的生动呈现；二是聚焦脱贫攻坚实践、理论和精神成就讲好脱贫攻坚精神；三是用脱贫攻坚精神鼓舞推进共同富裕的新征程；四是用脱贫攻坚精神助力全球减贫事业新发展。

脱贫攻坚战的全面胜利，标志着我们党在团结带领人民创造美好生活、实现共同富裕的道路上迈出了坚实的一大步。脱贫摘帽不是终点，而是新生活、新奋斗的起点。解决发展不平衡不充分问题、缩小城乡区域发展差距、实现人的全面发展和全体人民共同富裕仍然任重道远。

(二) 巩固拓展脱贫攻坚成果是全面推进乡村振兴的底线任务

习近平总书记指出："要继续压紧压实责任，发挥好防止返贫监测帮扶机制预警响应作用，把脱贫人口和脱贫地区的帮扶政策衔接好、措施落到位，实现平稳过渡，坚决防止出现整村整乡返贫现象。"[①]乡村振兴的前提是巩固脱贫攻坚成果，确保不发生规模性返贫。

---

① 习近平：《加快建设农业强国 推进农业农村现代化》，《求是》2023 年第 6 期。

巩固拓展脱贫攻坚成果具有多重历史必然性。从政治高度看，脱贫攻坚的伟大成就，为我国全面建成小康社会作出关键性贡献，充分彰显了中国共产党领导和中国特色社会主义的政治制度优势，极大增强了全党全国人民的凝聚力和向心力，极大增强了全党全国人民的道路自信、理论自信、制度自信、文化自信。如果脱贫攻坚成果巩固不住、出现规模性返贫，这就是关系到第一个百年奋斗目标实现成色，关系到中国共产党信誉和形象的大问题。可以说，巩固拓展脱贫成果，就是巩固党的建设成果，体现了巩固党的执政根基的必然要求。从发展维度看，巩固拓展脱贫成果是精准扶贫精准脱贫基本方略的自然延伸，是脱贫成效赢得人民认可、经得起历史检验的关键。对于实现脱贫目标的农户、村庄和地区，面对自然、市场等多重风险因素，返贫存在较高风险，客观上必然要求在一定时期内保持政策的延续性，建立稳定脱贫的长效机制。从治理视野看，巩固拓展脱贫成果是进一步完善县域治理体系提升治理能力的需要，是县域推进国家治理体系现代化的重要内容。在脱贫攻坚过程中，县域是各项政策资源下沉到基层的前线指挥所，是改革与创新的前沿阵地。在脱贫攻坚期间，各县围绕党中央决策部署落实，在县域治理领域密集出台各项改革措施，解决了一些长期想解决却解决不了、解决不好的问题，形成了一系列体制机制创新。巩固拓展脱贫攻坚成果就包括巩固好、运用好这些制度性创新成果，着力促进这些创新做法、经验模式转化为县域治理的制度安排，持续提升县域治理水平。

巩固拓展脱贫攻坚成果是一项必须完成的政治任务。巩固拓展脱贫攻坚成果，转变工作理念是前提。巩固、拓展是一个有机的整体，"巩固"的方向是"拓展"，巩固脱贫成果必然需要在脱贫攻坚形成的物质成果、制度成果、精神成果的继承运用中才能实现，也就是拓展必须要用发展的办法实现脱贫成果的巩固。巩固拓展脱贫攻坚成果坚持系统观念是关键。不仅要巩固住"两不愁三保障"和安全饮水的目标,更要随着发展水平逐步提高标准,拓展内涵,才能满足脱贫群众对美好生活向往的要求。巩固拓展脱贫攻坚成果要坚持精准思维,脱贫群众由于所在区域不同,发展水平不同,巩固拓展脱贫攻坚成果的政策需求必然呈现差异化,只有精准施策才能提高巩固成果的有效性。要把巩固拓展脱贫攻坚成果融入推进乡村治理体系和治理能力现代化进程,以巩固拓展脱贫攻坚成果,推动县、乡、村三级治理体系和治理能力建设,特别是要健全完善县一级农村工作"一线指挥部"的体制机制和政策支持体系,充分发挥县级党委和政府领导乡村治理的职能作用;发挥好乡镇面向农村、服务农民、直接领导推进乡村治理的职责和功能;推动健全以党的基层组织为核心的农村组织体系,提高组织农民、服务农民的能力和水平。

巩固拓展脱贫攻坚成果是一项复杂的系统工程。巩固拓展脱贫攻坚成果,着力提升监测帮扶机制效果是基础。建立监测标准年度调整机制,精准、快速发现监测对象的返贫风险类别和帮扶需求,及时分类落实生产性或保障性帮扶措施,把防止返贫致贫关口前移。规范退出标准和程序,既要稳定消除返贫致贫风险,又要避免"福利陷阱"。巩固拓展脱贫攻坚成果,着力促进脱贫群众持续增收是根本。发展劳动力密集的特色优势富民产业,完善联农带农机制,切实提高脱贫群众家庭经营净收入比重。从劳务输出组织化程度提高、省际间和省域内劳务协作深化、就地就近就业渠道拓展等方面支持脱贫人口自主创业和灵活就业,多措并举确保脱贫劳动力稳定就业。巩固拓展脱贫攻坚成果,着力加大国家乡村振兴重点帮扶县和易地扶贫搬迁集中安置区支持力度是重点。对160个国家乡村振兴重点帮扶县，统筹整合各类资源，实施一批补短板促发展项目，增强自我发展能力，提高脱贫基础的可持续性。对3.5万个易地扶贫搬迁集中安置点（社区），开展搬迁群众就业帮扶专项行动，加大安置区产业培育力度，完善安置区配套设施和公共服务，促进搬迁群众社会融入。巩固拓展脱贫攻坚成果，着力抓好各项举措落实是关键，主要包括以下几个方面。一是压实责任。保持主要帮扶政策总体稳定，结合实际完善和创设政策措施，形成上下联动、统一协调的政策体系；凝聚合力，深化东西部协作，完善中央单位定点帮扶，动员社会力量广泛参与，充分发挥驻村第一书记和工作队抓党建促乡村振兴作用。二是持续提升乡村振兴系统干部能力和水平，确保党中央决策部署落地见效。

（三）实现巩固拓展脱贫攻坚成果同乡村振兴有效衔接

实现巩固拓展脱贫攻坚成果同乡村振兴有效衔接是党中央作出的决策部署。在我国成功解决了绝对贫困问题、实现了第一个百年奋斗目标，并开启向第二个百年奋斗目标迈进的新征程的时候，由于诸多原因，脱贫群众、脱贫地区的脱贫基础还很脆弱，边缘户的发展基础很不稳定，脱贫地区发展基础十分薄弱，这些特征以及实现共同富裕、贯彻新发展理念、构建新发展格局、实现高质量发展、践行党的初心使命等政治要求，决定了扎实推进并实现巩固拓展脱贫攻坚成果同乡村振兴有效衔接的必然性、紧迫性和重要性。巩固拓展脱贫攻坚成果同乡村振兴有效衔接、全面推进乡村振兴是一项复杂的系统工程，是一个历史过程。习近平总书记关于巩固拓展脱贫攻坚成果同乡村振兴有效衔接、关于"三农"工作的重要论述为有效衔接提供了根本遵循，要求在巩固拓展脱贫攻坚成果的基础上，认真总结借鉴脱贫攻坚积累的宝贵制度成果和精神财富，完善乡村振兴政策体系、制度体系和工作体系，切实做好巩固拓展脱贫攻坚成果同乡村振兴的有效衔接，接续推进脱贫地区经济社会发展和群众生活改善。

实现巩固拓展脱贫攻坚成果同乡村振兴有效衔接需要充分汲取脱贫攻坚的历史经验。从历史经验的总结及其时代运用的角度看，打赢脱贫攻坚战积累形成的宝贵经验，对于实现推进巩固拓展脱贫攻坚成果同乡村振兴有效衔接具有重要指导意义。一要坚持党的集中统一领导，把巩固脱贫攻坚成果、全面推进乡村振兴纳入治国理政的总体布局，健全完善五级书记一起抓的体制机制，坚强基层组织，用好驻村第一书记和驻村工作队。二要坚持科学理论指导，把习近平总书记关于扶贫工作、关于"三农"工作的重要论述作为根本遵循，强化理论武装，提高推进工作的理论素养，运用总书记的重要思想指导顶层设计、改革创新、政策落实。三要坚持人民至上的根本立场，始终把脱贫群众满意不满意作为衡量有效衔接工作成效的重要尺度，建立健全一整套有效衔接的制度体系、政策体系、工作体系，切实实现好、维护好、发展好脱贫群众生活更上一层楼的利益。四要坚持系统观念，把有效衔接工作纳入"五位一体"总体布局、"四个全面"战略布局，统筹推进巩固脱贫攻坚成果、全面推进乡村振兴。五要坚持精准方略，与我国脱贫地区、脱贫群众持续发展的差异性相适应，精准制定目标要求，确定实现路径，切实提高有效衔接政策体系的目标针对性，提升有效衔接的整体效能。六要坚持构建工作大格局，巩固脱贫攻坚成果、全面推进乡村振兴同样需要政府、市场、社会的互动，需要专项支持、行业帮扶、社会参与的联动，构建起跨地区、跨部门、跨单位、全社会共同参与的工作大格局。七要坚持激发内生动力，把培育脱贫群众的内生动力、脱贫地区的发展动力作为实现巩固拓展脱贫攻坚成果同乡村振兴有效衔接工作的根本措施，充分调动广大脱贫群众的积极性、主动性、创造性，激发让生活更上一层楼的内生动力。八要坚持要素有效保障，确保各项要素如资金、人才、土地、制度等的供给，特别是在资金投入上充分发挥政府的主导作用，同时动员政策性银行、商业银行、专业银行创新参与形式，统筹管好用好各类资金。九要坚持改革创新，把推进有效衔接工作的理念、程序、方式、模式等方面的创新始终贯穿创设及实施政策体系的全过程。十要坚持从严考核评估，把全面从严治党要求贯穿有效衔接工作全过程和各环节，建立健全相应的考核评估体系、监督体系，实行最严格的考核评估。

实现巩固拓展脱贫攻坚成果同乡村振兴有效衔接需要大力弘扬脱贫攻坚精神。习近平总书记指出，脱贫攻坚伟大斗争，锻造形成了"上下同心、尽锐出战、精准务实、开拓创新、攻坚克难、不负人民"的脱贫攻坚精神。脱贫攻坚精神，是中国共产党性质宗旨、中国人民意志品质、中华民族精神的生动写照，是爱国主义、集体主义、社会主义思想的集中体现，是中国精神、中国价值、中国力量的充分彰显，赓续传承了伟大民族精神和时代精神。[①]脱贫攻坚精神产生于脱贫攻坚，但不止于脱贫攻坚。在脱贫攻坚过渡期内，实现巩固拓展脱贫攻坚成果同乡村振兴的有效衔接，其难度不亚于脱贫攻坚。既要巩固成果、拓展成果，还要推动更大发展从而实现振兴，这就需要全党全国"上下同心"，需要各地各部门"尽锐出战"。我国区域发展不平衡，城乡之间、不同群体之间发展的差异性，决定了推进有效衔接的各项体制机制、政策措施都必须做到"精准务实"才能实现精准高效，这就需要上下左右、各个方面始终坚持"开拓创新"才能做到。无论是脱贫攻坚，还是巩固脱

---

① 习近平：《论"三农"工作》，中央文献出版社，2022，第321页。

成果，其目标的特殊性决定了工作的艰巨性，唯有"攻坚克难"，才能践行初心使命，做到"不负人民"。脱贫攻坚精神丰富和发展了党的精神谱系，为全面推进乡村振兴、逐步实现人民共同富裕提供了精神力量。

（四）统筹推进巩固拓展脱贫攻坚成果同乡村振兴有效衔接工作

夯实统筹推进巩固拓展脱贫攻坚成果同乡村振兴有效衔接工作的思想基础。一是要系统理解巩固拓展脱贫成果同乡村振兴有效衔接政策任务的必然性、艰巨性和长期性，深刻认识在发展中实现巩固拓展的根本性、重要性和紧迫性，增强巩固拓展脱贫攻坚成果、全面推进乡村振兴的自觉性。二是要通过培训切实提高干部群众对习近平总书记关于"三农"工作重要论述丰富内涵、精髓要义、实践要求的深刻领会，提升干部理论思维能力，促进干部群众观念加快转变。三是要坚持分类指导精准施策，牢固树立"谋定而后动"思维，增强系统推进的意识和能力。四是要不断调整和完善体制机制政策体系，发挥示范引领作用。五是要及时总结工作实践中探索的好做法、好经验，加大宣传和正面舆论引导，激发基层干部积极性和创造性，凝聚更大合力。

做好过渡期内领导体制、工作体系、发展规划、政策举措、考核机制等有效衔接。一是领导体制衔接。健全中央统筹、省负总责、市县乡抓落实的工作机制，构建责任清晰、各负其责、执行有力的领导体系，层层压实责任，建立统一高效的实现巩固拓展脱贫攻坚成果同乡村振兴有效衔接的决策议事协调工作机制。二是工作体系衔接。中央省市县、东西南北中、各行业部门设立乡村振兴工作机构，为全面推进乡村振兴提供机构保障。中央农办、农业农村部、国家乡村振兴局在中央农村工作领导小组框架下从不同角度、不同层面推进乡村振兴。三是发展规划衔接。把实现巩固拓展脱贫攻坚成果同乡村振兴有效衔接的重大举措纳入"十四五"规划，将脱贫地区巩固拓展脱贫攻坚成果和乡村振兴重大工程项目纳入"十四五"相关规划。四是政策举措衔接。落实好过渡期脱贫攻坚调整优化后的涵盖财政、税收、金融、土地和教育、健康、医保、住房、饮水、产业、就业等方面的33项政策，特别是财政扶贫资金支持、资金整合、信贷保险、土地支持、人才智力支持等政策。五是考核机制衔接。把巩固拓展脱贫攻坚成果纳入市县党政领导班子和领导干部推进乡村振兴实绩考核范围，创新完善督查方式，确保政策举措有效落实。

（五）守住粮食安全底线

粮食安全是国家安全的重要战略基础。习近平总书记念兹在兹："保障好初级产品供给是一个重大战略性问题，中国人的饭碗任何时候都要牢牢端在自己手中，饭碗主要装中国粮。""决不能在吃饭这一基本生存问题上让别人卡住我们的脖子。""对粮食安全不能有丝毫松懈。"[1] 食为政首，谷为民命。粮食安全不仅是经济问题，更是政治问题。民以食为天，粮食安全是最根本的民生。中国人口占世界的近五分之一，粮食产量约占世界的四分之一，我国的粮食安全是世界粮食安全的"稳定器"和"压舱石"。[2]

我国成功解决了14亿人口的吃饭问题，走出了一条中国特色粮食安全之路。党的十八大以来，以习近平同志为核心的党中央坚持把粮食安全作为治国理政的头等大事，确立了国家粮食安全战略，

---

[1] 朱隽、郁静娴、周亚军等：《"饭碗主要装中国粮"（总书记牵挂的粮食安全）》，《人民日报》2022年2月18日第1版。
[2] 刘慧：《守住全年粮食丰收基本盘》，《经济日报》2021年8月12日第5版。

引领推动粮食安全理论创新、实践创新和制度创新，粮食安全制度不断完善，粮食产量稳步增长，谷物等重要粮食基本实现自给，粮食储备能力和流通能力显著增强。2022年全国粮食产量稳中有增，总产量达13730.6亿斤，比上年增加73.6亿斤，增长0.5%，粮食产量连续八年稳定在1.3万亿斤以上。① 十年来，我国粮食产能再上一个千亿斤新台阶，越来越多绿色优质粮食产品摆上百姓餐桌。我国以占世界9%的耕地、6%的淡水资源，养育了世界近五分之一的人口，14亿多中国人的饭碗端得更稳、更好，也更牢，国家仓廪充实，为经济社会行稳致远夯实了根基。② 但从中长期看，我国粮食供求仍处于紧平衡状态，特别是面对复杂的国际形势，一方面国内粮食需求刚性增长，另一方面粮食产量增长面临日益严峻的资源环境约束。而且我国部分粮食对外贸易进口来源单一，给我国的粮食安全带来隐患。同时，粮食消费环节浪费现象依然较为严重。因此，确保国家粮食安全这根弦一刻也不能放松。

1. 藏粮于地

耕地是粮食生产的命根子，是中华民族永续发展的根基，落实"长牙齿"的硬措施，从数量、质量和生态层面严守18亿亩耕地红线，坚决遏制耕地"非农化"、防止"非粮化"。近年来，保护耕地存在以下现实困境：一是耕地尚未得到完全有效的保护，二是耕地规模不停缩减，三是耕地质量存在下降态势。为此，要强化责任落实，健全党领导下的耕地保护组织体系、管理制度、考核方式、监管手段，集合多方力量，形成齐抓共管的机制。按照耕地和永久基

---

① 程永波：《藏粮于地 藏粮于技 把粮食安全根基夯得更实（专题深思）》，《人民日报》2023年1月20日第13版。
② 程聪、杨波、刘勤利、李信君：《新时代新征程加快建设农业强国的战略部署》，《求是》2023年第6期。

本农田、生态保护红线、城镇开发边界的顺序，统筹划定落实三条控制线，把耕地保有量和永久基本农田保护目标任务足额带位置逐级分解下达，作为刚性指标严格考核。落实和完善耕地占补平衡政策，确保补充的耕地数量到位、质量达标，扎实推动高标准农田建设，提高粮食综合生产能力。要打好政策"组合拳"，完善耕地保护体系、构建管理体系、坚持靶向施策等多措并举，确保耕地数量，提升耕地质量，盘活耕地存量，控制耕地变量。严肃追责问责。

2. 藏粮于技

（1）鼓励和支持开发、推广应用先进农业技术

强化种业自主创新，开展种源"卡脖子"技术攻关，加快构建种业创新体系，开展种源关键核心技术攻关，实施农业生物育种重大科技项目，强化新品种选育和推广。强化企业创新主体地位，扶持优势种业企业发展，着力培育一批具有较强研发能力、产业带动力和国际竞争力的种业重点龙头企业。健全知识产权评价体系，提升种业知识产权保护水平，提高种子企业研发投入和创新的积极性。建设国家生物种业技术创新中心，实现种业科技自立自强。

（2）在增产和减损两端同时发力

既要调动农民的种粮积极性，也要让节约粮食在全社会蔚然成风。党的十八大以来，各地各部门不断加大厉行节约力度，取得积极成效。2021年10月，中共中央办公厅、国务院办公厅印发《粮食节约行动方案》，明确到2025年，粮食全产业链各环节节粮减损举措更加硬化实化细化，推动节粮减损取得更加明显成效。2022年12月，中央农村工作会议指出，据有关机构估算，每年损失浪费的食物超过22.7%，约9200亿斤，若能挽回一半的损失，就够1.9亿人吃一年。要树立节约减损就是增产的理念，推进全链条节约减损，

健全常态化、长效化工作机制，每个环节都要有具体抓手，越是损失浪费严重的环节越要抓得实。要持续深化食物节约各项行动，强化刚性约束，加大工作力度，不弃微末、不舍寸功，尽快取得更大成效。在此过程中，还要抓好藏粮于储，科学确定粮食储备功能和规模，改革完善粮食储备管理体制，健全粮食储备运行机制，强化内控管理和外部监督，加快构建更高层次、更高质量、更有效率、更可持续的粮食安全保障体系；强化粮食产购储加销协同保障。

（3）充分调动"两个积极性"，即农民的种粮积极性和地方政府重粮抓粮积极性

加强对农业的补贴和支持力度，让农民种粮有利可图，调动农民种粮积极性。优化粮食补贴政策体系，释放新型农业经营主体种粮潜力，支持新型农业经营主体提高种粮应对风险的能力，重视对新型农业经营主体培育、监管和规制。完善农业支持保护制度，加快构建新型农业补贴政策体系，为粮食增产和农民增收提供保障。健全农业专业化社会化服务体系，支持家庭农场、农民合作社、农业产业化龙头企业多种粮、种好粮。采取激励政策，增强农业社会化服务主体的意愿，加快新型农业人才队伍培养、创新服务方式，推进信息化建设，支持农业服务公司、农民合作社、农村集体经济组织、基层供销合作社等各类主体大力发展单环节、多环节、全程生产托管服务，开展订单农业、加工物流、产品营销等，提高种粮综合效益。继续完善产粮大县、产油大县、制种大县等综合奖励政策体系，加大奖励力度，让主产区政府抓粮不吃亏，创新粮食产销区合作机制，完善粮食主产区利益补偿机制，激发地方政府重农抓粮的积极性，促进我国粮食、油料和制种产业发展。

（4）大力发展农产品全产业链，保障重要农产品稳定安全供给

保障重要农产品的供给是应对国内外风险挑战、维护国家安全

的重要基石。提升粮食等重要农产品供给保障能力既是全面推进乡村振兴的首要任务，也是全面推进乡村振兴的有力支撑。在提升大豆和油料产能、保障"菜篮子"产品供给、统筹做好重要农产品调控的同时，必须大力发展农产品全产业链，延伸农产品产业链条。

大力发展农产品全产业链，一是有利于促进农业产业从单一生产导向到整个产业链条的形成，使农业产前、产中、产后与二、三产业的关联越来越紧密，打造"产、加、储、销"一体化产业格局，不仅可以推动乡村产业高质量发展，让农民分享更多产业增值收益，而且可以将农产品从原料到消费者的完整链条有机整合起来，发挥其战略协同效应、规模效应及成本优势，形成品牌效应，促进农业产业升级，补齐农业现存短板。二是有利于倒逼农业产业发展，促进农村因地制宜发展优势特色产业，促进农业精细化分工，推动农业与食品加工、医药、文创等相结合，通过延伸粮食产业链、提高粮食产品附加值，提升农民收益，让农业成为有奔头、有希望的产业。三是有利于改善农产品品质，为保障农产品质量安全、增加绿色优质农产品供给和推动农业高质量发展提供有力支撑，助力消费者逐步实现高品质多样化需求的美好生活。四是有利于乡村依托资源优势，选择主导产业，通过"一村一品"的特色发展，形成一村带数村、多村连成片的发展格局，在更大范围、更高层次上培育产业集群，汇聚更多资源要素，拓展乡村功能价值，为形成国内大循环提供坚实的战略支点。

针对目前农产品全产业链发展面临链条延伸不充分、农产品全产业融合与增值效应还没有充分显现、部分中小型生产经营主体融入链条不通畅等现实挑战，从以下方面推进农产品全产业链的优化。一是建链，将农产品全产业链作为一个系统工程加以推进，从不同层面统筹布局农产品生产；二是延链，通过集群发展推进农产品产业链的延伸拓展，形成规模效应；三是补链，把科技要素向农业注入，延长、做强、优化农产品产业链；四是强链，强化各链条的协同推进，提升农产品全产业链的竞争力和附加值；五是优链，利用文化元素对农产品全产业链进行优化、亮化、活化。

（5）确保粮食安全是各级党政机关的政治责任

要从政治的高度看待粮食安全问题，高度强调粮食安全的重要性。粮食安全是政治问题，就必然是各级党政机关的政治责任。"各级党委和政府务必把粮食安全这一'国之大者'扛在肩头。衡量一个地方领导干部得不得力、合不合格，可不仅仅看GDP、能不能抓上几个项目，更主要看是否按照党中央要求，完整、准确、全面贯彻新发展理念，局部服从整体，把粮食安全这类党中央交办的大事要事办好办妥。粮食安全党政同责要求很明确，现在关键是要严格考核，督促各地真正把责任扛起来。"①

二、着力"三个提升"

提升乡村发展水平、提升乡村建设水平、提升乡村治理水平，最基础的就是要统筹推进"三个乡村"（乡村产业发展、乡村建设、乡村治理）。习近平总书记关于产业振兴、乡村建设、乡村治理的重要论述，为统筹推进"三个乡村"提供了根本遵循。党的十九大提出实施乡村振兴战略以来，国家完善乡村振兴顶层设计，各地各部门坚决贯彻落实中共中央、国务院决策部署，乡村振兴实现良好开局。按照党的二十大的决策部署，全党全社会在新征程上将克服存在的挑战，持续一体推进"三个乡村"。党的二十届三中全会明确统筹新型城镇化和乡村全面振兴，必然要求乡村发展、乡村建设、乡村治理一体化推进，整体提升发展水平。

---

① 习近平：《加快建设农业强国　推进农业农村现代化》，《求是》2023年第6期。

（一）聚焦产业提升乡村发展水平

产业是乡村振兴之基、富民之本、致富之源。产业兴旺是解决农村一切问题的前提。乡村"五个振兴"，产业振兴是第一位的。解决我国当前农业经营效益低、农村居民增收难、乡村建设发展滞后等问题，基础和前提都是要加快发展乡村产业。发展乡村产业是实现乡村振兴的根本所在，要解决几亿农民的富裕问题，实现乡村全面振兴，必须把乡村产业发展起来。

1. 推进产业振兴的根本遵循

习近平总书记高度重视产业振兴，多次考察乡村产业发展，多次在重要场合发表重要讲话，就乡村振兴中的产业如何振兴、怎么振兴等一系列问题作出重要指示、提出明确要求，为乡村产业振兴指明了前进方向、提供了遵循。

乡村振兴，关键是产业振兴。习近平总书记深刻阐明了乡村产业发展的重要意义。"产业兴旺，是解决农村一切问题的前提。"[1]"没有产业的农村，难聚人气，更谈不上留住人才，农民增收路子拓不宽，文化活动很难开展起来。"[2]首先，发展产业是巩固拓展脱贫攻坚成果的治本之策。产业发展具有连片（整村、整乡，甚至整县）富民增收作用，产业发展是农民特别是脱贫人口稳定的收入来源，也是就业机会增加的重要渠道，发展产业对于夯实防止返贫基础具有根本性作用。其次，产业发展是促进农村特别是脱贫地区持续发展、推动乡村全面振兴的重要举措。没有产业兴旺，乡村振兴就是"空中楼阁"。产业发展为农民增加就业、增加收入提供了可能，产业发展带动乡村集聚要素、汇聚人气、增强活力，奠定乡村全面振

---

[1] 习近平：《论"三农"工作》，中央文献出版社，2022，第277页。
[2] 习近平：《加快建设农业强国 推进农业农村现代化》，《求是》2023年第6期。

兴的坚实基础。最后，产业发展是缩小城乡和区域收入差距、实现共同富裕的最直接最有效的办法，是畅通国内大循环、构建新发展格局的重要推动力。我国低收入人口多数在农村，基础设施和公共服务短板主要在农村。推进乡村产业发展，既能扩大有效投资，又能增加农村消费，将为扩大内需、畅通内循环提供强劲动力。总书记的重要论述要求全党全社会要以更加坚定的信心、更加有力的措施，推进脱贫地区特色产业做优做强，为乡村全面振兴和国家发展大局提供了有力支撑。

各地推动产业振兴，要把"土特产"这三个字琢磨透。习近平总书记深刻阐明了推动产业振兴的原则方法。一是发挥优势，发展特色产业。"'特'讲的是突出地域特点，体现当地风情。要跳出本地看本地，打造为广大消费者所认可、能形成竞争优势的特色，如因地制宜打造苹果村、木耳乡、黄花镇等。"①"从全国面上看，乡村产业发展还处于初级阶段，主要问题是规模小、布局散、链条短，品种、品质、品牌水平都还比较低，一些地方产业同质化比较突出。要适应城乡居民消费需求，顺应产业发展规律，立足当地特色资源，拓展乡村多种功能，向广度深度进军，推动乡村产业发展壮大。"②二是拓展乡村多重功能，发展新产业新业态。"要善于分析新的市场环境、新的技术条件，用好新的营销手段，打开视野来用好当地资源，注重开发农业产业新功能、农村生态新价值，如发展生态旅游、民俗文化、休闲观光等。"③"发展乡村旅游、休闲农业、文化体验、健康养老、电子商务等新产业新业态，既要有速度，更要

---

① 习近平：《加快建设农业强国 推进农业农村现代化》，《求是》2023年第6期。
② 习近平：《论"三农"工作》，中央文献出版社，2022，第11页。
③ 习近平：《加快建设农业强国 推进农业农村现代化》，《求是》2023年第6期。

第三章　推进乡村全面振兴的关键路径

高质量,实现健康可持续。"① 三是推进产业融合,延长产业链价值链。"要延长农产品产业链,发展农产品加工、保鲜储藏、运输销售等,形成一定规模,把农产品增值收益留在农村、留给农民。"② "现在,发展乡村产业,不像过去就是种几亩地、养几头猪,有条件的要通过全产业链拓展产业增值增效空间,创造更多就业增收机会。要积极发展农产品加工业,优化产业布局,推动农村由卖原字号向卖制成品转变,把增值收益更多留在县域。"③ "要依托农业农村特色资源,向开发农业多种功能、挖掘乡村多元价值要效益,向一二三产业融合发展要效益,强龙头、补链条、兴业态、树品牌,推动乡村产业全链条升级,增强市场竞争力和可持续发展能力。"④ 四是落实产业帮扶政策,促进产业振兴。"部分地区还存在产业发展基础不牢、联农带农机制不够持续稳固、产业配套支持政策落实不够精准有效等问题,不利于特色产业发展壮大和脱贫群众稳定增收。各地区各部门要严格贯彻落实乡村振兴责任制,针对存在的问题,采取有效举措抓整改,扎扎实实推进乡村振兴各项任务落实。"⑤

发展乡村产业要让农民有活干、有钱赚。习近平总书记深刻阐明了产业振兴的价值取向。"很多地方农业产业升级过程中,往往规模越来越大、用工越来越少、农户参与程度越来越低,这是市场自发作用的结果。但是,我们要把握好度,不能忘了农民这一头,要完善利益联结机制,通过'资源变资产、资金变股金、农民变股东',尽可能让农民参与进来。"⑥ "要形成企业和农户产业链上优势

---

① 习近平:《论"三农"工作》,中央文献出版社,2022,第11页。
② 习近平:《加快建设农业强国 推进农业农村现代化》,《求是》2023年第6期。
③ 习近平:《论"三农"工作》,中央文献出版社,2022,第11页。
④ 习近平:《加快建设农业强国 推进农业农村现代化》,《求是》2023年第6期。
⑤ 同上。
⑥ 习近平:《论"三农"工作》,中央文献出版社,2022,第12页。

互补、分工合作的格局,农户能干的尽量让农户干,企业干自己擅长的事,让农民更多分享产业增值收益。"[1] 这些重要论述表明,发展乡村产业,必须贯彻以人民为中心的发展思想,一定要突出农民的主体地位,始终把保障农民利益放在第一位,着力完善联农带农机制,不能剥夺或者削弱农民的发展能力,更不能把农民土地拿走了,企业赚了钱,却跟农民没关系或关系不大。

党的十九大提出乡村振兴战略以来,在习近平总书记关于产业振兴重要论述指引下,促进产业兴旺的政策体系初步形成。在《中华人民共和国乡村振兴促进法》《乡村振兴战略规划(2018—2022年)》中对产业振兴有专门规定和原则要求,《全国乡村特色产业发展规划(2020—2025年)》《关于推动脱贫地区特色产业可持续发展的指导意见》《中央财政衔接推进乡村振兴补助资金管理办法》《中共中央 国务院关于全面推进乡村振兴加快农业农村现代化的意见》等政策文件,都对发展特色产业、促进产业融合发展、完善联农益农机制提出明确推进要求。各地持续激发乡村资源要素活力,持续培育乡村产业经营主体,持续提升农村就业创业质量,持续建设集聚融合发展平台,乡村产业发展加快,农文旅深度融合发展,农村电商蓬勃发展,乡村特色产业传承发展。彰显地域特色和乡村价值的产业体系加快构建,农产品初加工、精深加工、综合利用协调发展。农村一、二、三产业深度融合,休闲观光、农村电商等新产业新业态蓬勃发展,农村创新创业活力不断激发。

2.提升乡村发展水平的策略途径

从2018年开始,党中央每年印发的一号文件都以推进乡村振兴战略实施为主题,都对发展乡村产业进行专题部署。每年的推进产

---

[1] 习近平:《论"三农"工作》,中央文献出版社,2022,第12页。

业振兴的政策措施、工作重点安排，构成了乡村产业振兴的路径策略体系，在实践中走出了一条具有中国特色的乡村产业发展道路。

2018年中央一号文件，以"乡村振兴，产业兴旺是重点"为主题，强调必须坚持质量兴农、绿色兴农，以农业供给侧结构性改革为主线，加快构建现代农业产业体系、生产体系、经营体系，提高农业创新力、竞争力和全要素生产率，加快实现由农业大国向农业强国转变，具体策略主要有以下几点：一是夯实农业生产能力基础；二是实施质量兴农战略，包括实施产业兴村强县行动、实施兴林富民行动；三是构建农村一、二、三产业融合发展体系，主要是实施农产品加工业提升行动，实施休闲农业和乡村旅游精品工程；四是构建农业对外开放新格局，重点实施特色优势农产品出口提升行动；五是促进小农户和现代农业发展有机衔接，统筹兼顾培育新型农业经营主体和扶持小农户，采取有针对性的措施，把小农生产引入现代农业发展轨道。

2019年中央一号文件，以"发展壮大乡村产业，拓宽农民增收渠道"为主题，重点实施以下策略：一是加快发展乡村特色产业，因地制宜发展多样性特色农业，支持建设一批特色农产品优势区，健全特色农产品质量标准体系，创响一批特色产品品牌；二是大力发展现代农产品加工业，支持发展适合家庭农场和农民合作社经营的农产品初加工，培育农业产业化龙头企业和联合体，推进现代农业产业园、农村产业融合发展示范园、农业产业强镇建设，健全农村一、二、三产业融合发展利益联结机制，让农民更多分享产业增值收益；三是发展乡村新型服务业，支持发展农业生产性服务，充分发挥乡村资源、生态和文化优势，发展适应城乡居民需要的产业，加强乡村旅游基础设施建设，改善卫生、交通、信息、邮政等公共服务设施；四是实施数字乡村战略，实施"互联网+"农产品出村进城工程，全面推进信息进村入户，依托"互联网+"推动公共服务向农村延伸；五是促进农村劳动力转移就业，促进农村劳动力多渠道转移就业和增收，增加农民就地就近就业岗位，加快农业转移人口市民化，推进城镇基本公共服务常住人口全覆盖；六是支持乡村创新创业，支持建立多种形式的创业支撑服务平台，完善乡村创新创业支持服务体系，鼓励地方设立乡村就业创业引导基金，加强创新创业孵化平台建设，支持创建一批返乡创业园，支持发展小微企业。[①]

2020年中央一号文件，以"发展富民乡村产业"为主题进行部署，主要策略：支持各地立足资源优势打造各具特色的农业全产业链，建立健全农民分享产业链增值收益机制，形成有竞争力的产业集群，推动农村一、二、三产业融合发展；加快建设国家、省、市、县现代农业产业园，支持农村产业融合发展示范园建设，办好农村"双创"基地；重点培育家庭农场、农民合作社等新型农业经营主体，培育农业产业化联合体，通过多种方式，将小农户融入农业产业链；继续调整优化农业结构，打造地方知名农产品品牌，增加优质绿色农产品供给；有效开发农村市场，加强村级电商服务站点建设，推动农产品进城、工业品下乡双向流通；强化全过程农产品质量安全和食品安全监管；引导和鼓励工商资本下乡；制定农业及相关产业统计分类并加强统计核算，全面准确反映农业生产、加工、物流、营销、服务等全产业链价值。[②]

2021年中央一号文件，重点围绕"构建现代乡村产业体系"进

[①]《中共中央 国务院关于坚持农业农村优先发展做好"三农"工作的若干意见（2019年1月3日）》，《人民日报》2019年2月20日第1版。
[②]《中共中央 国务院关于抓好"三农"领域重点工作确保如期实现全面小康的意见（2020年1月2日）》，《人民日报》2020年2月6日第1版。

行部署，主要策略：依托乡村特色优势资源，打造农业全产业链，把产业链主体留在县城，让农民更多分享产业增值收益；加快健全现代农业全产业链标准体系，推动新型农业经营主体按标生产，培育农业龙头企业标准"领跑者"；立足县域布局特色农产品产地初加工和精深加工，建设现代农业产业园、农业产业强镇、优势特色产业集群；推进公益性农产品市场和农产品流通骨干网络建设；开发休闲农业和乡村旅游精品线路，完善配套设施；推进农村一、二、三产业融合发展示范园和科技示范园区建设；把农业现代化示范区作为推进农业现代化的重要抓手，围绕提高农业产业体系、生产体系、经营体系现代化水平，建立指标体系，加强资源整合、政策集成，以县（市、区）为单位开展创建，到2025年创建500个左右示范区，形成梯次推进农业现代化的格局；创建现代林业产业示范区；组织开展"万企兴万村"行动；稳步推进反映全产业链价值的农业及相关产业统计核算。①

2022年中央一号文件，以"聚焦产业促进乡村发展"为主题，部署以下策略推进产业振兴。一是持续推进农村一、二、三产业融合发展。鼓励各地拓展农业多种功能、挖掘乡村多元价值，重点发展农产品加工、乡村休闲旅游、农村电商等产业；支持农业大县聚焦农产品加工业，引导企业到产地发展粮油加工、食品制造；推进现代农业产业园和农业产业强镇建设，培育优势特色产业集群，继续支持创建一批国家农村产业融合发展示范园；实施乡村休闲旅游提升计划；支持农民直接经营或参与经营的乡村民宿、农家乐特色村（点）发展；实施"数商兴农"工程，推进电子商务进乡村；开展农业品种培优、品质提升、品牌打造和标准化生产提升行动；加

---

① 《中共中央 国务院关于全面推进乡村振兴加快农业农村现代化的意见（2021年1月4日）》，《人民日报》2021年2月22日第1版。

快落实保障和规范农村一、二、三产业融合发展用地政策。二是大力发展县域富民产业。支持大中城市疏解产业向县域延伸，引导产业有序梯度转移；大力发展比较优势明显、带动农业农村能力强、就业容量大的产业，强化产业链与创新链融合；促进产业向园区集中、龙头企业做强做大。三是加强县域商业体系建设。实施县域商业建设行动，促进农村消费扩容提质升级；实施"快递进村"工程，促进农村客货邮融合发展；加快实施"互联网+"农产品出村进城工程，推动冷链物流服务网络向农村延伸，支持供销合作社开展县域流通服务网络建设提升行动。四是促进农民就地就近就业创业。实施县域农民工市民化质量提升行动，推进返乡入乡创业园建设，大力开展适合农民工就业的技能培训和新职业新业态培训，合理引导灵活就业农民工按规定参加职工基本医疗保险和城镇职工基本养老保险。五是推进农业农村绿色发展。建设国家农业绿色发展先行区，开展水系连通及水美乡村建设，实施生态保护修复重大工程，落实第三轮草原生态保护补助奖励政策，探索建立碳汇产品价值实现机制，实施生物多样性保护重大工程。[1]

2023年中央一号文件，以"推动乡村产业高质量发展"为主题，重点实施以下策略。一是做大做强农产品加工流通业。实施农产品加工业提升行动，在粮食和重要农产品主产区统筹布局建设农产品加工产业园，完善农产品流通骨干网络，支持建设产地冷链集配中心，确保农产品物流畅通。二是加快发展现代乡村服务业。全面推进县域商业体系建设，发展乡村生活服务，鼓励有条件的地区开展新能源汽车和绿色智能家电下乡。三是培育乡村新产业新业态。继续支持创建农业产业强镇、现代农业产业园、优势特色产业集群。

---

[1]《中共中央 国务院关于做好二〇二二年全面推进乡村振兴重点工作的意见（2022年1月4日）》，《人民日报》2022年2月23日第1版。

支持国家农村产业融合发展示范园建设，深入推进农业现代化示范区建设，实施文化产业赋能乡村振兴计划，实施乡村休闲旅游精品工程，深入实施"数商兴农"和"互联网+"农产品出村进城工程，提升净菜、中央厨房等产业标准化和规范化水平，培育发展预制菜产业。四是培育壮大县域富民产业。完善县乡村产业空间布局，提升县城产业承载和配套服务功能，增强重点镇集聚功能。引导劳动密集型产业向中西部地区、向县域梯度转移。[①]

2024年的中央一号文件对"提升乡村产业发展水平"进行部署，主要政策有以下几点。第一，促进农村一、二、三产业融合发展。坚持产业兴农、质量兴农、绿色兴农，加快构建"粮经饲"统筹、"农林牧渔"并举、"产加销"贯通、"农文旅"融合的现代乡村产业体系，把农业建成现代化大产业；鼓励各地因地制宜大力发展特色产业，支持打造乡土特色品牌；实施乡村文旅深度融合工程，推进乡村旅游集聚区（村）建设，培育生态旅游、森林康养、休闲露营等新业态，推进乡村民宿规范发展、提升品质；优化实施农村产业融合发展项目，培育农业产业化联合体。第二，推动农产品加工业优化升级。推进农产品生产和初加工、精深加工协同发展，促进就近就地转化增值；推进农产品加工设施改造提升，支持区域性预冷烘干、储藏保鲜、鲜切包装等初加工设施建设，发展智能化、清洁化精深加工；支持东北地区发展大豆等农产品全产业链加工，打造食品和饲料产业集群；支持粮食和重要农产品主产区建设加工产业园。第三，推动农村流通高质量发展。深入推进县域商业体系建设，健全县乡村物流配送体系，促进农村客货邮融合发展，大力发展共同配送；推进农产品批发市场转型升级；优化农产品冷链物流体系

---

①《中共中央 国务院关于做好二〇二三年全面推进乡村振兴重点工作的意见（2023年1月2日）》，《人民日报》2023年2月14日第1版。

建设，加快建设骨干冷链物流基地，布局建设县域产地公共冷链物流设施；实施农村电商高质量发展工程，推进县域电商直播基地建设，发展乡村土特产网络销售；加强农村流通领域市场监管，持续整治农村假冒伪劣产品。第四，强化农民增收举措。实施农民增收促进行动，持续壮大乡村富民产业，支持农户发展特色种养、手工作坊、林下经济等家庭经营项目；强化产业发展联农带农，健全新型农业经营主体和涉农企业扶持政策与带动农户增收挂钩机制；促进农村劳动力多渠道就业，健全跨区域信息共享和有组织劳务输出机制，培育壮大劳务品牌；开展农民工服务保障专项行动，加强农民工就业动态监测；加强拖欠农民工工资源头预防和风险预警，完善根治欠薪长效机制；加强农民工职业技能培训，推广订单、定向、定岗培训模式；做好大龄农民工就业扶持；在重点工程项目和农业农村基础设施建设领域积极推广以工代赈，继续扩大劳务报酬规模；鼓励以出租、合作开发、入股经营等方式盘活利用农村资源资产，增加农民财产性收入。[1]

3. 提升乡村产业发展水平存在的问题与对策

为落实好中共中央、国务院关于实现巩固拓展脱贫攻坚成果同乡村振兴有效衔接有关工作部署，充分认识新阶段推动脱贫地区乡村产业特别是帮扶产业发展的新形势新要求，科学监测评估产业发展风险，国家乡村振兴局中国扶贫发展中心组成课题组对中西部8省（区）20个县（市、区）进行实地调研，与数百名基层干部及产业园区、产业基地及帮扶企业、合作社、大户、农户等代表进行座谈交流。

---

[1]《中共中央 国务院关于学习运用"千村示范、万村整治"工程经验有力有效推进乡村全面振兴的意见（2024年1月1日）》，《人民日报》2024年2月4日第1版。

调研结果表明,各地把发展乡村产业,促进脱贫人口持续稳定增收放在巩固拓展脱贫攻坚成果突出位置,在沿用脱贫攻坚做法的基础上,帮扶政策不摘、支持力度不减,产业发展各相关领域正逐步提档升级,发展成效已全面显现,具体体现在以下几个方面。一是乡村产业发展思路清晰、模式逐步完善。坚持把产业发展作为重中之重,在更高层次上吸纳集聚科技、土地、资本、人才、信息等现代生产要素,有效推动产业发展。截至2021年末,黑龙江省绥化市兰西县累计实施帮扶产业126个,实现联农带农收益9554万元,带动脱贫人口和监测帮扶对象年均实现帮扶收益2388万元。二是乡村产业基础设施配套日臻完善。各地立足资源优势,持续推进产业园区、高标准农田、高效节水灌溉工程等产业基础设施建设,乡村产业基础设施配套短板正逐渐补齐。宁夏回族自治区固原市西吉县大力实施高标准农田建设和高效节水灌溉工程,全县高标准农田面积和高效节水灌溉面积分别达到57.3万亩和13.5万亩,综合机械化水平达到70%,农业新技术推广覆盖率达90%以上,农业科技贡献率达到56%,农产品质量监测合格率达98%。三是乡村产业新型经营主体数量稳步增加。各地积极培育壮大农业龙头企业、农民专业合作社、种养大户、家庭农场等各类生产经营主体,成效显著。安徽省安庆市望江县通过政策支持、规范指导、典型示范、促进土地规模流转等措施,引进和培育起一批特色产业经营主体,包括1个国家级农业产业化龙头企业、12个省级龙头企业、750个农民专业合作社和1334个家庭农场。四是乡村产业联农带农机制效果持续显现。各地不断完善联农带农机制,将农户嵌入产业链条各环节,更多脱贫户已共享产业发展红利。云南省昭通市鲁甸县坚持"乡村振兴,产业先行",立足资源禀赋、地理环境,着力打造绿色有机认证"青花椒基地",大力扶持和引导龙头企业开展"三品一标"认证；按照"集中连片、管理配套、规模发展、提质增效"的建设思路，将青花椒产业作为促进农民增收致富的主导产业强力推进。截至 2021 年底，全县花椒种植面积 32 万亩，产量达 1.02 万吨，产值达 9.59 亿元，占全县农业总产值的 37.5%，带动椒农 4.2 万户 18.2 万人增收，其中包括脱贫群众 2.9 万人。五是乡村产业产销对接保持顺畅。各地积极搭建线上线下产销对接平台，创新销售机制，构建起稳定的农产品销售渠道，有效缓解农产品销售困难。江西省赣州市石城县引进阿里巴巴、京东等一线品牌电商，通过"电商企业 + 电商服务站 + 农户""电商企业 + 合作社 + 农户"等模式，帮带 3000 余户群众通过电商平台销售农特产品，并运用云计算和大数据技术建立了产品信息化追溯平台和产业全程质量监管体系。贵州省黔西南布依族苗族自治州晴隆县成立了线上的"晴隆好物"电商平台和"黔货出山"营销平台，建立了线下的"粤黔东西部协作黔西南州农特产品交易市场"，产品外售额实现跨越式发展。六是乡村产业发展科技支撑更加有力。各地积极引进和培育产业科技人才，注重科技成果运用，科技助力乡村产业振兴作用持续得到发挥。内蒙古自治区通辽市开鲁县大力开展红干椒产业研发，组建红干椒高产创业人才团队、抗病高产团队和红干椒博士工作站，业务专家、土专家数量达到 1 万余人。

调研发现，虽然各地乡村产业发展基础不断夯实、取得了积极成效，但仍存在一些共性的风险和问题。一是乡村产业基础设施仍不够健全，制约了特色产业发展。二是乡村产业链条短，同质化程度高，市场竞争力总体有限。三是乡村产业抵御风险能力不强，削弱农户增收稳定性。四是资金、土地等要素保障压力大，影响后续项目稳定推进。五是乡村产业技术人才仍然短缺，制约特色产业提档升级。

在当前实践中,各地各部门贯彻落实党的二十大重大决策部署,坚持农业农村优先发展总方针,牢固树立新发展理念,落实高质量发展要求,按照实施乡村振兴战略部署,以实现农业农村现代化为总目标,以农业供给侧结构性改革为主线,围绕农村一、二、三产业融合发展,聚焦重点产业,聚集资源要素,强化创新引领,培育发展新动能,延长产业链、提升价值链、打造供应链,构建地域特色鲜明、承载乡村价值、创新创业活跃、利益联结紧密的现代乡村产业体系,加快形成城乡融合发展格局,为建设农业强国奠定坚实基础,重点在以下方面着力。一是优化产业空间布局。强化县域统筹,因地制宜发展多样化特色种养,积极发展特色食品、制造、手工业等乡土产业,推动形成县城、中心乡(镇)、中心村层级明显、功能有效衔接的结构布局,促进县乡联动、产镇融合、产村一体;推进产业聚集,打造产业集群,促进镇村联动发展。二是做强现代特色种养业。创新产业组织方式,促进种养业规模化发展,向全产业链延伸拓展,提高质量效益;巩固提升粮食和重要农产品产能,优化产能布局,加快农业科技创新特别是育种创新,推进农业机械装备升级,大力推进草食畜牧业、奶业、渔业提质增效。三是推进一、二、三产业融合发展。培育主体带动融合发展,建设一批农业产业强镇,创建一批农村产业融合发展示范园,建设一批专业村镇、精深加工基地和加工强县,构建多主体参与、多要素聚集、多业态发展、多模式推进的融合格局。四是发展壮大新型经营主体。支持农业产业化龙头企业向重点产区和优势区集聚,发展农民合作社和家庭农场,扶持一批农业产业化联合体,实现抱团发展。五是打造产业园区。推进政策集成、要素集聚、功能集合和企业集中,建设一批国家现代农业产业园、一批特色产品基地、一批设施完备功能多样的休闲旅游园区景点、一批国家农业高新技术产业示范区。六是实施质量兴农、绿色兴农。制（修）订生产、产品品牌标准，培育一批区域公用品牌和企业品牌，创响一批"土字号""乡字号"特色产品品牌。七是促进农村创新创业。引导、支持返乡农民工就业创业，培养一批农村创新创业导师和领军人物，创建一批具有区域特色的农村创新创业示范园区和实训孵化基地，加快实现乡村数字化、网络化、智能化；加强乡村工匠、文化能人、手工艺人和经营管理人才培训培育。八是推动脱贫地区帮扶产业发展迈上新台阶。按照对接市场需求、开发乡土资源，突出地域特点、体现当地元素，做优一产、做强二产、做旺三产的思路，选准发展方向，优化帮扶产业规划及布局；以集聚发展、多元发展、创新发展为主要路径，巩固一批帮扶产业，促进其稳定发挥作用；实施增强产业竞争力、提高产品附加值、提升品牌价值等手段，提升一批帮扶产业，促进全链条融合发展；采取村集体经济自己干、村企合作一起干、直接租给龙头企业干等多种形式盘活一批帮扶产业，激活闲置资源和存量资产；对于脱贫攻坚期间形成的因市场、政策重大变化或地理条件、气候环境因素导致产业项目失败，不宜继续发展的帮扶产业，实行另起炉灶一批帮扶产业项目，稳妥处理存在的问题。九是健全完善政策体系。特别是在深化产权制度改革、引导工商资本下乡、优化财政投入结构、健全乡村金融服务体系、加强用地保障、加强人才队伍建设等方面，因地制宜优化旧政策、创设新政策。

（二）积极稳妥提升乡村建设水平

加强乡村建设是党的使命决定的。人民对美好生活的向往，就是我们党的奋斗目标。与农民群众日益增长的美好生活需要相比，我国农村基础设施和公共服务还存在一些突出短板和薄弱环节。乡村建设是农村居民过上现代文明生活的必然要求，是全面推进乡村振兴、实现农村现代化的重要任务,是国家现代化建设的重要内容。2022年中共中央办公厅、国务院办公厅印发《乡村建设行动实施方案》,对进入新发展阶段国家乡村建设的总体要求、重点任务、推进机制、政策支持、要素保障、组织领导等提出了明确要求。①党的二十大报告提出,"统筹乡村基础设施和公共服务布局,建设宜居宜业和美乡村"。

1. 提升乡村建设水平的根本遵循与顶层设计

习近平总书记高度重视乡村建设,对建设怎样的乡村、怎样建设乡村提出了一系列新论断新思想,作出一系列重要指示批示和决策部署,为扎实推进乡村建设提供了根本遵循。

第一,明确乡村建设的战略定位。"今后一个时期,是我国乡村形态快速演变的阶段。建设什么样的乡村、怎样建设乡村,是摆在我们面前的一个重要课题。"②"农村现代化是建设农业强国的内在要求和必要条件,建设宜居宜业和美乡村是农业强国的应有之义。农业因人类定居而兴,村落因农事活动而聚,乡村不仅是农业生产的空间载体,也是广大农民生于斯长于斯的家园故土。"③"当前,扩内需、稳投资、搞建设,不能只盯着城镇。农村这块欠账还很多,投资空间很大。这几年,农村基础设施有了明显改善,但往村覆盖、往户延伸还存在明显薄弱环节。"④"这些年,乡村建设取得一定成效,但农村基础设施仍不完善,公共服务水平不高,欠账还很多。"⑤

---

① 《中办 国办印发〈乡村建设行动实施方案〉》,《人民日报》2022年5月24日第1版。
② 习近平:《论"三农"工作》,中央文献出版社,2022,第15页。
③ 习近平:《加快建设农业强国 推进农业农村现代化》,《求是》2023年第6期。
④ 习近平:《论"三农"工作》,中央文献出版社,2022,第14页。
⑤ 习近平:《加快建设农业强国 推进农业农村现代化》,《求是》2023年第6期。

第二,明确乡村建设的目标任务。"要瞄准'农村基本具备现代生活条件'的目标,组织实施好乡村建设行动,特别是要加快防疫、养老、教育、医疗等方面的公共服务设施建设,提高乡村基础设施完备度、公共服务便利度、人居环境舒适度,让农民就地过上现代文明生活。"[1]这就要求乡村建设要持续推动农村公共基础设施往村覆盖、往户延伸,加强农村交通物流网络建设,稳步提升农村基本公共服务水平,改善农村义务教育基本办学条件,加强乡村医疗卫生设施和服务能力建设,完善农村养老服务设施,扩大村级综合服务覆盖面,持续改善农村人居环境,扎实推进农村厕所革命,加快推进农村生活污水治理,全面提升农村生活垃圾治理水平,等等。

第三,明确乡村建设的原则方法。一是坚持遵循发展规律。"乡村建设要遵循城乡发展建设规律,做到先规划后建设。"[2]这就要求要切实把村庄规划做在前面,对我国城镇化趋势、呈现格局变化进行研判,合理确定村庄布局分类,优化提升乡村空间布局,统筹安排各类资源,引导农民建设新家园。二是坚持乡村建设的农民主体地位。"乡村建设是为农民而建,要健全自下而上、农民参与的实施机制,多听群众意见,照顾农民感受。"[3]这就要求工作实践中做到乡村建设为了农民、依靠农民,建设成果由农民共享。要把选择权交给农民,农民积极干的抓紧干、带着干,农民干的意愿不强甚至不愿意干的就等农民想通再干,想不通就不干。把农民满意作为衡量标准,不断增强农民群众对乡村建设的认同感。三是坚持科学推进。"乡村建设要充分考虑财力可持续和农民可接受,坚持数量服从质量、进度服从实效,集中力量先抓好普惠性、基础性、兜底性民

---

[1] 习近平:《加快建设农业强国 推进农业农村现代化》,《求是》2023年第6期。
[2] 习近平:《论"三农"工作》,中央文献出版社,2022,第15页。
[3] 习近平:《加快建设农业强国 推进农业农村现代化》,《求是》2023年第6期。

生建设，优先建设既方便生活又促进生产的项目，标准可以有高有低，但不能缺门漏项。"① "各地村庄格局风貌是历史上顺应地理、气候、人文条件延续而成的，要敬畏历史、敬畏文化、敬畏生态，留住乡风乡韵乡愁。"② 这就要求乡村建设看得准的先干起来，看不准的可以等一等。要注重保护传统村落和乡村特色风貌，切忌盲目大拆大建，贪大求洋；切忌超越发展阶段、违背农民意愿，搞大规模村庄撤并。要加强分类指导，不要一刀切、搞运动。四是坚持稳扎稳打、久久为功。"我在浙江工作时就是从'千村示范、万村整治'抓起，历届省委和省政府一张蓝图干到底，十多年的努力让乡村面貌发生了大变化。"③ 这就要求乡村建设要把握好工作的"时、度、效"，一件事接着一件事办，一年接着一年干，不能急于求成。

第四，完善乡村建设的顶层设计。党的十九届五中全会提出实施乡村建设行动。2021年以来，每年的中央一号文件对实施乡村建设行动作出了具体部署。2022年5月，中共中央办公厅、国务院办公厅印发《乡村建设行动实施方案》，对扎实推进乡村建设行动、进一步提升乡村宜居宜业水平进行了部署，标志着乡村建设的顶层设计完成。该方案进一步明确了乡村建设建什么、怎么建、建成什么样，指导乡村建设行动扎实稳妥推进，有助于推动确立乡村建设导向；该方案将创新乡村建设推进机制作为重点，旨在充分调动农民参与乡村建设和管护的积极性、主动性、创造性，防止脱离群众想当然、拍脑袋决策，自上而下下任务、定指标，有助于推动健全乡村建设的实施机制；该方案对加强乡村建设行动统筹协调、责任落实、政策支持、要素保障等提出了明确要求，推动打通政策痛点、

---

① 习近平：《加快建设农业强国 推进农业农村现代化》，《求是》2023年第6期。
② 同上。
③ 习近平：《论"三农"工作》，中央文献出版社，2022，第15页。

堵点、难点，形成推进乡村建设合力，有助于推动乡村建设政策集成要素集聚。乡村建设的总体要求是实施乡村建设行动，必须坚持数量服从质量、进度服从实效，求好不求快，以普惠性、基础性、兜底性民生建设为重点，既尽力而为又量力而行。在理念上坚持乡村建设是为农民而建，在目标上坚持从实际出发，在推进上坚持遵循城乡发展建设规律，在方式上坚持充分体现农村特点。乡村建设的重点是改善农村生产生活条件，水平、标准、档次可以因地而异、高低有别，重点是保障基本功能，解决突出问题。该方案围绕加强农村基础设施和公共服务体系建设，提出了12项重点任务，概括起来就是"183"行动："1"，就是制定一个规划，确保一张蓝图绘到底；"8"，就是实施八大工程，加强农村重点领域基础设施建设，分别是推进道路、供水、能源、物流、信息化、综合服务、农房、农村人居环境八个方面基础设施建设；"3"，就是健全三个体系，改善农村公共服务和乡村治理，要实施农村基本公共服务提升行动、加强农村基层组织建设、深入推进农村精神文明建设。该方案围绕强化乡村建设"人、地、钱"要素保障，提出了一揽子政策支持措施，包括投入保障、用地保障、人才保障。该方案从责任落实、项目管理、农民参与、运行管护等方面提出乡村建设实施机制，确保乡村建设行动落地见效。①

2. 提升乡村建设水平的成效与挑战

2022年，清华大学建筑学院课题组对全国81个样本县、783个村庄进行调研，收到了15万份村民问卷，调研结果显示，自党的十九大部署实施乡村振兴战略以来，我国在乡村基础设施建设、人居环境整治、基本公共服务提升等方面取得了较大进展，部分地

---

① 高云才：《中央农办负责人就〈乡村建设行动实施方案〉答记者问》，《人民日报》2022年5月24日第10版。

区农民就地过上了现代文明生活。但也存在着许多亟待解决的现实问题,须引起相关部门高度关注,具体体现在以下几个方面。一是基础设施不断完备,但往村覆盖、往户延伸仍须加强。调研发现乡村基本实现道路硬化、集中供水、稳定供电、物流寄递、通信网络全覆盖,超过93%的自然村实现集中供水,村民普遍反映农房供电稳定,68.5%的受访村民表示15分钟内能到达快递点,但基础设施入户率仍存在不足,如入户道路硬化率不足85%,宽带入户率仅59.9%。另外,设施质量有待提升,如认为村内道路质量好或者较好的村民仅占48.7%,农房内能够稳定供水、极少出现问题的仅占45.1%。二是人居环境持续改善,但距宜居舒适要求还有较大差距。调研发现农房及配套设施建设不断加强,卫生厕所、垃圾收运、危房整治、风貌保护等工作扎实推进,农村卫生户厕普及率超过70%,农村生活垃圾收运处置的自然村近95%,绝大多数村庄实现干净整洁有序,涌现出一大批特色突出、乡村风貌浓郁的村庄。但人居环境整治的覆盖度仍有欠缺,如有污水处理的自然村占比仅为28%,实施垃圾分类的自然村仅23.1%,对生活污水处理、村内河流水质、村庄垃圾治理、村落整体环境的满意度分别为46.3%、42.3%、59.2%和57.5%,均不及六成。另外,许多设施运营管理不足,如行政村公厕有专人管护的占比仅53.2%。三是公共服务有效提升,但城乡均等化水平仍然不高。调研发现农村教育、医疗等公共服务基本实现全覆盖,绝大多数行政村配置卫生室,部分省份村级养老设施行政村覆盖率超过60%,乡村治理效能不断进步。但许多设施离满足村民对美好生活的向往仍有差距,如15分钟生活圈内幼儿园和小学覆盖率分别为55.4%和55.5%,半数以上乡村没有养老设施,许多设施服务质量较差。较多村卫生室运行不稳定,村民对村卫生室的医疗服务质量满意度仅为56.1%,超过八成村民认为村内养老服务设施使用率不高或一般。村民的基层参与意愿也普遍不足，仅31.7%的村民表示会积极参与村集体活动。课题组认为，上述问题的出现主要有以下几方面原因。一是东中西部区域差异。受经济水平影响，东部地区优于中西部地区和东北地区。二是不同任务间协同难度大。三是农民参与乡村建设机制不顺畅。四是村庄规划对乡村建设的引领性不强。[①]

根据中国扶贫发展中心联合中国人民大学、中国农业大学、华中师范大学和国家统计局民调中心2022年在全国20个省份的20个县中选取200个村2506户开展实地调查综合显示，乡村建设成效明显，农户满意度较高，仅有27.8%的调查户认为乡村建设各方面需要改善，乡村建设的成果得到广大农户的普遍认可。其中，最受调查户认可的是农村基层组织建设和农村社会平安稳定两项。认为群众村庄事务参与程度、村内风气、村干部工作三项内容需要改善的调查户占全部调查户的比例均低于20.0%；调查户最期盼改善的是子女教育和看病就医两方面。家庭中有子女的全部调查户（1647户）认为最需要改善的项目是子女教育，有41.2%的调查户选择此项；其次是看病就医，有40.7%的调查户选择此项。调查户中，改善意愿最迫切的是我国东部地区调查户。东部地区调查户中，认为乡村建设各方面需要改善的调查户比例最高，达53.5%，比全部调查户选择此项的比例高出25.7个百分点。初步分析，一方面，西部地区在脱贫攻坚期享受了多项政策支持，生产生活面貌得到显著改善，群众满意度高；另一方面，东部地区调查户受教育程度较高，对乡村建设和发展也会有更高的标准和追求。此外，东部地区乡村发展基础条件较好，近年来发展变化程度不明显，农户感受家乡变

---

① 国家乡村振兴局编《巩固拓展脱贫攻坚成果同乡村振兴有效衔接研究》，中国农业出版社，2023，第151—152页。

化不深，希望家乡快速发展的意愿更强烈。具体调查结果显示出以下几个要点。第一，调查户认为最需要改善的是村务公开，推动村级事务公开化、透明化是提高农户对村级组织满意度的关键所在。第二，调查户认为最需要改善的是人情往来负担，农村不良风气得到改善，但"人情债"仍然是调查户家中的沉重负担。第三，调查户最希望村干部带领村民发展产业，打通百姓致富渠道，推动乡村产业振兴。第四，调查户普遍认为，农村教育基础设施、"硬件"配套日趋完善，但"软件"缺失问题依然严重，其中提高农村教师专业化水平、推动教育均衡发展是调查户最迫切的需求。第五，减轻就医负担，加大医保报销疾病覆盖种类，不断提高基本医疗卫生服务的公平性、可及性是所有调查户的心声，且经济越发达的地区对提升医疗服务水平、提高医疗报销比例需求越强烈。同时调查户期待根据农民实际就医需求调整优化医疗保障政策、推动改革红利扩面增效。第六，对于村庄环境的需求方面，各区域间差异较大，东北地区垃圾清运工作成效良好，调查户满意度高。污水处理是中西部地区调查户最希望补齐的突出短板，东部和东北地区调查户则特别希望开展村庄保洁，提升村庄环境品质。第七，中西部调查户希望加快便利农民生产生活、夯实农村产业发展的基础设施建设，此外，网络设施的建设也是信息化时代农户的现实需求。第八，调查户对购物、金融服务的需求普遍提升，加快快递进村、推进电商服务、强化出行便民服务均是满足群众需求、打通基层服务农户"最后一公里"的重点任务。第九，调查户期待通过加大农村公共文体设施建设、丰富农户文化娱乐和体育健身活动，充实日常生活和闲暇时光，为农村文化建设注入新的活力。该课题组基于调查结果认为，在推进乡村振兴行动的政策支持和要素保障方面仍存在诸多短板，主要体现在乡村建设行动绩效考核目标和内容不清晰，缺乏以多部门沟通协调为基础的整体统筹推进机制；村庄分类设定模糊、可操作性不强，缺乏村庄规划编制指导；乡村建设受到建设空间不足的限制，乡村建设人才队伍力量不足，公共基础设施长效管护机制建立存在多重挑战；等等。[1]

3. 提升乡村建设水平的思路与路径创新

习近平总书记在党的二十大报告中提出，建设宜居宜业和美乡村。这是以习近平同志为核心的党中央准确把握我国农村历史发展趋势、顺应农民群众对美好生活向往、着眼广大农村地区以中国式现代化全面推进中华民族伟大复兴而作出的重大战略部署，为新时代新征程实施乡村建设行动指明了方向。扎实推进乡村建设，需要创新思路、创新路径、创新方法、逐步构建完善乡村建设政策体系与机制保障，主要表现在以下几个方面。

一是推进乡村建设的思路创新。首先，要从区域维度分区施策。在我国东部与区域中心城市地区，主要靠城乡融合与中心城市辐射带动，着力推进城乡基础设施一体化建设、城乡公共服务融合建设、城乡生态环境共保共治；在中部和东北地区，主要靠县域统筹与县城乡镇服务承载，加快县城建设补短板、强弱项，全县域统筹县镇村庄农房及各项基础设施与公共服务设施建设；在西部与特殊类型地区，主要靠保护底线管控和补偿机制完善，加大纵向转移支付力度、推进横向生态保护补偿、完善市场化多元化生态补偿参与、建立生态产品价值实现机制等。其次，从县域维度分类指引，以乡村振兴示范县、重点帮扶县创建工作为抓手，分类构建乡村建设重点指引体系。最后，从村庄维度分型建设，城郊融合类村庄应纳入县城和镇规划，集聚提升类村庄在原有居民点基础上整治提升，特色

---

[1] 国家乡村振兴局编《巩固拓展脱贫攻坚成果同乡村振兴有效衔接研究》，中国农业出版社，2023，第200—210页。

保护类村庄形成特色资源保护与村庄发展的良性互促，拆迁撤并类村庄主要在尊重农民意愿的基础上做好迁入地的规划建设等。[1]

二是推进乡村建设的路径创新。路径创新的重点是构建县域统筹推进乡村建设路径，主要体现在以下几个方面。第一，县域内统筹推进交通畅通工程，主要是优化提升县域多层次公路网络体系，提升农村公路安全保障能力和服务水平。第二，县域内统筹推进农村防汛抗旱和供水保障工程，主要是加强县域农村防汛抗旱设施覆盖、提升防汛抗旱能力，加强水源保护与供水工程建设、保障农村供水。第三，县域内统筹推进乡村清洁能源建设工程，主要是县域统筹保障乡村能源供给，发展乡村清洁能源。第四，县域内统筹推进仓储保鲜冷链物流设施建设工程，主要是加强乡村农产品仓储保鲜冷链体系的县域覆盖，构建县域乡村商贸物流配送体系。第五，县域内统筹推进数字乡村建设发展工程，主要是建设县域乡村信息基础设施，发展智慧农业，推进乡村管理服务数字化。第六，县域内统筹推进农村基本公共服务体系，主要是构建完善普惠教育体系、医疗卫生体系、养老助残体系。第七，县域内统筹推进基层组织与精神文明服务体系，主要是加强思想政治引领、加强农村基层组织建设、推进乡村文化设施建设、加强乡村文化传承与文化产业建设、开展农村精神文明创建。[2]

三是推进乡村建设的方法创新。方法创新的重点是瞄准农村基本具备现代生活条件目标，以普惠性、基础性、兜底性民生建设为重点，稳步有序推动乡村建设重点工程实施。以2023年为例，乡村建设重点聚焦在以下方面。强化乡村建设规划和标准引领，重点

---

[1] 国家乡村振兴局编《巩固拓展脱贫攻坚成果同乡村振兴有效衔接研究》，中国农业出版社，2023，第154—158页。
[2] 同上书，第158—166页。

抓好加快村庄规划编制、明确村庄建设标准。实施农村道路畅通工程，重点是深入实施新一轮农村公路建设和改造、提升农村公路安全水平、加强农村公路管理养护、提高农村运输服务质量。实施农村防汛抗旱和供水保障工程，重点抓好推进农村防汛抗旱工程建设、推进农村供水工程建设。实施乡村清洁能源建设工程，重点抓好巩固提升农村电力保障水平、持续推进农村可再生能源开发利用、稳妥有序推进北方农村地区清洁取暖。实施农产品仓储保鲜冷链物流设施建设工程，重点抓好推进农产品仓储保鲜冷链设施建设、加强农产品供应链体系建设、提升供销合作社县域流通服务网络、推进县域商业建设行动、加强农村寄递物流体系建设、推进农村客货邮融合发展、优化农村邮政普遍服务。实施数字乡村建设发展工程，重点抓好建设农业农村大数据体系、发展智慧农业、实施"数商兴农"行动、提高乡村建设和治理数字化水平、推进乡村管理服务数字化、提升乡村地名信息服务能力、强化数字乡村建设宣传引导。实施村级综合服务能力提升工程，重点抓好健全完善村级综合服务功能、提升农村综合服务社发展质量。实施农房质量安全提升工程，重点抓好强化农房质量安全保障、加强传统村落保护。实施农村人居环境整治提升五年行动，重点抓好持续推进农村人居环境整治提升、扎实推进农村厕所革命、加大农村生活污水治理力度、提升农村生活垃圾治理水平、整体提升村容村貌。实施农村基本公共服务提升行动，包括提高乡村教育质量、发展涉农职业教育和乡村继续教育、提升乡村医疗卫生基本公共服务能力、着力补齐农村养老服务短板、完善殡葬领域管理服务、加快基层未成年人保护工作网络建设。加强农村基层组织建设，主要是加强换届后乡村两级班子建设、派强用好驻村第一书记和工作队、深入推进村级组织建设、压实县乡党委主体责任。深入推进农村精神文明建设，重点抓好强化教育引导、大力推进农村地区移风易俗。

四是推进乡村建设的机制创新。创新责任落实机制：建立条块结合的专项任务责任制，按照一项任务、一个推进方案的要求，行业主管部门牵头制定专项推进方案，各地细化措施抓好落实，强化政策衔接协调，形成合力。创新项目管理机制：建立项目库管理制度，在县一级普遍建立乡村建设相关项目库，优先纳入、优先安排群众需求强烈、短板突出、兼顾农业生产和农民生活条件改善的项目，结合实际制定"负面清单"。优化项目实施流程，小型村庄建设项目可按规定施行简易审批，农民投资投劳项目可以采取直接补助、以奖代补等方式推进建设。创新农民参与机制：农民是乡村生产生活的主体，搞乡村建设关键是要把农民组织动员起来，建立自下而上、村民自治、农民参与的实施机制。健全党组织领导的村民自治机制，充分发挥村民委员会、村务监督委员会、农村集体经济组织作用，引导农民全程参与乡村建设，保障农民的知情权、参与权、监督权。创新运行管护机制：以清单形式明确村庄公共基础设施管护主体、管护责任、管护方式、管护经费来源等，建立公示制度。推行"门前三包"、受益农民认领、组建使用者协会等农民自管方式，引导农民参与管护。[①]

（三）提升乡村治理水平

乡村治理事关党在农村的执政根基，实现乡村有效治理是乡村振兴的重要内容。

1. 提升乡村治理水平的根本遵循和顶层设计

习近平总书记的重要论述为加强和改进乡村治理提供了根本遵循。首先，阐明了改进和加强乡村治理的重大意义。"基础不

---

① 高云才：《中央农办负责人就〈乡村建设行动实施方案〉答记者问》，《人民日报》2022年5月24日第10版。

牢，地动山摇。农村工作千头万绪，抓好农村基层组织建设是关键。"① "乡村振兴不能只盯着经济发展，还必须强化农村基层党组织建设，重视农民思想道德教育，重视法治建设，健全乡村治理体系，深化村民自治实践，有效发挥村规民约、家教家风作用，培育文明乡风、良好家风、淳朴民风。"② 其次，指明了加强和改进乡村治理的目标任务。"乡村不仅要塑形，更要铸魂。"③ "要完善党组织领导的自治、法治、德治相结合的乡村治理体系，让农村既充满活力又稳定有序。"④ "要坚持大抓基层的鲜明导向，推动治理和服务重心下移、资源下沉，推动乡镇赋权扩能，整合力量、提升能力，确保接得住、用得好。"⑤ 最后，明确了加强和改进乡村治理的原则方法。"要深化党组织领导的村民自治实践，创新乡村治理抓手载体，完善推广积分制、清单制、数字化、接诉即办等务实管用的治理方式。"⑥ "农村精神文明建设要同传承优秀农耕文化结合起来，同农民群众日用而不觉的共同价值理念结合起来，弘扬敦亲睦邻、守望相助、诚信重礼的乡风民风。要加强法治教育，引导农民办事依法、遇事找法、解决问题用法、化解矛盾靠法。农村移风易俗重在常抓不懈，找准实际推动的具体办法，创新用好村规民约等手段，倡导性和约束性措施并举，绵绵用力，成风化俗，坚持下去，一定能见到好的效果。"⑦

---

① 中共中央党史和文献研究院编《习近平关于"三农"工作论述摘编》，中央文献出版社，2019，第185页。
② 《习近平在看望参加政协会议的农业界社会福利和社会保障界委员时强调 把提高农业综合生产能力放在更加突出的位置 在推动社会保障事业高质量发展上持续用力 汪洋参加看望和讨论》，《人民日报》2022年3月7日第1版。
③ 习近平：《论"三农"工作》，中央文献出版社，2022，第12页。
④ 习近平：《加快建设农业强国 推进农业农村现代化》，《求是》2023年第6期。
⑤ 同上。
⑥ 同上。
⑦ 同上。

2019年6月11日，中共中央办公厅、国务院办公厅印发《关于加强和改进乡村治理的指导意见》，对全国乡村治理工作作了全面部署安排，标志着加强和改进乡村治理工作顶层设计的完善。《指导意见》明确了乡村治理六方面17项重点任务。这六个方面，一是健全完善乡村治理体系和机制。其重点是完善村党组织领导乡村治理的体制机制，发挥党员在乡村治理中的先锋模范作用，规范村级组织工作事务。二是增强基层自治能力。其重点是增强村民自治组织能力，丰富村民议事协商形式，进一步完善党务、村务、财务"三公开"制度，实现公开经常化、制度化和规范化。三是大力加强农村精神文明建设。其重点是积极培育和践行社会主义核心价值观，实施乡风文明培育行动，发挥道德模范引领作用，加强农村文化引领。四是大力推进乡村法治建设和综合治理。其重点是推进法治乡村建设，加强平安乡村建设，健全乡村矛盾纠纷调处化解机制，加大基层小微权力腐败惩治力度，加强农村法律服务供给。五是引导推动多方主体参与乡村治理。充分发挥妇联、团支部等联系群众、团结群众、组织群众参与民主管理和民主监督的作用，积极发挥服务性、公益性、互助性社区社会组织作用；拓宽农村社工人才来源，加强农村社会工作专业人才队伍建设，着力做好老年人、残疾人、青少年、特殊困难群体等重点对象服务工作；探索以政府购买服务等方式，支持农村社会工作和志愿服务发展。六是提升乡镇和村为农服务能力。充分发挥乡镇服务农村和农民的作用，加强乡镇政府公共服务职能，加大乡镇基本公共服务投入，使乡镇成为为农服务的龙头；大力推进农村社区综合服务设施建设，推动各级投放的公共服务资源以乡镇、村党组织为主渠道落实。①

---

①《中办 国办印发〈关于加强和改进乡村治理的指导意见〉》，《人民日报》2019年6月24日第1版。

2.推进乡村治理的成效与挑战

乡村振兴，治理有效是基础。2018年中央1号文件《关于实施乡村振兴战略的意见》就乡村组织振兴进行了部署：加强农村基层党组织建设，深化村民自治实践，建设法治乡村，提升乡村德治水平，建设平安乡村。随后，各地各部门把培育优化乡村振兴的组织力量作为组织振兴的根本举措。着力提升乡镇党委统筹能力，把熟悉农村、热爱农村、长期扎根农村基层一线的人员提拔进入乡镇领导班子，促使班子整体活力和战斗力显著增强；着力提升村级党组织治理能力，把"强村"作为基层基础建设的重点，不断夯实战斗堡垒，真正使农村基层党组织说话有人听、办事有人跟；积极探索离退休干部中的党员到村担任村党组织书记、第一书记的有效途径，着力提升党对农村组织的引领能力。把组织振兴融入加强基层治理体系和治理能力现代化建设进程中。各地不断创新基层"党建+治理"的工作模式，完善"综治中心+网格化+信息化"治理体系，不断提高基层治理社会化、法治化、智能化、专业化水平。不少地方创新基层治理体制机制，注重发挥党员的先锋模范作用，带动群众继承和弘扬中华民族传统美德。乡村振兴成效促进乡村治理开创了新局面。党委领导、政府负责、社会协同、公众参与、法治保障的现代乡村社会治理体制建立健全，充满活力、和谐有序的善治乡村加快形成。农村基层党组织战斗堡垒作用进一步加强，村党组织书记兼任村委会主任比例达到95.6%。农村移风易俗进一步深化，村规民约实现全覆盖。农村土地制度、集体产权制度等重大改革持续深化，乡村发展内生动力不断增强。①

总体看，乡村治理面临的突出矛盾和问题主要有：许多农村出

---

① 黄承伟：《新时代乡村振兴战略的全面推进》，《人民论坛》2022年第24期。

现村庄空心化、农民老龄化现象，维护好农村留守儿童、留守妇女、留守老年人的合法权益是一件大事；农村利益主体、社会阶层日趋多元化，各类组织活动和诉求明显增多；农村教育、文化、医疗卫生、社会保障等社会事业发展滞后，基础设施不完善，人居环境不适应；农村治安状况不容乐观，一些地方违法犯罪活动仍然不少，黑恶势力活动时有发生，邪教和利用宗教进行非法活动仍然存在；一些地方干群关系紧张，侵害农民合法权益的事件应时有发生；一些地方基层民主管理制度不健全，农村基层党组织软弱涣散，公共管理和社会服务能力不强。①

3. 提升乡村治理水平的实践路径

乡村治理是国家治理的基础性工程，也是国家治理的"神经末梢"，直接关系着农业发展、农村繁荣、农民富裕，其现代化水平关系到国家治理体系和治理能力现代化目标能否如期实现。面对乡村治理实践中的挑战，需要创新路径，加强和改进乡村治理。

第一，提高农村基层组织建设质量。在全面推进乡村振兴进程中，农村基层组织的重要作用集中体现在：重构乡村社会秩序，统筹协调外来流入资源，组织村民良性参与社会治理，带领农村居民幸福生活。党的十九大提出实施乡村振兴战略以来，国家制定出台了一系列旨在提高农村基层组织建设质量的政策文件，意在顶层设计上为乡村善治提供支撑。农村基层组织将成熟的社会关系网络、丰富的社会治理经验、政治资源优势一并融入乡村振兴实践中，为全面推进乡村振兴提供了稳定的社会基础，具体发挥着促进资源整合、推动利益整合、实现价值整合的功能。针对提高农村基层组织

---

① 中央农村工作领导小组办公室组织编写《习近平关于"三农"工作的重要论述学习读本》，人民出版社、中国农业出版社，2023，第100页。

建设质量面临农村基层干部能力水平不够高、农村基层党组织建设不够强、农村基层权力使用监督不够有效等现实问题，需要着重从提升农村基层党员干部的战斗力、加强农村基层党组织的领导力、提高农村基层权力运用的约束力三个方面促进农村基层组织建设质量的持续提升。

第二，坚持农民主体地位。充分尊重农民意愿，切实发挥农民在乡村治理中的主体作用，调动亿万农民参与治理的积极性、主动性、创造性，维护农民群众根本利益，不断增强农民群众在乡村治理中的主人翁意识。要坚持群众路线，牢固树立为民服务的思想，强化服务理念和服务意识。找准焦点，从农民群众最关心最迫切的突出问题入手开展乡村治理，满足农民群众的现实需要。要以农民群众满意度作为衡量乡村治理成效的根本依据。

第三，健全县、乡、村三级治理体系功能。健全县、乡、村三级治理体系功能是全面推进乡村振兴的必然要求，是解决乡村治理现实问题的迫切需要，是促进县域内城乡融合的重要载体以及实现乡村治理体系和治理能力现代化的关键抓手。针对当前我国县、乡、村三级治理体系功能定位不精准、权责不对等、联动不顺畅等问题，借鉴各地探索的县、乡、村三级治理新模式和新方法，进一步优化县、乡、村各级治理功能、全面提高乡村治理效能，需要从以下方面着力。一是加强县级统筹协调，强化抓乡促村职能。主要是建立健全县级领导体制，增强县级统筹协调能力、理顺乡村治理运行机制，完善乡村治理工作体系、发挥党建引领作用，推进市县财政体制改革、落实乡村治理资金保障。二是推动乡镇增权增能，发挥承上启下作用。主要是健全乡村治理工作机制、推进乡镇管理体制改革，开展乡镇干部教育培训、提升乡镇政府服务能力，加强乡镇干部队伍建设、充实乡村治理骨干力量，推动乡镇财政体制改革、提高乡镇经费保障水平。三是健全村级组织体系，提升具体执行效能。主要是发挥村党组织作用、打造坚强战斗堡垒，用好群众自治组织、健全三治融合的乡村治理体系，全面实施清单管理、实现减负增效目标，引导社会力量参与，坚持人民主体地位。四是加强县、乡、村三级治理联动，提升乡村善治水平。主要是立足职责功能定位、合理界定权责关系，理顺资源配置机制、推进治理资源下沉，搭建联动指挥体系、健全闭环管理机制，畅通信息交互渠道、促进治理数据共享。①

第四，健全自治、法治、德治相结合的乡村治理体系。2022年中央一号文件《中共中央 国务院关于做好二〇二二年全面推进乡村振兴重点工作的意见》中明确指出："健全党组织领导的自治、法治、德治相结合的乡村治理体系，推行网格化管理、数字化赋能、精细化服务。"②这进一步彰显了新时期自治、法治、德治相结合的乡村治理体系中党组织的领导性，以及乡村治理体系中网格化、数字化、精细化的新特征。健全党组织领导的自治、法治、德治相结合的乡村治理体系，实现治理主体的多元化，促进治理结构的合理化，推进治理规则的现代化。针对目前健全自治、法治、德治相结合的乡村治理体系存在的行政化与碎片化、村民公共参与过程的差异化、三治样板模式的同质化等问题，需要从三个方面下功夫：一是以党组织统合引领优化基层管理体制，二是以构建长效激励机制提升村民各阶段公共参与的积极性，三是因地制宜地探索健全自治、法治、德治相结合的乡村治理体系。

---

① 国家乡村振兴局编《巩固拓展脱贫攻坚成果同乡村振兴有效衔接研究》，中国农业出版社，2023，第269—272页。
② 《中共中央 国务院关于做好二〇二二年全面推进乡村振兴重点工作的意见（2022年1月4日）》《人民日报》2022年2月23日第1版。

第五，加强农村精神文明建设。这是推动乡村文化振兴的动力源泉，是满足农民群众对美好生活向往的必然要求。中国共产党历来重视农村精神文明建设，党的十九大提出乡村振兴战略以来，加强农村精神文明建设取得了一些新成效：一是提升了农民群众的精神面貌，二是促进了农村优秀传统文化的不断传承与发展，三是实现了新时代实践文明中心试点工作的提质增效。农村精神文明建设也面临着诸多新问题：一是农村精神文明建设的载体困境；二是农村精神文明建设的主体困境，特别是农村社会的流动性导致精神文明建设的主体缺位，而留守群体作为农村精神文明建设的实践主体，在一定程度上存在留守妇女与老人缺乏参与积极性、留守儿童缺乏认知等困境；三是农村精神文明建设的同质化困境。解决上述困境，一是要加强党对农村精神文明建设的引领作用，二是要注重农村精神文明建设的人才培养与榜样力量，三是要拓展新时代文明实践中心的载体作用。

第六，推进更高水平的平安法治乡村建设。这是全面推进乡村振兴的重要环节。平安是老百姓解决温饱后的第一需求，是极重要的民生，也是最基本的发展环境。推进平安法治乡村建设既是推进平安中国、法治中国建设的重要组成，同时也是全面推进乡村振兴战略实施的关键目标和底线任务。围绕平安法治乡村的目标，乡村治理应在农村社会治安防控体系建设和农村法律服务供给两个方面发力：首先是加快完善农村治安防控体系，提升老百姓安全感；其次是加强农村法律服务供给，推进法治乡村建设，特别是要完善预防性法律制度，坚持和发展新时代"枫桥经验"。

第七，创新治理方式与手段。乡村治理方式创新的重点是在乡村治理机制上做文章，通过机制的优化，提升治理方式的整体功能，起到释放治理效能的作用。要将乡村治理方式创新建立在充分利用现有资源的基础之上，推动资源下沉、服务下沉，对现有有效的治理手段进行整合。要积极利用云计算、大数据、区块链等最新的数字化手段拓宽村民参与乡村治理的渠道，促使多元主体更加深入地参与巩固脱贫攻坚任务、乡村公共事务，强化公共管理，提升公共服务，推动公共安全，进一步激活农民的主观能动性和创新性。

第八，完善协同推进机制。乡村治理涉及面广、头绪多、任务重，很多难点堵点问题需要用系统的方法加以解决。要严格落实责任，加强部门联动，建立乡村治理工作协同运行机制。党委农村工作部门要发挥牵头抓总作用，强化统筹协调、具体指导和督促落实，对乡村治理工作情况开展督导，对乡村治理政策措施开展评估。组织、宣传、政法、民政、司法行政、公安等相关部门要按照各自职责，强化政策、资源和力量配备，加强工作指导，做好协同配合，形成工作合力。

三、促进"融合发展"

易地扶贫搬迁安置区的社会融入和产业、城乡的融合发展，对于以融合发展推进乡村全面振兴，起着重要的制约作用。梳理这三个方面融合发展的思想指引，分析融合发展中存在的挑战，阐述进展及对策，具有重要的实现和理论意义。

（一）易地扶贫搬迁安置区的社会融入

实现易地扶贫搬迁是针对生活在"一方水土养不好一方人"地区贫困人口实施的一项专项扶贫工程。易地扶贫搬迁安置区的社会融入是开展易地扶贫搬迁后续扶持工作的优先重点。

解决好易地扶贫搬迁安置区社会融入问题是帮助近千万脱贫人口通过搬迁方式逐步实现稳得住、有就业、能致富目标的基础和关键。"十三五"期间，全国累计投入各类资金约6000亿元，建成集中安置区约3.5万个，建成安置住房266万余套，新建或改扩建中小学和幼儿园6100多所、医院和社区卫生服务中心1.2万多所。2020年底，960多万生活在"一方水土养不好一方人"地区的贫困人口通过易地搬迁实现脱贫。易地扶贫搬迁充分体现了经济、社会、生态等多方面的综合效益，为打赢脱贫攻坚战作出关键性贡献，为解决区域性整体贫困、促进脱贫地区高质量发展打下了坚实基础。[①]但是，完成搬迁仅是移民实现稳定脱贫的第一步。国内外实践表明，移民搬迁从搬出原居地到融入安置区，实现稳得住、有就业、能致富，需要经历一个长期的历史过程。因此，必须把做好移民搬迁后的扶持工作摆在巩固拓展脱贫攻坚成果的突出位置，而加快易地扶贫搬迁安置区社会融入正是做好易地扶贫搬迁移民后续扶持的基础和关键。

1. 推进易地扶贫搬迁安置区社会融入的根本遵循与决策部署

习近平总书记多次对易地扶贫搬迁后续扶持工作作出重要指示，指出，要加大易地扶贫搬迁后续扶持力度。现在搬得出的问题基本解决了，下一步的重点是稳得住、有就业、逐步能致富。易地搬迁群众来自四面八方，加强社区建设很重要。基层党组织要发挥领导核心作用，把社区管理和服务工作抓好，求真务实，让人民群众获得实实在在的好处。对易地扶贫搬迁群众要搞好后续扶持，多渠道促进就业，强化社会管理，促进社会融入。[②] 习近平总书记的这些重要论述，为推进易地扶贫搬迁安置区的社会融入指明了方向，提供了遵循。以习近平总书记相关重要论述为指引，2020年底，《中

[①] 国家乡村振兴局政策法规司、全国扶贫宣传教育中心组编《巩固拓展脱贫攻坚成果同乡村振兴有效衔接政策解读（下）》，中国农业出版社，2022，第1页。
[②] 同上书，第2页。

共中央 国务院关于实现巩固拓展脱贫攻坚成果同乡村振兴有效衔接的意见》正式印发，提出做好易地扶贫搬迁后续扶持工作。聚焦原深度贫困地区、大型特大型安置区，从就业需要、产业发展和后续配套设施建设提升完善等方面加大扶持力度，完善后续扶持政策体系，持续巩固易地搬迁脱贫成果，确保搬迁群众稳得住、有就业、逐步能致富。提升安置区社区管理服务水平，建立关爱机制，促进社会融入。[①]

2. 易地扶贫搬迁安置区的社会融入面临诸多困难和挑战

从全国面上看，难点在于生活在大型、特大型城镇安置区，"三区三州"等原深度贫困地区安置区搬迁群众的社会融入。一方面，"三区三州"等原深度贫困地区经济基础薄弱、社会发展滞后，大多属于高海拔地区或跨省交界的山区，交通条件不便，自然环境恶劣，环境承载能力较差，社会发展滞后。实现全面脱贫目标后，这些地方经济社会发展水平仍然较低，搬迁群众脱贫基础仍然不牢固，要实现"稳得住"，首先要解决好社会融入问题，这就需要持续加大投入、构建长效机制，使这些安置区具备稳定脱贫和后续发展能力。另一方面，大型、特大型城镇安置区就业需求高度集聚、社区管理难度大，是搬迁安置区社会融入的焦点、难点。据统计，搬迁人口在3000人以上的大型安置区和万人以上的特大型安置区有356个，共安置253.2万人，占比36.4%。这些安置区主要集中在贵州、广西、云南、陕西、甘肃、山西、新疆等省（区），多选址在县城甚至市（州）政府所在地。搬迁后，群众出行、上学、看病与原来相比，便利度得到了很大提升，但安置地的产业基础在搬迁前后并未

[①] 国家乡村振兴局政策法规司、全国扶贫宣传教育中心组编《巩固拓展脱贫攻坚成果同乡村振兴有效衔接政策解读（下）》，中国农业出版社，2022，第159页。

发生根本性改善，公共服务供给、就业容量相对不足，配套产业不仅需要时间来培育，还要承担市场、政策、经营等多重风险。而且，由于搬迁群众来自不同的乡村，生活习惯和生活方式区别较大，社会融入和社区管理的难度要大得多。[①] 此外，据统计，在约1000万名搬迁群众中60岁以上的老年人约占1/4，妇女超过40%，少数民族群众约占1/3。他们中的很多人世代生活在大山里，搬迁后，面对全新、陌生的环境，只有尽快解决好社会融入问题，心理上的调适、生活上的适应才有坚实基础。

3.完善易地扶贫搬迁社会融入的政策体系，并持续推进落地见效

首先，有力有序出台专项政策。2019年5月，人力资源社会保障部、国家发展改革委、财政部、国务院扶贫办（今国家乡村振兴局）四个部门联合印发《关于做好易地扶贫搬迁就业帮扶工作的通知》，指出就业帮扶是易地扶贫搬迁后续扶持工作的重要内容，是帮助搬迁群众搬得出、稳得住、有就业、能致富的重要举措，关系脱贫攻坚成果巩固，关系搬迁地经济健康发展、社会和谐稳定。2019年6月，国家发展改革委等十个部门印发《关于进一步加大易地扶贫搬迁后续扶持工作力度的指导意见》，从解决搬迁群众"两不愁三保障"突出问题、就业帮扶、产业培育、社区管理、社会融入、权益保障等方面，明确了后续扶持工作目标任务和支持政策，推动后续扶持工作与推进新型城镇化、乡村振兴战略有机衔接。2020年2月，国家发展改革委等十二个部门印发《2020年易地扶贫搬迁后续扶持若干政策措施》，从六个方面明确了25项具体政策措施。在完善安置区配套基础设施和公共服务设施方面，结合推进新型城

[①] 国家乡村振兴局政策法规司、全国扶贫宣传教育中心组编《巩固拓展脱贫攻坚成果同乡村振兴有效衔接政策解读（下）》，中国农业出版社，2022，第5页。

镇化建设,将大型城镇安置区及配套设施纳入国土空间规划一体规划、一体建设;聚焦大型安置区配套教育、医疗设施等短板,在下达中央预算内投资计划时对搬迁任务重的省份予以倾斜支持;在分配教育领域相关资金时,对搬迁任务重的省份予以倾斜支持。2021年4月,国家发展改革委等二十个部门联合印发《关于切实做好易地扶贫搬迁后续扶持工作巩固拓展脱贫攻坚成果的指导意见》,提出要结合实施乡村振兴和新型城镇化战略,聚焦原集中连片特困地区、原深度贫困地区、乡村振兴重点帮扶县的大中型安置点,按照分区分类、精准施策的原则做好后续扶持,紧紧扭住就业这个"牛鼻子",多渠道促进就业,强化社会管理,促进社会融入,实现搬迁群众"稳得住、有就业、逐步能致富"的目标。

其次,全力保障后续扶持资金。2019年,国家发展改革委专门安排中央预算内投资35.29亿元,支持贵州、云南、广西等省(区)大型安置区补齐配套教育、医疗设施短板。2020年,财政部安排地方政府一般债务规模264亿元,支持大型安置区配套设施建设;并在中央财政扶贫资金中专门安排48亿元,用于支持易地扶贫搬迁安置区就业帮扶和产业培育。财政部还在安排支持脱贫攻坚补短板综合财力补助资金时,专门安排79亿元支持易地扶贫搬迁集中安置区建设配套设施、发展产业和带动就业。[1] 同时,国家有关部门推动各类资金资源向安置点倾斜,如印发实施《"十四五"时期社会服务设施兜底线工程实施方案》《"十四五"时期全民健身设施补短板工程实施方案》,要求地方遴选项目时优先向易地扶贫搬迁安置点倾斜。在安排教育卫生、交通水利、生态环保、就业创业等相关领域中央预算内投资时,优先支持易地扶贫搬迁安置点配套设施

---

[1] 国家乡村振兴局政策法规司、全国扶贫宣传教育中心组编《巩固拓展脱贫攻坚成果同乡村振兴有效衔接政策解读(下)》,中国农业出版社,2022,第6—7页。

提升完善。推动以工代赈中央资金倾斜支持易地扶贫搬迁安置点相关产业配套基础设施建设，带动搬迁群众就地就近就业。

最后，精准推进各项政策措施落实。2019年、2020年，召开两次全国易地扶贫搬迁后续扶持现场会，两次发展改革系统现场会，督促指导有关省份对70个万人以上特大型安置区制定实施了后续扶持专项方案，统筹整合各类政策资源予以帮扶，一揽子解决产业就业、社区管理、社会融入等后续发展问题。

4.加快易地扶贫搬迁安置区社会融入的典型经验

根据中国扶贫发展中心《2022年乡村振兴前沿热点问题智库专报》项目"易地搬迁后社会融入机制"课题承担单位中投咨询有限公司、贵州师范大学联合课题组的研究，基于对易地搬迁人口集中安置规模大、代表性强的广西壮族自治区河池市环江毛南族自治县、贵州省六盘水市水城区、云南省昭通市鲁甸县开展案例调查研究，总结了以下经验做法。

一是党建引领，构建社会融入帮扶体系。如鲁甸县卯家湾安置区落实"安身""安心"精细化管理，主要包括以下做法。其一，搬迁社区推行"社区＋网格＋楼栋"楼宇党建模式，把党总支建在社区、党支部建在网格、党小组建在楼栋，建立楼栋、亭廊党建宣传阵地。实行"领导挂社区、党员联万家、部门包楼栋、干部帮群众"的"挂联包帮"机制，党组织统筹各方面人、财、物，协同参与社区管理、服务、帮扶。其二，运用"幸福卯家湾"智慧社区管理平台，把群众以户为单位、以人为落点进行细致的标签化识别（将就业、就医、就学、生活、安全都有保障的家庭标记为"绿色"；将有临时性困难的家庭标记为"黄色"；将独居老人、空巢老人、长期慢性病群众、困境儿童、留守儿童、大病患者、残疾家庭等特殊家庭标记为"红色"),统筹挂钩工作组、社区"两委"、双楼栋长、业委会、物业公司、社工机构等多方力量,分类分级、因户因人落实帮扶措施。其三,提前谋划,让搬迁群众"安身"。合理规划布局建设项目,完善配套功能设施,提前谋划搬迁群众住房、就学、就医、就业等刚性需求,对符合租住条件的群众"应保尽保"。及时足额选派、招聘优秀教师到岗工作;新建卫生院,配备专业医生,配齐社区卫生室和专职医生;建设安置区帮扶车间标准化厂房、车间建设,让搬迁群众就地务工。其四,"五保障"关爱,落实"安心"。实行"双楼栋长"制,每栋楼设置干部职工、居民群众各1名楼栋长,落实"红色"预警对象帮扶工作,对安置区老年人、学生、残疾人、孤儿和精神病患者等特殊困难群体,全面落实"日随访",家庭档案(台账)"周动态"管理,落实基本生活物资、基本生活照料、就医需求、就学需求和日常安全"五保障"关爱。再如,六盘水市水城区深化"五个体系"建设,促进社会融入,具体做法如下。其一,基层党建体系。各搬迁社区成立党支部,党支部以党史学习教育为契机,组建晨读、宣传、驻村"三支队伍",积极探索创新党员教育管理方式。按照易地扶贫搬迁安置点党建工作"一构三清单"要求,建强社区党支部。其二,公共服务体系。建成社区综合服务中心,便利搬迁群众获得行政管理服务。配置完善幼儿园、小学、中学、社区医院、农贸市场、便民超市,满足搬迁群众上学、就医、日常生活需求;配套文体娱乐场所、党群活动中心,丰富搬迁群众文娱生活;建立社工服务站,纾解搬迁群众遇到的突发社会心理问题。其三,培训和就业服务体系。摸清家底,不断完善《就业信息管理台账》,强化就业培训,开展招聘会及岗位推介,帮助搬迁群众务工就业。开发公共服务岗位、扶持帮扶车间,解决部分留守妇女、残疾人和灵活务工人员等就业增收问题。其四,文化服务体系。贯彻落实"新市民、追梦桥"工作，着力解决群众城市融入问题。以"除陋习、树新风"为主题，利用社区广播、宣传栏等形式，开展文明新风教育，加强科学知识普及和法治教育。把"创文"与"我为群众办实事"相结合，以"主题党日""志愿服务活动"等为载体，开展社区环境卫生整治提升活动。其五，社区治理体系。开展和谐、活力社区创建活动，以"3拖1"的形式强化妇联、工会、共青团领导互助理事会的社工组织建设，推进搬迁群众参与社区治理。强化平安社区建设，组建平安巡逻队，24小时值班值守巡逻，实施天网工程辖区监控全覆盖，社会治安隐患及时消除。成立人民调解委员会，对搬迁点存在的矛盾纠纷和隐患苗头进行集中排查化解。

二是科技助力，落实精细化管理。如云南省鲁甸县卯家湾安置区引入信息化技术，开发了"幸福卯家湾"智慧管理系统，推出手机应用软件，建立了一个信息化、数字化、网格化、智能化的安置区综合管理智慧服务平台，由社区通知、办事指南、社区党建、信息采集、社区网格等模块组成，融合治安管理、城市管理、物业管理等功能，实现安置区管理网络智能调度、远程监管，按照户、单元、楼栋、网格、社区整合管理信息，实现对搬迁户的精细化管理与服务。

三是社会帮扶，探索新途径。主要途径包括：其一，购买社工服务，推动搬迁安置社区形成"易地搬迁安置区党委＋社区＋社会组织＋社会工作者＋社区志愿者＋社会资源"的多维服务格局，解决大中型移民安置社区后续管理和公共服务"最后一公里"的难题；其二，指导搬迁家庭育儿，引导家长科学照护0—3岁婴幼儿，普及和加强婴幼儿家长的科学养育意识和能力；其三，关爱搬迁群众，如卯家湾安置区创新建立"新时代幸福餐厅"，让群众享用健康美味的饭菜，享受热情周到的服务，不仅有效解决了群众"吃饭难"问题，也为外出务工人员解决了后顾之忧。

四是分类施策，关爱特殊群体。如成立社区老年人活动中心；以购买服务的方式支持社工机构开办"四点半学校""益童乐园""儿童之家""儿童活动中心"等关爱儿童少年的服务站点，确保易地搬迁儿童在新的生活环境中获得更多归属感；针对家庭情况特殊的病、残群体，卯家湾安置点实行"双包保、日随访"服务管控，将基本生活物资、基本生活照料、就医需求、就学需求和日常安全的"五保障"关爱机制落实到位；成立搬迁社区综治中心（调解中心），把调解作为易地扶贫搬迁集中安置点社区治理重点工作。

5. 推进易地扶贫搬迁安置区社会融入的政策路径

进一步加强易地扶贫搬迁后续扶持，为安置区社会融入提供支撑。2021年4月，国家发展改革委等二十部委联合印发《关于切实做好易地扶贫搬迁后续扶持工作巩固拓展脱贫攻坚成果的指导意见》（以下简称《指导意见》），主要包括以下几方面内容。一是切实把稳定就业摆在首要位置。该意见明确，积极开展外出就业精准对接，拓宽就地就近就业渠道，支持搬迁群众自主创业，加强劳动力技能培训。现在看，外出务工仍是搬迁群众就业的主渠道，充分利用东西部协作等机制，加大工作力度，准确对接劳动力供需双方的需求，做到动态调控、精准高效。二是坚持把发展产业作为根本途径。该意见明确将易地扶贫搬迁安置点产业发展纳入脱贫地区"十四五"特色产业发展相关规划，要求各地注重发挥好消费帮扶的政策作用，支持大型商贸旅游企业与安置点所在地区建立长期稳定的产销合作关系，组织动员党政机关、事业单位、国有企业与有条件的安置点建立协作帮扶关系，持续扩大安置点产品和服务消费规模。三是着力促进安置社区和谐稳定。加强社区文化建设，助力搬迁群众重新塑造新的社会关系网络，在"乐业"的同时实现"安居"。要求各地以党建为引领，建立功能完备、管理有序的搬迁社区治理体系，畅通利益诉求表达渠道，加强赡养纠纷、家庭邻里纠纷等调解工作，完善突发性事件应急处置机制。要求各地丰富搬迁群众的精神文化生活，重视留守儿童、老年人等群体的关爱和照料，积极开展心理咨询，增强融入感和归属感。四是加快补齐公共服务短板。该意见明确，持续完善公共服务"软件"和基础设施"硬件"，做好安置点基础设施配套，推进基本公共服务全覆盖，实现搬迁群众"住有所居、幼有所育、学有所教、病有所医、老有所养"。要求各地结合推进新型城镇化战略，将城镇安置点基础设施与基本公共服务设施一体规划，补齐短板弱项，统筹推动安置点周边配套设施升级。将农村安置点水、电、路、气、通信等配套基础设施纳入乡村建设行动统一规划、统一建设。各地各部门围绕《指导意见》各项政策措施落实落地，重点抓好四方面工作。其一，在就业帮扶方面，做好就业监测预警，加强东西部劳务协作，拓展就地就近就业渠道，加大就业培训力度。其二，在产业培育方面，统筹优化后续产业布局，把产业培育作为对口帮扶支援重点，因地制宜发展本地特色产业。其三，在社区治理和社会融入方面，要建立健全安置社区组织体系，完善安置社区治理机制，加强安置社区服务体系建设，创造更多、更有效的搬迁群众社区融入平台，加强安置社区工作者队伍建设；市、县政府要切实履行属地化管理责任，根据每个安置点的特点和需求，把后续扶持的政策、资金整合好，把每个安置点的产业、就业项目谋划好、实施好，把帮扶人员精准配备好，建强配齐每个安置点的基层党组织和社区管理机构，建立健全突发性事件应急处置机制。其四，在安置点配套设施和公共服务方面，加快推进以县城为主要载体的新型城镇化建设,优先支持实施农村人居环境整治工程,优先支持满足搬迁群众对各类公共服务设施需求项目。

6.着力解决易地扶贫搬迁安置区社会融入中存在的主要问题

一是物业管理难题,主要是安置区的物业管理公司亏损、物业费征收困难、搬迁社区物业管理成本偏高等问题。二是住宅专项维修资金缺失,主要是维修资金未纳入政策支持范围、搬迁安置房维修资金来源等问题。三是特殊群体社会融入心理问题,主要是老人群体"依赖"心理大,总是想依赖政府"给低保""给工资";灵活务工群体"焦虑"心理重;家庭有矛盾人员"应激"心理强等。四是人口自然增长后住房困难,随着搬迁入住的时间推移,搬迁户必然产生人口的自然增长,家庭人口增加后,住房问题成为目前社会融入的一个焦点。五是户口迁移有顾虑、进展滞后。

7.加快推进易地扶贫搬迁安置区社会融入的具体对策

一是推行精细化管理体系建设。通过建立精细化管理系统,不断丰富完善搬迁群众动态信息,实现对搬迁群众的动态管理和精准帮扶。二是探索安置社区物业管理模式多元化。坚持收物管费,再针对性补助、减免;坚持区别对待,盘活存量资产;坚持推动自主管理,降低管理成本,增加就业机会。三是出台搬迁安置区住宅维修资金管理办法。搬迁安置区普遍没有缴纳住宅维修资金,现已逐渐超过住宅保修期,急需出台搬迁安置社区住宅维修资金来源、管理与使用的有关规定,特别是要明确资金来源,建立专账管理,规定使用程序。四是构建安置区"刚需"住房保障体系。增加部分廉租房的指标及资金,根据各县(市、区)搬入人口数量,按适当比例分配指标给有易地搬迁安置点的县(市、区)建设廉租房,用于解决易地搬迁群众因人口自然增加后新增的住房需求。五是持续引导搬迁群众融入社区生活。通过加强思想引导、行为引导、文化引导、心理引导促进搬迁群众社会交往和互动，疏导心理压力，增强搬迁群众社区归属感和身份认同感，促进社区融入。

（二）产业融合发展

习近平总书记强调："要推动乡村产业振兴，紧紧围绕发展现代农业，围绕农村一二三产业融合发展，构建乡村产业体系，实现产业兴旺，把产业发展落到促进农民增收上来，全力以赴消除农村贫困，推动乡村生活富裕。"[①] 产业兴旺是解决农村一切问题的前提。推动农村一、二、三产业融合发展，不仅是中国城乡一体化发展的重要组成部分、提高农民增收的重要手段，也是实施乡村振兴战略、加快推进农业农村现代化的重要途径。

1. 中共中央、国务院对产业融合发展进行了一系列部署

2016年，《国务院办公厅关于推进农村一二三产业融合发展的指导意见》正式印发，三产融合成为国家战略；同年，农业部（今农业农村部）印发《全国农产品加工业与农村一二三产业融合发展规划（2016—2020年）》；2018年，《农业农村部关于实施农村一二三产业融合发展推进行动的通知》正式印发；2019年，农业农村部确认153个县（市、区）为全国农村一、二、三产业融合发展先导区创建单位；2021年，我国脱贫攻坚战取得了全面胜利，推进农村一、二、三产业融合成为拓宽农民增收渠道、巩固我国脱贫攻坚成果的重要手段；2022年中央一号文件进一步强调"持续推进农村一二三产业融合发展"，并将其作为文件第四部分"聚焦产业促

---

① 中共中央党史和文献研究院编《习近平关于"三农"工作论述摘编》，中央文献出版社，2019，第149—150页。

进乡村发展"的第一条；2023年4月出版的《习近平关于"三农"工作的重要论述学习读本》中指出，要紧紧围绕发展现代农业，围绕农村一、二、三产业融合发展，构建乡村产业体系，推动乡村生活富裕。①

2.促进农村一、二、三产业融合发展取得显著实践成效

各地区有关部门认真贯彻党中央决策部署，把农村一、二、三产业融合发展作为农业农村经济转型升级的重要抓手和有效途径，积极推动政策落实和示范带动，取得了积极的成效，具体体现在以下几个方面。一是农村产业融合主体不断涌现。各地区有关部门把培育融合主体作为推进农村一、二、三产业融合发展的关键举措，培育发展了一大批基础作用大、引领示范好、服务能力强、利益联结紧的专业大户、家庭农场、农民合作社、农业产业化龙头企业等融合主体，并且实现了从数量增加到质量提升、从单纯生产到综合带动、从收益独占到利润共享的转变，展现出较强的经济实力、发展活力和带动能力。二是优质安全农产品供给大幅增加。农业标准体系建设逐步完善，标准化、清洁化生产深入推进，农产品质量和安全水平进一步提升。特别是随着农村电子商务的发展，线上特产馆、品牌店、专销区加快建设、持续扩张，推动了国家食品安全战略的落地。三是农村新产业、新业态提档升级。经过近年来的发展，各地涌现出多类型多样化的农村一、二、三产业融合发展方式，突出了农牧结合、农林结合、循环发展导向；延伸了农业产业链条，促进了农业生产、加工、物流、仓储、营销链式发展；引导了更多的农村二、三产业向县城、重点乡镇及产业园区集中，推动了产城融合发展。特别是农业与文化、科技、生态、旅游、教育、康养等

---

① 中央农村工作领导小组办公室组编《习近平关于"三农"工作的重要论述学习读本》，人民出版社、中国农业出版社，2023，第66—67页。

深度融合形成的休闲农业和乡村旅游等农业新产业新业态，呈现出主体多元化、业态多样化、设施现代化、服务规范化和发展集聚化态势。四是农企利益联结机制更加紧密。随着农村一、二、三产业融合发展的深入推进，经营主体同农民形成了订单生产、股份合作、产销联动、利润返还等多种紧密型利益联结机制，与原有的利益联结机制相比，利益联结关系出现了新的提升，农民与经营主体构建起了产业共同体、利益共同体，实现了向资源变资产、资金变股金、农民变股东的跃升。五是农民就业与增收渠道日益多元化。通过模式创新、链条延伸、主体参与、要素激发、业态打造等，农村一、二、三产业融合发展使农民增收从相对狭窄的农业领域向更为宽广的二、三产业领域持续拓展，从农业生产单环节向全产业链持续拓展，从农业内部向农业外部持续拓展，"获农金、收租金、挣薪金、分股金"的农民跨界增收、跨域获利的格局基本形成。

3. 促进农村一、二、三产业融合发展面临的主要问题

一是开展农村三产融合发展的目的指向不够明确。我国推行农村三产融合发展的最终目的是提高农民收入。从目前开展的情况来看，凡是能够实现农村三产融合的地区，农民收入都实现了提高，但是这并不意味着这样的产业融合形式就一定能将产业利润更多地留在农地，留给农民。目前，农户与新型经营主体之间的利益联结机制还不够紧密，农户不能充分分享二、三产业增值收益，农民在产业融合过程中的利益分配占比并不高。二是农村产业融合同质化严重，产业融合发展层次不高。融合企业数量小而散，农产品加工深度不足，质量和档次有待提高，品牌竞争力不强。部分农村地区为追求短期利益，盲目跟风，照搬硬套其他地方的发展模式，忽视自身的发展优势和本土特色资源，缺乏差异化和创新性思维，导

致产品缺乏鲜明特色、产业发展效益不高，与其他地区形成恶性竞争，不利于长期发展。三是农村产业融合主体力量缺失，农民主体作用不显著。目前，农村产业融合主体普遍存在着发育不充分、带动能力不强的现象，新型农业经营主体呈现"小、散、弱"的特点，质量不高，内生发展动力不足，创新能力较弱，缺乏开发新业态、新产品、新模式的能力，对农业的经营发展带动能力有限。

4. 促进农村一、二、三产业融合发展的实践路径

一是完善利益分配，构建紧密利益联结机制。加强相关政策设计，让农民充分享受融合发展带来的增值收益；优先支持农业合作社等与农户具有密切联系的经营组织，构建"公司＋合作社＋农户""公司＋基地＋农户"等农企融合共赢模式；将农民特别是贫困家庭劳动力安排到产业组织和产业链中，带动农民积极参与融合发展，实现稳定增收；在支农资金分配、涉农企业扶持等方面，向有利于农民分享增值收益的融合主体倾斜，确保农民更好地分享产业链增值的效益。二是聚焦要素需求，完善要素供给政策体系。农村一、二、三产业融合发展，离不开劳动、资本、土地、知识、技术等生产要素支撑。要根据农村产业融合发展用地特点，完善相关政策体系，在用地总体规划及农业领域专项规划中对农村一、二、三产业融合发展用地予以保障；多渠道盘活农村存量土地资源，在履行相关手续和不改变土地性质的前提下，鼓励经营主体依法使用农村集体建设用地以及四荒地。三是培育市场主体，激发融合发展市场活力。培育大型农业龙头企业，以龙头企业为核心，依托区域特色产业，引导融合主体向优势产区、综合性加工园区集中，因地制宜组建农业产业化联合体，实现规模化集约化经营，提高农产品市场竞争力，示范带动农村一、二、三产业融合发展；建立全面的

农村产业融合服务体系，发展农民合作社联合社，拓展供销合作社经营领域，推动供销合作社与新型农业经营主体有效对接，培育大型农产品加工、流通企业。四是强化应急管理，有效应对各种风险挑战。农业生产经营面临自然、市场、社会等多重风险，增强农村一、二、三产业融合发展的稳定性和可持续性，需要强化应急管理，以土地、劳动、资本、订单生产等方式，强化利益共享、风险共担；建立农村一、二、三产业融合发展的公共服务平台，逐步完善土地流转、订单农业等风险保障金制度；加大对涉农保险的支持力度，推动农业保险加快发展，提高涉农企业的风险应对能力。五是大力推动现代农业产业园建设。现代农业产业园是实现农村一、二、三产业融合发展的载体，是联动城乡的有力纽带，有利于在更深层次吸引、集聚现代生产要素，打造集生产、加工、流通、销售于一体的全产业链，在增加农民就业和带动农民增收等方面具有显著效果，如可以壮大主导产业，促进产业振兴；创新紧密型联农带农机制，增加农民收入；创建培育增长动能，壮大县域经济；促进产村融合，带动乡村建设。目前，建设现代农业产业园还面临一些问题，比如主导产业选择非粮化倾向明显，同质化比较严重；产业链条短，产业融合度不高；农民参与度偏低，利益联结机制有待完善；财政资金投入方式单一，撬动社会资本力度不足；等等。解决好这些问题，推动现代农业产业园建设，主要对策包括优化主导产业选择，强化产业支撑；提升产业链供应链现代化水平，深入推进三产融合；完善利益联结机制，保障农民充分受益；丰富财政资金投入方式，提升财政资金撬动能力；等等。

（三）城乡融合发展

习近平总书记指出，要把乡村振兴战略这篇大文章做好，必须走城乡融合发展之路。党的十七大以来,我国城乡发展不平衡,农村发展不充分,城乡发展的现实差距依然存在,并且城乡居民间的收入分配差距拉大趋势还未根本扭转。党的十八大后,习近平总书记对加快城乡融合和区域协调发展进行了一系列重要部署,努力加快完善城乡一体化发展的体制机制,促进城乡要素平等交换和公共资源均衡配置,形成经济、政治、文化、社会、生态"五位一体"的新型城乡融合机制。

1. 习近平总书记关于城乡融合发展的重要论述为建立健全城乡融合发展体制机制和政策体系、全面推进乡村振兴提供了根本遵循

习近平总书记关于城乡融合发展的重要论述是一个理论体系,具有丰富的内涵。习近平总书记指出:"空间结构,有大尺度的国土空间结构,也有小尺度的城镇用地结构。要按照促进生产空间集约高效、生活空间宜居适度、生态空间山清水秀的总体要求,结合化解产能过剩、环境整治、存量土地再开发,形成生产、生活、生态空间的合理结构。"[①] 习近平总书记还指出,"要完善规划体制,通盘考虑城乡发展规划编制"[②],"乡村建设要遵循城乡发展建设规律,做到先规划后建设"[③]。这些重要论述为如何通过科学统筹城乡建设布局规划、推进城乡空间优化指明了方向。习近平总书记指出,"要打破城乡分割的规划格局,建立城乡一体化、县域一盘棋的规划管理和实施体制"[④],强调了县域规划管理的重要作用;"要把县域作为

---

① 中共中央文献研究室编《十八大以来重要文献选编(上)》,中央文献出版社,2014,第597页。
② 中共中央党史和文献研究院编《习近平关于"三农"工作论述摘编》,中央文献出版社,2019,第35页。
③ 习近平:《坚持把解决好"三农"问题作为全党工作重中之重 举全党全社会之力推动乡村振兴》,《求是》2022年第7期。
④ 中共中央党史和文献研究院编《习近平关于"三农"工作论述摘编》,中央文献出版社,2019,第31页。

城乡融合发展的重要切入点","赋予县级更多资源整合使用的自主权",①强调了县域管理赋权以及县城辐射带动作用的重要性。促进城乡融合发展,要重点推进以下几个方面工作。

第一,促进城乡要素合理配置。乡村振兴的最终目标是迈向共同富裕,重要的途径是城乡融合发展,为实现这一目标,加快推进城乡融合发展,关键要打通城乡发展的壁垒,实现城乡人口、技术、资本、信息等优质资源要素在城乡之间自由、合理流动。习近平总书记从健全农业转移人口市民化机制、建立城市人才入乡激励机制、构建城乡统一的土地管理制度、深度推进农村宅基地制度改革、建立集体经营性建设用地入市制度以及建立工商资本与科技成果下乡的促进与转化机制等方面作出了一系列重要论述。这些重要论述为建立健全城乡统一的户籍管理制度、建立城市人才入乡激励机制、构建城乡统一的土地管理制度、完善乡村金融服务体系、建立工商资本与科技成果下乡的促进与转化机制提供了遵循。

第二,实现城乡基本公共服务普惠共享。习近平总书记指出:"要推进城乡公共文化服务体系一体建设,优化城乡文化资源配置,完善农村文化基础设施网络,增加农村公共文化服务总量供给,缩小城乡公共文化服务差距。"②党的十八大报告中提到,"加快完善城乡发展一体化体制机制,着力在城乡规划、基础设施、公共服务等方面推进一体化"③。党的十九大报告中再次提到,"履行好政府再分配调节职能,加快推进基本公共服务均等化,缩小收入分配差距"④。

---

① 习近平:《坚持把解决好"三农"问题作为全党工作重中之重 举全党全社会之力推动乡村振兴》,《求是》2022年第7期。
② 习近平:《习近平谈治国理政 第四卷》,外文出版社,2022,第311页。
③ 中共中央文献研究室编《十八大以来重要文献选编(上)》,中央文献出版社,2014,第19页。
④ 中共中央党史和文献研究院编《十九大以来重要文献选编(上)》,中央文献出版社,2019,第33页。

第三，推进城乡基础设施一体化发展。这方面的重要论述重点强调要加快完善城乡基础设施建设，尤其是强调要着力健全相关制度机制，包括建立城乡基础设施一体化规划机制、健全城乡基础设施一体化建设机制、建立城乡基础设施一体化管护机制，这些重要论述为推进城乡之间的融合发展提供了指引。

第四，加强农村人居环境综合整治。早在2003年，时任浙江省委书记的习近平同志就十分重视农村人居环境整治和改善工作，曾部署推动实施"千村示范、万村整治"工程，为推进农村人居环境整治工作提供了丰富的实践经验。在城乡社会融合发展过程中，习近平总书记将人居环境整治工作作为乡村建设的重要方向，重点关注城乡环境卫生整洁、农村厕所革命、村容村貌整治、农业农村污染治理与生态优先绿色发展等方面。习近平总书记指出："要继承和发扬爱国卫生运动优良传统，持续开展城乡环境卫生整洁行动，加大农村人居环境治理力度，建设健康、宜居、美丽家园。"[①] "乡村振兴了，环境变好了，乡村生活也越来越好了。要继续完善农村公共基础设施，改善农村人居环境，重点做好垃圾污水治理、厕所革命、村容村貌提升，把乡村建设得更加美丽。"[②] "厕所问题不是小事情，是城乡文明建设的重要方面，不但景区、城市要抓，农村也要抓，要把这项工作作为乡村振兴战略的一项具体工作来推进，努力补齐这块影响群众生活品质的短板。"[③] "人不负青山，青山定不负人。绿水青山既是自然财富，又是经济财富。希望乡亲们坚定不移走生态

[①] 习近平：《习近平谈治国理政　第二卷》，外文出版社，2017，第372页。
[②]《习近平在内蒙古考察并指导开展"不忘初心、牢记使命"主题教育时强调　牢记初心使命贯彻以人民为中心发展思想　把祖国北部边疆风景线打造得更加亮丽》，《人民日报》2019年7月17日第1版。
[③]《习近平近日作出重要指示强调　坚持不懈推进"厕所革命"努力补齐影响群众生活品质短板》，《人民日报》2017年11月28日第1版。

优先、绿色发展之路,因茶致富、因茶兴业,脱贫奔小康。"①"要继续打好污染防治攻坚战,把碳达峰、碳中和纳入经济社会发展和生态文明建设整体布局,建立健全绿色低碳循环发展的经济体系,推动经济社会发展全面绿色转型。"②

第五,促进乡村经济多元化发展与农民收入持续增长。习近平总书记就促进乡村经济多元化发展与农民收入持续增长,围绕完善农业支持保护制度、农业农村现代化、培育新产业新业态、大力发展县域富民产业以及促进农民收入持续增长五个方面进行了重要部署,为城乡经济融合发展起到了重要的指导作用。关于完善农业支持保护制度,"要完善农业支持保护制度,继续把农业农村作为一般公共预算优先保障领域"③。关于推进农业农村现代化建设,"中国现代化离不开农业现代化,农业现代化关键在科技、在人才。要把发展农业科技放在更加突出的位置,大力推进农业机械化、智能化,给农业现代化插上科技的翅膀"④。关于建立新产业新业态培育机制,"适应城乡居民需求新变化,休闲农业乡村旅游蓬勃兴起,农村一二三产业融合发展模式不断丰富创新,为农村创新创业开辟了新天地,为农民就业增收打开了新空间。要抓农村新产业新业态,推动农产品加工业优化升级,把现代信息技术引入农业产加销各个环节,发展乡村休闲旅游、文化体验、养生养老、农村电商等,鼓

---

① 《习近平在陕西考察时强调 扎实做好"六稳"工作落实"六保"任务 奋力谱写陕西新时代追赶超越新篇章》,《人民日报》2020年4月24日第1版。
② 《习近平在广西考察时强调 解放思想深化改革凝心聚力担当实干 建设新时代中国特色社会主义壮美广西》,《人民日报》2021年4月28日第1版。
③ 习近平:《坚持把解决好"三农"问题作为全党工作重中之重 举全党全社会之力推动乡村振兴》,《求是》2022年第7期。
④ 《习近平在东北三省考察并主持召开深入推进东北振兴座谈会时强调 解放思想锐意进取深化改革破解矛盾 以新气象新担当新作为推进东北振兴 韩正出席座谈会》,《人民日报》2018年9月29日第1版。

励在乡村地区兴办环境友好型企业,实现乡村经济多元化"①。关于加大力度发展县域富民产业,"要聚焦产业促进乡村发展,深入推进农村一二三产业融合,大力发展县域富民产业,推进农业农村绿色发展,让农民更多分享产业增值收益"②。关于健全农民收入持续增长的体制机制,"农业农村工作,说一千、道一万,增加农民收入是关键。要加快构建促进农民持续较快增收的长效政策机制,让广大农民都尽快富裕起来"③。

2.推进县域内城乡融合发展实现乡村全面振兴的可行路径

国家乡村振兴战略各项政策部署,需要通过各市县结合实际落实落细,其中首要任务有四项:对于县域城乡发展与乡村振兴的基础、机遇和短板有明确的认识;找准发展的目标和路径;坚持习近平新时代中国特色社会主义思想指引,将中央各项决策部署不折不扣结合实际落实到位;不等不靠,通过做好自身工作、激发内在动能,来争取各类外部资源。推进县域内城乡融合发展的路径如下。

一是坚守两条底线,巩固拓展衔接。乡村振兴是党和国家的重大战略。从推进中国式现代化,实现中华民族伟大复兴宏伟目标的视角看待乡村振兴,就要深刻理解乡村振兴首先要守住两条底线。首先,要守住不发生规模性返贫的底线,"巩固住再往前走",脱贫攻坚和乡村振兴都是为了回应人民对美好生活的向往,取得的成就必须要巩固住,在巩固的基础上实现工作重心和制度体系的衔接和转换,之后再向更加美好的生活迈进,逐步实现共同富裕。其次,

---

① 中共中央党史和文献研究院编《习近平关于"三农"工作论述摘编》,中央文献出版社,2019,第100页。
②《中央农村工作会议在京召开 习近平对做好"三农"工作作出重要指示 李克强提出要求》,《人民日报》2021年12月27日第1版。
③ 中共中央党史和文献研究院编《习近平关于"三农"工作论述摘编》,中央文献出版社,2019,第150—151页。

要发挥好农业压舱石作用，守护耕地保护红线，坚守粮食安全底线，为中华民族伟大复兴提供基础和支撑。中国的基本国情是人多地少，粮食安全须臾不可放松，在未来几十年甚至更长的时间中，中国的粮食和重要农产品的生产和消费，必然是紧平衡的状态，提升粮食产能、保障粮食和重要农产品安全稳定供给始终是最根本的大事。因此，各地在乡村振兴过程中都要扛起粮食安全责任。具体到各县的工作中，建立和完善动态防返贫监测与帮扶机制，保持主要帮扶政策总体稳定，不断提高脱贫群众收入水平和发展能力，是守住不发生规模性返贫底线的实践路径。特别是要善于运用发展的办法巩固脱贫成果，通过不断提升产业发展和就业质量，增强脱贫人口的可持续发展能力；对于特殊困难群体，要特别关注、特别关心、特别关爱。在扛起粮食安全责任方面，要严格落实耕地保护政策，深入实施藏粮于地、藏粮于技战略，通过推动高标准基本农田建设、深化农地经营体制改革、培育新型农业经营主体、强化农业技术推广应用等方式，确保粮食产能。

二是抢抓发展机遇，壮大县域经济。从学理层面而论，县域经济是一种独特的区域经济类型。从县域经济的产业构成来讲，主要包括"内生成长型"产业和"引进输入型"产业。前者主要指的是依托县域特色优势资源发展起来的农业、畜牧业、旅游业、工业诸产业；后者则是通过招商引资承接区域产业转移、融入区域（跨区域）产业协作，通过技术创新驱动、成果孵化培育和壮大新兴产业发展等形式发展起来的新型工业（服务业）部门。此外，县域经济还包括随着工业经济和城镇化发展壮大而逐步成长起来的相关生产性服务业和消费型服务业。壮大县域经济是促进农业农村发展的有效路径和方法已成共识。近年来，县域经济发展则面临着前所未有的巨大机遇。第一，中国城镇化率在2012年已经超过50%，城市、工业对农业农村的反哺和带动能力明显增强,城市工商业资本、金融资本、先进技术等要素向农业农村进军,并且呈现出不断加速的趋势。第二,2008年以来,东部沿海地区产业向中西部地区转移,吸引产业转移、发展区域间协作、区域城市间协作成为推动县域经济快速发展的重要动力。第三,逐渐崛起的城市中产阶层、富裕阶层所带动的消费革命,为乡村产业发展提供了规模巨大的市场需要。第四,国家政策高度重视县域发展和县域新型城镇化,不断加大对县域发展的政策支持。第五,各地密集部署和实施一系列区域协调发展战略,以中心城市、副中心城市带动区域发展,基础设施、产业、要素资源在"区域城市"的范围内更活跃地流动。抓住这些机遇,通过引进产业、引进资本、引进技术、引进人才等方式,促进要素下乡,与县域禀赋和优势结合,从而壮大县域经济。当前和今后一个时期,实现县域经济发展与促进乡村振兴的良性互动,是推动县域乡村振兴的有效抓手。

三是统筹规划布局,实现城乡贯通。把实现城乡基础设施和基本公共服务互联互通作为城乡融合发展的重要内容。受既往城市偏向的投入政策影响,农村基础设施发展滞后,基本公共服务均等化较为薄弱,对加快农业农村现代化和农民增收都产生不利影响。因此,补齐乡村经济社会基础设施短板一直以来在国家"三农"工作中占据着重要位置。党的十九大以来,习近平总书记关于城乡融合发展的重要论述,为科学谋划城乡建设提供了科学指引。具体来说,要破除城乡分离、城乡分治的旧式思维,从城乡发展共同体、生命共同体的视角看待城乡关系,从而在实践层面统筹规划,合理布局城乡经济、社会基础设施,特别要注意的是乡村建设需与乡村发展统筹考虑,与县域城乡人口流动趋势相契合。经济基础设施建设,主要指水、电、路、网、讯等方面,在促进城乡基础设施互联互通过程中，要与农业现代化（含三产融合）、乡村工业化、数字乡村建设等统筹考虑，从而为乡村产业振兴提供基础设施支撑。社会基础设施建设主要指的是教育、医疗、养老等方面，在保基本、守护"三保障"目标的同时，要与城镇和村庄规划紧密结合，顺应县域内人口流动和空间分布的趋势，并具有适度的前瞻性，适度引导人口在城乡间合理流动。此外，要统筹"县—乡—村"三级服务体系和服务能力建设，提升县级教育、医疗、养老服务能力，特别是龙头机构的服务和辐射带动能力。

四是深化县域改革，盘活各类资源。县域是城乡间要素聚合、交换的主要场景，畅通要素下乡渠道，盘活乡村各类资源，是壮大县域经济的重点也是难点所在。壮大县域经济重点在产业发展，而深化县域改革则是最为关键的一招。前文已述，近年来，在多重机遇叠加支持下，壮大县域经济迎来了难得的历史性机遇期，但不得不承认，从实践层面来看，县域经济发展还面临着诸多体制机制的难题亟待破解，特别是县域发展国土资源、生态环境诸方面的约束凸显，在推进改革中要坚持底线思维、系统思维，统筹发展与安全、发展与生态、发展与共享等重要关系。大致而言，主要的改革事项集中在人、地、钱、事四个方面。在"人"方面，人是最具有活力的生产力要素，要充分激发人的积极性，不断提升内生动能和发展能力。无论是县域发展，还是乡村振兴，各类人才都是第一宝贵的财富，要激发干部队伍干事热情，不断提升干部队伍推动县域高质量发展促进乡村全面振兴的本领；强化驻村工作队伍、村干部队伍的建设和管理，培养和造就一批"懂农业、爱农村、爱农民"的"三农"干部；加强人力资本建设，建设与县域经济发展需求相匹配的技术人才队伍和专业人才队伍，特别是不断提升低收入人口的技能水平，促进其就业增收；不断激发内生动力，摆脱"等靠要"的思想，成为发展的主动参与者。在"地"方面，要统筹规划，科学合理使用土地资源，通过深化改革的办法，挖掘潜力、提升活力、增强能力。重点深化"农用地"改革，要在切实扛起粮食安全责任前提下，通过放活经营权，发展适度规模经营；稳妥推进"宅基地"改革，盘活存量资源，科学编制规划，为县域新型城镇化、产业发展提供国土支持，同时合理分配土地增值收益，将增值收益主要部分用于乡村振兴和统筹推进经济社会协调发展；进一步规范"集体经营性建设用地"出让、租赁、入股，发展壮大新型集体经济，支持乡村公共服务。在"钱"方面，推动县域城乡融合发展促进乡村振兴，要用好财政手段、金融手段，引导社会力量。近年来，政府引领型发展模式渐趋成形，即通过扶持和培育优质产业项目和建立健全利益分享模式，让各方面形成发展共识，让要素能够聚集聚合，从而为乡村振兴提供不竭动力。其中政府通过"有形之手"，凭借其资源动员和配置能力，引导金融资本和社会力量参与其中，实现了让市场运转起来，并且让市场发挥了促进共享发展的作用。但实践层面来看，围绕"钱"的改革，有众多体制机制问题亟待解决，如保障好县一级统筹使用涉农资金的权限、完善县域普惠金融体系和社会信用体系、完善要素产权制度搭建公平交易平台等。在"事"方面，服务县域发展必然会涉及众多的改革事项，如营商环境建设、经济基础设施规划与建设、利益联结机制建设等。这些改革事项既是推动县域经济发展的必然要求，同时也是通过壮大县域经济带动县域新型城镇化和乡村振兴的必然要求。

五是坚持人民至上，提升治理能力。发展为了人民、发展依靠人民，从脱贫攻坚到乡村振兴，变的是阶段和目标，不变的是初心和使命。在推进县域发展和乡村振兴过程中，面临着诸多的机遇和挑战。一方面，如前文所述，通过城乡融合发展促进乡村全面振兴迎来了前所未有的历史性机遇，不断提升服务发展、引领发展能力，让人民参与发展过程、分享发展成果，是实现产业兴旺、生活富裕的必然要求；另一方面，持续提升公共服务水平，办好人民满意的教育、促进全民健康、完善养老服务体系和社会保障体系，不断解决好人民急、难、愁、盼问题，建设生态宜居乡村，促进乡风文明治理有效，是回应人民对美好生活向往的内在规定性。换言之，人民的需要是一切工作的出发点，人民是发展的目的，同时也是发展的主体。具体到县域实际工作中，就是要建设服务型政府、完善"县—乡—村"三级服务体系提升服务能力；完善治理体系提升治理能力，改革政府涉民服务事项服务效率，提升便民性，在乡村基层治理体系建设中加强党建引领，完善"三治合一"的治理体系。

第四章
推进乡村全面振兴的动力体系

乡村振兴是实现中华民族伟大复兴的一项重大任务，其根本目标就是持续缩小城乡区域发展差距，让低收入人口和欠发达地区共享发展成果，在现代化进程中不掉队、赶上来。习近平总书记指出，全面实施乡村振兴战略的深度、广度、难度都不亚于脱贫攻坚，要完善政策体系、工作体系、制度体系，以更有力的举措、汇聚更强大的力量，加快农业农村现代化步伐，促进农业高质高效、乡村宜居宜业、农民富裕富足。[1]打赢人类历史上规模最大的脱贫攻坚战，其中一个重要原因就是凝聚了强大的脱贫攻坚合力。推进乡村全面振兴，必须广泛动员各界凝聚振兴合力、加快培育乡村振兴新质生产力、着力激发地区和群众内生动力、进一步深化农村改革激发乡村全面振兴动力活力，这四个方面组成乡村全面振兴的动力体系。

一、凝聚振兴合力

在全国脱贫攻坚总结表彰大会上，习近平总书记指出，我们强化东西部扶贫协作，推动省市县各层面结对帮扶，促进人才、资金、技术向贫困地区流动。我们组织开展定点扶贫，中央和国家机关各部门、民主党派、人民团体、国有企业和人民军队等都积极行动，

---

[1] 习近平：《在全国脱贫攻坚表彰大会上的讲话（2021年2月25日）》，《人民日报》2021年2月26日第2版。

所有的国家扶贫开发工作重点县都有帮扶单位。各行各业发挥专业优势，开展产业扶贫、科技扶贫、教育扶贫、文化扶贫、健康扶贫、消费扶贫。民营企业、社会组织和公民个人热情参与，"万企帮万村"行动蓬勃开展。我们构建专项扶贫、行业扶贫、社会扶贫互为补充的大扶贫格局，形成跨地区、跨部门、跨单位、全社会共同参与的社会扶贫体系。千千万万的扶贫善举彰显了社会大爱，汇聚起排山倒海的磅礴力量。

脱贫摘帽不是终点，而是新生活、新奋斗的起点。习近平总书记指出，对脱贫县要扶上马送一程，设立过渡期，保持主要帮扶政策总体稳定。要坚持和完善驻村第一书记和工作队、东西部协作、对口支援、社会帮扶等制度，并根据形势和任务变化进行完善。

习近平总书记的一系列重要论述，深刻阐述了东西部扶贫协作、定点扶贫、民营企业"万企帮万村"、驻村扶贫是打赢脱贫攻坚战重要力量。在脱贫攻坚过渡期，巩固拓展脱贫攻坚成果、全面推进乡村振兴依然需要完善创新东西部协作、定点帮扶、"万企兴万村"、驻村帮扶制度政策，凝聚成为振兴的强大合力。

（一）强化东西部协作

"东西部协作"作为推进乡村振兴一项重要制度安排，是从"东西部扶贫协作"演进而来的。脱贫攻坚全面胜利后，我国"三农"工作重心历史性转向全面推进乡村振兴，以扶贫脱贫为主要目标的"东西部扶贫协作"转向以全面推进乡村振兴、缩小发展差距为主要目标的"东西部协作"。本质上，"东西部扶贫协作""东西部协作"都是根据邓小平同志共同富裕思想和"两个大局"战略思想，为加快西部贫困地区扶贫开发进程、缩小东西部差距、促进区域经济协调发展、全面推进乡村振兴作出的重大部署，是推进我国扶贫开发事业、打赢脱贫攻坚战、实施乡村振兴战略的重要制度安排。

东西部扶贫协作的实践，起源于改革开放初期中央动员东部沿海发达地区对口支援民族地区发展的相关政策。1994年，国务院颁布实施《国家八七扶贫攻坚计划》，要求沿海较为发达的省、直辖市对口帮扶一两个贫困省、区发展经济。《中共中央关于制定国民经济和社会发展"九五"计划和2010年远景目标的建议》明确建议沿海发达地区对口帮扶中西部的10个省区，开展东西对口扶贫协作。1996年，国务院扶贫开发领导小组向国务院提交《关于组织经济较发达地区与经济欠发达地区开展扶贫协作的报告》，明确经济较发达地区与经济欠发达地区的扶贫协作关系，东西部扶贫协作全面展开。进入21世纪后，2001年，中共中央、国务院颁布实施《中国农村扶贫开发纲要（2001—2010年）》，提出扩大东西部扶贫协作规模、提高工作水平、增强帮扶力度。东西部扶贫协作由过去政府一元主导逐渐转变为政府、市场和社会多方合作。2011年开始，围绕《中国农村扶贫开发纲要（2011—2020年）》确定的到2020年实现"两不愁三保障"的目标，东西部扶贫协作转入加快脱贫致富的新阶段，强调规划引领，结对帮扶关系进一步拓展和下沉。2016年7月20日，习近平总书记在银川主持召开东西部扶贫协作座谈会并发表重要讲话，推动东西部扶贫协作进入全面打赢脱贫攻坚战、全面建成小康社会的新时期，东西部扶贫协作在工作机制、资金投入、结对关系、合作重点以及考核评价等方面实现整体跃升和优化，实施了携手奔小康等一系列创新举措，产生了一系列协作体制机制成果，成为我国大扶贫格局的重要支撑，为脱贫攻坚取得决定性成就作出重要贡献。这一时期，东西部扶贫协作工作主题更加鲜明，聚焦脱贫攻坚，坚持实施精准扶贫精准脱贫基本方略；任务更加明确，主要围绕开展产业合作、组织劳务协作、加强人才支援、加大资金支持、动员社会参与五个方面开展具体帮扶，各项措施都聚焦建档立卡贫困人口；重点更加突出，调整结对关系，突出对民族地区、贫困程度深的难点地区的支持；保障更加有力，要求帮扶双方的各级主要领导亲自关心、亲自部署，每年要到扶贫协作地区互动，共同研究东西部扶贫协作规划。脱贫攻坚任务完成后，"三农"工作重心历史性转移，对东西部扶贫协作工作提出了新的要求。2021年3月，中共中央办公厅、国务院办公厅印发《关于坚持和完善东西部协作机制的意见》，把"东西部扶贫协作"扩展升级为"东西部协作"，强调坚持和完善东西部协作的重要意义，确立结对帮扶关系，明确保持资金投入力度和干部人才选派力度不减，重点做好产业协作、劳务协作、消费协作、创新协作等。2021年4月，习近平总书记就深化东西部协作和定点帮扶工作作出重要指示指出，开展东西部协作和定点帮扶，是党中央着眼推动区域协调发展、促进共同富裕作出的重大决策。要适应形势任务变化，聚焦巩固拓展脱贫攻坚成果、全面推进乡村振兴，深化东西部协作和定点帮扶工作。要完善东西部结对帮扶关系，拓展帮扶领域，健全帮扶机制，优化帮扶方式，加强产业合作、资源互补、劳务对接、人才交流，动员全社会参与，形成区域协调发展、协同发展、共同发展的良好局面。①总的要求就是把工作对象转向所有农民，把工作任务转向推进乡村产业振兴、人才振兴、文化振兴、生态振兴、组织振兴，把工作举措转向促进发展，由帮助脱贫转变为促进当地经济社会发展，由给钱给物转变为以引进企业和引导产业转移为主，促进脱贫地区与发达地区密切经济交流合作。在帮扶重点上，加大对

---

① 《习近平对深化东西部协作和定点帮扶工作作出重要指示强调 适应形势任务变化 弘扬脱贫攻坚精神 加快推进农业农村现代化 全面推进乡村振兴》，《人民日报》2021年4月9日第1版。

国家乡村振兴重点帮扶县和易地扶贫搬迁集中安置区支持力度。东西部协作进入新的历史阶段，成为全面推进乡村振兴的重要力量。

1. 东西部协作推进乡村振兴的作用机制与实现路径

在习近平总书记关于东西部扶贫协作、东西部协作重要论述的指引下，各地贯彻落实中央有关决策部署，在东西部协作实践中探索形成了产业协作、劳务协作、消费帮扶、社会帮扶、生态扶贫等机制路径，在助力脱贫攻坚取得决定性胜利的基础上，对促进城乡统筹发展、区域协调发展、乡村全面振兴产生重要影响。

（1）以产业协作夯实农民增收基础

首先，发挥要素组合优势。东西部产业协作有效连接了东西部要素禀赋，发挥了互补优势带来的协同效应。东部地区的科技人才优势和西部地区资源优势有效结合，激发市场主体的积极性和市场活力。如宁夏贺兰山地区的葡萄酒庄园，将天然地理优势与国际葡萄酒制造工艺结合起来，在闽商的科学高效管理下，打造了中国北纬38.5度的葡萄酒产业。其次，发挥东部地区的人才技术优势。东部地区着力推动西部落后地区从传统农业向现代农业转变，推动西部地区农业产业链条延伸。一方面，以本地优势农、林、牧、渔业产品为原料，运用先进工艺，开展饲料加工、肉类加工、水产品加工，以及蔬菜水果加工等；另一方面，提升品牌意识，严控产品质量，疏通物流渠道，开拓市场领域，提升西部落后地区在产业价值链中的地位。再次，发挥西部地区在要素价格和资源环境的相对优势，促进东西部要素循环流动，加快东部地区劳动密集型产业和劳动密集型环节向西部转移。一方面，推动东部地区纺织、服装、玩具、家具制造等劳动密集型产业全产业链向西部地区转移，在创造就业机会的同时培育产业；另一方面，推动东部地区电子信息、装备制造、新能源新材料等优势产业的劳动密集环节向西部地区转移，在创造就业机会的同时实现产业辐射和带动。西部地区以自然资源优势为基础，通过建设特色产业园区，促使资源从单向输出向就地加工转变，并通过加工制造业的集聚以及相关配套和服务业的发展，延长产业链，形成完整的产业体系。

（2）以劳务协作确保稳岗就业

一是实行政策奖补。适度发放稳岗补贴及其他红利，既增强群众稳岗就业的信心，也减轻企业的负担，促进了西部地区贫困人口外出务工。二是东部地区通过政策保障、宣传发动、就业培训、组织输转等，基于用工量、生产经营、工资福利、劳动强度、后勤保障等方面遴选招工企业，有序推进劳务输转工作。同时，注重开发就地就业岗位吸纳贫困劳动力就业，积极推动产业协作吸纳就业。三是通过制作宣传片、印发政策汇编、收集各区重点用工企业招聘信息、定期推送招聘信息等，确保将政策和信息进村入户推送。根据企业用工需求开展订单式培训，共享培训资源，持续开展职业技能培训。

（3）拓宽平台促进消费帮扶

第一，拓宽消费帮扶渠道。如吉林省和浙江省积极探索消费扶贫工作模式，积极对接各类展会、商场超市及电子商务企业，在宁波举办延边农特产品巡展，支持设立延边农特产品展销中心和直销直营店，为吉林省贫困地区农特产品搭建供需对接平台，支持企业以消费扶贫协作为契机，扩大在浙江省的产品销售规模。第二，创新帮扶方式。全国各地开展了各种消费帮扶行动，进一步推动消费扶贫走进千家万户。如各地设立消费扶贫专区，开办消费扶贫专馆，推广消费扶贫专柜，以及在特定的时节举行消费扶贫节庆活动等；在商场、地铁站、银行等人流密集的地区和日常生活区域，通过智能柜、无人售货机等新兴零售方式销售扶贫产品、乡村振兴产品，便于消费者购买。

（4）动员社会力量强化人才支援

一是东部多省市成立对口帮扶工作小组，负责对口帮扶工作对接、组织与实施。二是各级民政部门积极发挥能动作用，动员引导社会组织积极参与东西部协作。为了让更多社会组织了解东西部协作，调动社会组织参与热情，各部门多措并举，通过召开集中会议、广泛利用宣传媒体等做法，努力营造良好氛围，各级民政部门积极引导社会组织与贫困村建立结对帮扶模式，当社会组织与贫困村签订协议后，便由双方具体接洽，共同落实帮扶工作。如上海市在动员社会组织参与扶贫中形成了独特的模式，援助干部深入识别需要社会组织帮扶的项目后，向上海市人民政府合作交流办公室提交项目需求信息，与在上海市民政部门登记的社会组织进行项目对接，发挥平台的作用，基金会精准提供项目资助，提升了项目成效。三是采取结对支援、订单培训和挂职锻炼等有效方式，着力为西部地区培养推动经济社会发展的人才，进一步提升劳动力就业质量和就业的稳定性。

（5）践行"两山"理念促进生态建设

东西部协作工作积极践行"绿水青山就是金山银山"的理念，东部地区通过帮助西部地区组织实施易地扶贫搬迁工程，开展退耕还林、还草重大生态工程等，促进了西部地区的生态建设。

2.持续优化东西部协作机制和措施体系

一是把尊重市场规律和产业发展规律摆在强化东西部协作的突出位置。东西部协作的实践表明，在东西部协作中，特别是产业帮扶、劳动协作、消费扶贫过程中，尊重市场规律和产业发展规律，注重发挥市场作用，才能够培育西部地区内生发展动力、构建长效脱贫机制。在脱贫攻坚中，东西部协作强调财政援助资金的投入。进入乡村振兴阶段，政府投入必不可少，市场的作用更加重要，特别是东部地区的企业援助西部，要尊重商业规则和市场规律，在深度帮扶中实现企业发展，让群众受益，要更加注重帮助西部引进企业和项目、对接市场资源，进行市场化协作发展。

二是把更加充分调动社会力量作为强化东西部协作的优先着力点。实践证明，只有充分调动多种形式，调动企业、社会组织、公民个人的积极性，才能形成支持西部地区发展的强大合力，更加有效地巩固拓展脱贫攻坚成果、全面推进乡村振兴、推动区域协调发展。为此，强化东西部协作，既要调动政府部门的积极性，又要调动企业的积极性；既要发挥经济部门的作用，又要发挥文化教育、医疗卫生等部门的作用，更广泛更有效地动员和凝聚各方面力量。东部地区调动企业、社会组织、公民个人的积极性，广泛发动机关事业单位、国企、民企、居委会、社会组织等力量参与，促进东西部医院、学校的结对帮扶，促进形成帮扶的巨大合力。在扩大双方交流合作的基础上，推动县（区）、乡镇、村之间结对帮扶，为两地大中企业、科研院校、社会组织、民主党派组织等创造良好的条件，推动形成全社会参与互动合作的良好局面。

三是把提升西部地区的人力资本质量作为强化东西部协作的核心。实践表明，人才是支撑乡村振兴战略的重要保障，提高干部人才能力是促进脱贫地区可持续发展的重要抓手。组织东部干部到西部帮发展、促振兴、受锻炼，组织西部干部到东部开眼界、学理念、强本领。推动科技特派团、教育医疗人才组团式帮扶。东部地区在人才和科技方面拥有的明显优势，而人才和科技正是西部地区的突出短板和最大制约。东西部协作在制定政策、投入资源、实施具体措施的过程中，加强人才支援和协作，促进观念、思路和技术的互通互学，促进脱贫地区脱贫群众内生发展动力提升，奠定可持续发展的基础。

四是把促进区域协调发展作为东西部协作的重要目标。东西部协作是助力脱贫攻坚战取得全面胜利的重要组成部分，也是继续推进乡村振兴、区域协调可持续发展的重要举措。在共同富裕目标的指引下，脱贫攻坚时期已形成的东西部协作体制、机制、制度、政策体系为东西部优化合作奠定了基础。充分发挥东西部协作对城乡统筹发展、区域协调发展、乡村全面振兴、中国式现代化的促进作用，将区域内外的物力、财力、人力、信息等要素进行合理整合、配置和优化利用，推动东西部协作双方实现共赢。

五是把完善东西部协作工作机制作为巩固拓展脱贫攻坚成果、全面推进乡村振兴的重要举措，主要包括以下几点。第一，完善组织领导机制。协作双方省级党委政府领导要开展互访，专题研究部署东西部协作工作；组织东部经济较发达县（市、区）结对帮扶西部脱贫县、国家乡村振兴重点帮扶县；组织东部地区有条件、有能力的学校、医院结对帮扶西部学校、医院等。第二，完善巩固脱贫成果机制。东部帮助西部结对地区农村劳动力实现稳定就业，支持西部地区加强仓储保鲜、冷链物流等农产品流通设施建设，组织开展消费帮扶。第三，完善区域协作机制。协作双方加大园区共建力度，特别是农业产业园区共建力度，引导更多企业到西部投资兴业、吸纳就业，带动群众增收，推动西部地区产业提档升级，推动区域协调发展。第四，完善促进乡村振兴机制。继续深化干部人才"双向交流"，帮助西部地区培养乡村振兴干部人才；加大对东部挂职干部人才的关心、关爱和激励；东部继续向西部地区提供资金援助，积极动员社会力量捐款捐物，西部地区要管好用好帮扶资金。第五，完善工作创新机制。围绕巩固拓展脱贫攻坚成果、全面推进乡村振兴和推动区域协调发展，推广东部地区乡村振兴经验做法，创新企业、社会组织等社会各方面力量参与机制创新，充分挖掘发展潜力、夯实发展基础、增强发展能力。

（二）加强定点帮扶

定点帮扶是指中央单位包括党政机关、企事业单位、金融机构、科研院所、社会团体等，按照政策文件的要求，帮助一个或若干个特定的、国家列出的重点县发展的一种帮扶模式，目的是促进中央单位参与扶贫和乡村振兴工作。脱贫攻坚任务完成后，按照党中央的统一部署，共有305家中央单位定点帮扶中西部地区592个脱贫县。2021年4月，习近平总书记指出，中央定点帮扶单位要落实帮扶责任，发挥自身优势，创新帮扶举措，加强工作指导，督促政策落实，提高帮扶实效。[①]

1.定点帮扶工作由定点扶贫发展演变而来

定点扶贫起步于改革开放初期。当时，中国农村经济发展不平衡的状态开始显现。1984年9月，中共中央、国务院印发了《关于帮助贫困地区尽快改变面貌的通知》，提出国家有关部门应指定专人负责，分别作出帮助贫困地区改变面貌的具体部署，并抓紧进行，保证实现。这是改革开放以来首个涉及国家机关定点联系帮助贫困地区的文件。1986年1月，中共中央、国务院印发《关于一九八六年农村工作的部署》，提出利用各种渠道为贫困地区培养干部，从中央、省、地三级机关抽调一批优秀干部和组织志愿服务者到贫困地区工作。同年，国务院正式启动国家机关定点扶贫工作，并首批安

[①]《习近平对深化东西部协作和定点帮扶工作作出重要指示强调 适应形势任务变化 弘扬脱贫攻坚精神 加快推进农业农村现代化 全面推进乡村振兴》，《人民日报》2021年4月9日第1版。

排10个国务院所属部委分别在全国18个集中连片的贫困地区选择一个区域作为联系点开展扶贫工作。1987年，国务院召开第一次中央、国家机关定点扶贫工作会议，决定在全国推广定点扶贫工作。此后，除国务院所属部委外，一些中央机关和企事业单位也陆续参与到这项工作之中。1994年4月，国务院颁布《国家八七扶贫攻坚计划（1994—2000年）》，强调"中央和地方党政机关及有条件的企事业单位，都应积极与贫困县定点挂钩扶贫，一定几年不变，不脱贫不脱钩"，并详细规定了相关政府部门以及各民主党派、工商联、工会等社会力量在扶贫攻坚中的具体任务。同年8月，中共中央办公厅、国务院办公厅发布了《关于加强中央党政机关定点扶贫工作的通知》，对定点扶贫工作作出重要规划和部署。1996年10月，中共中央、国务院颁布了《关于尽快解决农村贫困人口温饱问题的决定》，再次强调定点扶贫工作。到1998年10月，参与参加定点扶贫的中央和国家机关单位达到138个，定点帮扶325个国家重点贫困县。2001年6月，国务院印发了《中国农村扶贫开发纲要（2001—2010年）》，标志着定点扶贫工作成为一项长期制度。2002年4月，中央、国家机关定点扶贫工作会议上确定了272个中央部委和企事业单位定点帮扶485个国家扶贫开发工作重点县。2010年5月，中共中央办公厅、国务院办公厅印发《关于进一步做好定点扶贫工作的通知》，明确了定点扶贫的总体任务，要求帮扶单位既要服务于国家政策宣传，更要参与到地方扶贫具体工作中去，同时拓展了定点扶贫的工作内容，突出了定点扶贫的举措，对资金的筹集与监管作了说明，有效规范定点扶贫行动。该通知要求定点扶贫聚焦扶贫工作重点县、革命老区、民族地区等，同时把参与定点扶贫工作的力量范围扩大到军队和武警部队、民主党派、民营企业以及社团组织等。至此，参与定点扶贫工作的主体力量架构基本形成，定点扶贫的工作目标、工作内容以及相应的保障措施日趋完善。2011年，《中国农村扶贫开发纲要（2011—2020年）》继续明确了定点扶贫相关工作。2012年，国务院扶贫办（今国家乡村振兴局）、中组部等八部门联合印发了《关于做好新一轮中央、国家机关和有关单位定点扶贫工作的通知》，确定了新一轮定点扶贫结对关系，310个单位定点帮扶全国592个国家扶贫开发工作重点县，首次实现了定点扶贫工作对重点县的全覆盖。2015年，国务院扶贫办（今国家乡村振兴局）、中组部等九部门联合印发了《关于进一步完善定点扶贫工作的通知》，局部调整了结对关系，最终确定由320个中央、国家机关和有关单位帮助592个国家扶贫开发工作重点县。该通知进一步明确任务，建立完善工作机制，要求制定规划与方案，派优秀干部到定点扶贫县挂职，具体到担任职务、分管事项、工作内容都有明确规定。该通知进一步健全、强化了由多个部门牵头负责相关领域单位的定点扶贫工作的牵头联系机制，创新了定点扶贫单位扶贫工作考核评估方式。同年，《中共中央 国务院关于打赢脱贫攻坚战的决定》正式印发，明确要求在政府主导的基础上，引领市场与社会协同发力，形成三者互为支撑的大扶贫格局。国务院扶贫开发领导小组2017年8月印发的《中央单位定点扶贫工作考核办法（试行）》和2019年印发的《中央单位定点扶贫工作成效评价办法》，为定点扶贫工作的考核评估提供了统一规定和标准，定点扶贫工作机制得到进一步完善。

2. 中央单位定点帮扶

脱贫攻坚战取得胜利后，"三农"工作重心历史性转向乡村振兴，"定点扶贫"调整为"定点帮扶"。2020年，《中共中央 国务院关于实现巩固拓展脱贫攻坚成果同乡村振兴有效衔接的意见》正式印发，要求在过渡期内保持主要帮扶政策总体稳定，明确继续坚持定点帮扶机制，适当予以优化，安排有能力的部门、单位和企业承担更多责任。为落实上述部署要求，2021年中共中央办公厅、国务院办公厅印发《关于坚持做好中央单位定点帮扶工作的意见》，提出了新发展阶段继续做好定点帮扶工作的要求，从共谋发展思路、指导政策落实、创新帮扶方式、推动乡风文明、加强基层党建、选派挂职干部六个方面对帮扶的主要任务进行了调整，将帮扶的重点聚焦到巩固脱贫攻坚成果、促进全面乡村振兴上来。开展定点帮扶是党中央着眼推动区域平衡发展、促进共同富裕的重大决策，是新时代全面推进乡村振兴的战略选择，是社会力量参与乡村振兴的重要途径。

3.定点帮扶对定点扶贫经验的借鉴与内涵拓展

定点扶贫为我国脱贫攻坚事业作出了重要贡献，积累了基本经验，主要表现在以下几个方面。一是完善工作机制。定点扶贫工作由国务院扶贫开发领导小组负责集中统一领导，国务院扶贫开发领导小组办公室、中央组织部、中央统战部、中央直属机关工委、中央国家机关工委共同负责指导协调、组织实施和督促检查；军队和武警部队的定点扶贫工作，由总政治部负责指导协调、组织实施和督促检查。国务院扶贫开发领导小组办公室负责定点扶贫的日常工作，通过制定年度工作要点、适时召开会议等方式加强对定点扶贫工作的指导。各定点扶贫单位高度重视定点扶贫工作，明确分管领导和分管部门，做到了分工明确、责任到人。年终或年初，各单位对定点扶贫工作进行总结和部署，并及时上报本单位定点扶贫情况。二是派驻挂职干部。中央单位向定点扶贫县派驻的人员主要包括驻县挂职干部和驻村第一书记。驻县干部一般在定点县挂职担任县委或县政府副职，分管或协助分管扶贫工作，主要帮助谋划、组织协调开展扶贫开发工作，参与制定帮扶计划，推动帮扶计划顺利实施，反馈并协调解决定点县帮扶需求。驻县帮扶干部会定期轮换，轮换时间一般为1—3年。驻村第一书记是中央单位在定点县派驻入村的最基层挂职干部。每个单位至少选派一名优秀干部到定点扶贫县贫困村任第一书记。此外，有的中央单位根据干部培养锻炼规划和工作需要，向定点县选派相关干部（如选调生等）进行挂职锻炼。三是筹措资金投入。企业、高校、金融机构类型的中央单位通常都设有专项资金，每年以制度化的形式投入定点县。每个单位根据自身财政、盈利等情况，向定点县投入的资金额度不同。部分机关单位没有设立专项资金，主要通过项目倾斜、引进合作、动员社会力量、开展捐赠等方式完成资金投入。定点县对于中央单位投入的资金，通常和其他涉农资金整合使用，也有些会按照中央单位的意见，用在特定的用途。四是组织消费扶贫。中央单位会直接购买定点县的农副产品，或发动单位员工购买。同时，中央单位会帮忙拓宽农产品销售渠道，包括线上渠道和线下渠道。比如推介县里的产品至产销会，或上架助农平台等。2020年，农产品销售遇到困难，帮扶单位开拓渠道、引入电商、推荐平台，更有帮扶干部亲自上阵带货，想方设法推销产品，很多单位通过自行采购为县里的滞销产品兜底。五是开展特色帮扶。中央单位和定点县相比，具有政策引领、沟通协调、资源动员等方面的突出优势，且每个参与帮扶的中央单位，优势各有不同。中央单位按照精准扶贫、精准脱贫的要求，从当地实际需求出发，将当地想要的和自己能做的充分结合，发挥专业特点和行业优势，协调资源、争取项目，帮助当地农民群众解决就业、教育、医疗、养老、托幼等民生难题。

打赢脱贫攻坚战后，定点帮扶工作延续了脱贫攻坚阶段的经验做法，同时与乡村振兴战略实施要求相适应，各单位对定点帮扶的工作机制和工作重点内涵进行了拓展、完善。一是帮扶工作重心逐渐转移聚焦到巩固拓展脱贫攻坚成果同乡村振兴有效衔接。各单位更加重视产业帮扶，帮扶资金进一步向产业发展侧重（帮扶资金用于产业发展的比例不低于60%），提升帮扶县自我发展能力。各单位深入挖掘帮扶县的资源禀赋和比较优势，因地制宜帮助发展壮大乡村特色产业，推动帮扶县一、二、三产业融合发展，带动广大农民稳定增收，以发展的办法巩固脱贫攻坚成果。二是各单位更注重脱贫地区和脱贫群众内生动力的激发。在资金和项目安排上，综合考虑了补齐乡村基础设施短板和促进城乡公共服务均等化，有的单位在文化建设等方面开展了积极探索，有的调整了产业帮扶方式，减少拿干股、硬分红等形式，探索把农民嵌入产业链，推动第一产业"接二连三"。各单位注重发挥各类经营主体的作用和地方干部群众能力建设，开展主题多样的培训，更加注重农村精神文明建设，推动形成文明乡风、良好家风、淳朴民风。三是帮扶工作方式拓展到县域经济社会综合发展的诸多方面。帮扶单位紧密围绕帮扶县的发展需求，与帮扶县展开积极有效互动，主要包括促进产业转型升级，推动县域经济高质量发展，通过开展各类试点，不断推进产业发展和乡村治理数字化、科技化、智能化。

4. 定点帮扶丰富并发展了中国特色乡村振兴道路

从政治维度看，定点帮扶工作彰显了中国特色社会主义制度优势。中国共产党自成立之日起，始终坚持人民主体地位，把实现好、维护好、发展好最广大人民根本利益作为一切工作的出发点和落脚点，积极践行群众路线，时刻保持密切联系群众。无论是扶贫还是乡村振兴，都是一项长期的历史性任务。面对事关全国人民幸福的大事，中国共产党充分发挥中国特色社会主义制度优势，动员全党、全社会力量积极投身到脱贫攻坚和乡村振兴工作中，形成帮扶强大合力。中央单位积极响应，加强顶层设计，选派帮扶干部队伍到定点帮扶县，提供资金和产业就业方面的支持，指导当地深入开展脱贫攻坚和乡村振兴工作，帮助解决面临的问题，充分体现了中国共产党集中力量办大事的制度优势。从发展维度看，定点帮扶有助于促进定点帮扶县从内而外地提升。通过中央单位的定点帮扶，一方面，中央单位的资金投入、消费帮扶、招商引资、就业培训等直接带动了当地群众增收；另一方面，中央与地方在工作过程中产生的理念交流，有助于定点县拓宽发展视野，打开发展思路，促进推动乡村全面振兴。从治理能力维度看，定点帮扶是中央单位加强自身建设和直通基层的有效渠道。县域作为国家最基本的经济社会单元，是最直接接触改革与发展的前沿，定点帮扶为各中央单位提供了直通基层的有效渠道。借由定点帮扶，国家党政机关，尤其是中央和国家机关得以直接了解基层发展现状，定点帮扶成为中央单位贴近民生、了解基层、切实为人民服务的重要途径之一。定点帮扶还使得各帮扶单位充分践行乡村振兴战略，通过实际行动贯彻了党中央决策部署，充分彰显了旗帜鲜明讲政治的本色，对地方和社会具有鲜明的示范引领作用。同时，各中央单位将定点帮扶工作和干部培养有机结合起来，挂职干部在应对和处理各种复杂问题、复杂矛盾的实践过程中，获得了宝贵基层工作经验，对于中国共产党的组织建设和干部个人成长都具有深远意义。

（三）优化"万企兴万村"行动

2015年，脱贫攻坚战打响后，全国工商联联合国务院扶贫办（今国家乡村振兴局）、中国光彩事业促进会、中国农业发展银行共同发起了"万企帮万村"精准扶贫行动。该行动以民营企业为帮扶主体，以建档立卡贫困村贫困户为帮扶对象，以产业、就业、公益、智力扶贫为主要帮扶形式，作为精准扶贫行动被写入《中共中央 国务院关于打赢脱贫攻坚战的决定》。经各方努力，民营企业"万企帮万村"精准扶贫行动取得了良好的政治、经济、社会效益，为脱贫攻坚取得全面胜利作出了特殊贡献。进入新时代，踏上新征程，全国工商联及有关部门运用"万企帮万村"行动成果，接续组织启动"万企兴万村"，聚焦"三区三州"和160个国家乡村振兴重点帮扶县，明确行动边界、途径、组织方式和振兴手段，分类指导、重点推动，不断夯实脱贫攻坚成果，助力新发展阶段扎实推进乡村全面振兴。从"万企帮万村"到"万企兴万村"，是巩固拓展脱贫攻坚成果、接续推进乡村振兴的重要举措，民营企业成为推进乡村振兴的重要力量。

1."万企帮万村"的历史贡献和基本经验

自2015年10月17日"万企帮万村"行动启动以来，习近平总书记先后八次对该行动给予充分肯定、作出重要指示。"万企帮万村"已成为脱贫攻坚十大行动的排头兵、社会扶贫的知名品牌，是民营企业扶贫的大平台、国家脱贫攻坚的大品牌。全国工商联坚持围绕中心、服务大局、高点谋划、高位推动，把"万企帮万村"行动作为工商联系统脱贫攻坚"一号工程"持续推进。一是加强组织领导，强化顶层设计。如全国各省、市、县层层建立行动领导小组，形成部门协同、上下联动、分工合作的工作运行机制，印发指导性文件，多次召开会议推动该行动。二是围绕中心任务，着力攻坚克难。主要是聚焦深度贫困地区，推动东西部扶贫协作和对口支援工作落实，帮助解决"两不愁三保障"突出问题，引导新增民营企业帮扶力量向尚未摘帽、挂牌督战的52个县、1113个村倾斜，瞄准剩余的 551 万未脱贫人口开展帮扶，助力决战决胜脱贫攻坚，深入开展消费扶贫行动。三是抓好支持服务，大力宣传表彰。如开展典型示范带动、多种形式宣传表彰、强化台账管理、深化金融支持。四是履行政治责任，做实定点扶贫。如实施产业扶贫、聚焦脱贫短板、开展金融扶贫等。

在"万企帮万村"行动的组织号召下，广大民营企业踊跃投身精准脱贫攻坚战，行动速度之快、参与规模之广、投入力度之大前所未有，"万企帮万村"行动为打赢脱贫攻坚战作出了历史性贡献。一是为脱贫地区注入市场经济新动能。"万企帮万村"行动重点发展了一批特色产业，重点解决了一批劳动力就业，重点落实了一批教育卫生等公益项目。持续发展"一村一品"种植养殖特色优势产业，鼓励支持农户自主创业，就近提供就业岗位推进增收脱贫，以帮扶车间、社区工厂、卫星工厂、就业驿站、来料加工等多种形式为载体，为脱贫劳动力在家门口就业提供了大量机会，满足了农民"挣钱顾家两不误"的需求，带动了农村产业经济发展。二是助推脱贫攻坚提质增效。民营企业坚持技术创新、品牌创新、机制创新，带领脱贫群众发展科技含量高、附加值高、市场竞争力强的特色拳头产品，推动帮扶项目稳定可持续发展。三是注重扶志扶智相结合，激发脱贫主动性。广大民营企业加强扶志教育和扶智培训，引导村民自力更生、艰苦奋斗，不断激发脱贫的内生动力，促进提高脱贫农户造血功能，形成增强脱贫农户自我发展能力的长效机制。四是提升脱贫成效。民营企业在实践中创新开展消费帮扶，搭建产销对接通道，为农产品走向市场提供精准服务。如"线上+线下"消费帮扶、直播带货、电商平台"带货出山""以购代销""以买带帮"等，使脱贫地区的农产品走出大山、走向全国。五是推进精准扶贫与乡村振兴有效衔接，巩固脱贫成果。广大民营企业家继续坚持脱贫不脱政策、不脱责任、不脱帮扶、不脱监管的"四不脱"原则，巩固脱贫成果，防止脱贫户返贫；推进精准脱贫与乡村振兴有效衔接，持续推动提升小康水平。六是助力形成社会帮扶大格局。政府作为主导力量，通过联合成立领导小组、印发指导性文件、开展专项行动、表彰先进典型等制度性安排，从顶层设计到规划体制、政策支撑，为广泛动员、引导民营企业积极参与乡村振兴提供重要基础保障。

2.从"万企帮万村"到"万企兴万村"的历史必然性及帮扶重点转移

党的十九届五中全会明确提出，到 2035 年，"全体人民共同富裕取得更为明显的实质性进展"。在 2020 年中央农村工作会议上，习近平总书记作出"民族要复兴，乡村必振兴"[1]的重大论断，指出"全面建设社会主义现代化国家，实现中华民族伟大复兴，最艰巨最繁重的任务依然在农村，最广泛最深厚的基础依然在农村"[2]，要求举全党全社会之力推动乡村振兴。2021 年 8 月，习近平总书记在中央财经委员会上强调"促进共同富裕，最艰巨最繁重的任务仍然在农村"[3]。党的二十大报告指出："全面建设社会主义现代化国家，最艰巨最繁重的任务仍然在农村。坚持农业农村优先发展，坚持城乡融合发展，畅通城乡要素流动。"[4]习近平总书记在 2022 年的中央农村工作会议上强调"全面推进乡村振兴是新时代建设农业强

---

[1] 习近平：《坚持把解决好"三农"问题作为全党工作重中之重 举全党全社会之力推动乡村振兴》，《求是》2022 年第 7 期。
[2] 同上。
[3] 习近平：《扎实推动共同富裕》，《求是》2021 年第 20 期。
[4] 习近平：《高举中国特色社会主义伟大旗帜 为全面建设社会主义现代化国家而团结奋斗——在中国共产党第二十次全国代表大会上的报告》，人民出版社，2022，第 31 页。

国的重要任务",习近平总书记指出:"建设农业强国,当前要抓好乡村振兴。'三农'工作重心已经实现历史性转移,人力投入、物力配置、财力保障都要转移到乡村振兴上来。"① 全面建成小康社会后,广大农民对美好生活的向往总体上已从"有没有"向"好不好"转变,对获得公平发展机会、共享发展成果、提升生活品质抱有更高期待,全面推进乡村振兴面临的任务更加繁重、挑战更加艰巨。民营企业是推动经济社会发展的重要力量,不少民营企业家出身乡村,熟悉乡风、看重乡情,有履行社会责任、投资"三农"、造福桑梓的强烈愿望,这必将成为推动乡村振兴最具潜力的生力军。民营企业最具活力和创造力,参与乡村振兴具有很多独特优势,具体表现在以下几个方面:一是市场反应灵敏、决策机制灵活,能够把市场经济意识、先进管理理念带到乡村,激发内生动力;二是敢闯敢干敢试、集聚创新要素,能够把先进技术模式、现代生产要素引入乡村,发展新产业新业态;三是劳动密集产业居多、就业形势灵活多样,能够把更多的就业岗位留在乡村、留给农民,更好地带动就业增收。②

实现从"万企帮万村"到"万企兴万村"的转变,必须准确理解和把握中央全面推进乡村振兴战略的丰富内涵,借鉴脱贫攻坚宝贵制度成果,完善政策体系、制度体系和工作体系,逐步实现从集中资源支持脱贫攻坚向全面推进乡村振兴平稳过渡。一是聚焦目标任务。"万企兴万村"的目标任务要从解决"两不愁三保障"转向推进乡村全面振兴,工作方式要从突出到人到户转向推进区域发展,帮扶举措要从单一投入为主转向政府与市场有机结合。在巩固

---

① 习近平:《加快建设农业强国 推进农业农村现代化》,《求是》2023 年第 6 期。
② 李春光:《"万企兴万村"行动的实践与思考》,《中国乡村振兴杂志》2022 年第 11 期。

脱贫帮扶成果、促进长远发展、深化东西部协作、继续做好定点帮扶等重点任务的基础上，进一步在发展特色产业上用力、在稳就业带创业上用力、在参与乡村建设上用力，组织动员民营企业重点聚焦 160 个国家乡村振兴重点帮扶县，以点带面，推进乡村全面振兴。二是聚焦关键问题的转移。要通过"万企兴万村"，进一步支持这些产业做大做强，解决"好不好"的问题，要延长产业链、打造供应链、提升价值链，引导壮大地域特色鲜明、乡土气息浓厚的优势特色产业。要通过"万企兴万村"，带动家庭农场、农民合作社等新型农业经营主体做大做强，注重培养一批产业发展带头人和农村职业经理人，培育打造一支留得住、用得上的乡村振兴人才队伍，为乡村聚拢人气，增强脱贫地区发展后劲和内生动力。三是聚焦发挥市场作用。脱贫地区在发展绿色优质农产品方面有着得天独厚的资源禀赋，好产品要产得出来，更要卖得出去、卖上好价钱。通过"万企兴万村"面向市场需求，推进品种培优、品质提升、品牌打造和标准化生产，着力培育质优价好的特色产品，打造知名品牌，把生态优势、资源优势转化为产品优势、价格优势。四是聚焦农民致富的根本。积极培育龙头企业牵头、家庭农场和农民合作社跟进、广大小农户参与的农业产业化联合体，帮助提升发展社会化服务，壮大新型农村集体经济，健全联农带农机制，在产业链上形成企业、合作社和小农户优势互补、分工合作的格局，让农民有更多就业创业机会，分享更多产业链增值收益。五是聚焦全面发展。引导民营企业参与村内道路、小型供水工程、公共照明等设施建设和管护，到乡村兴办养老托幼、文化体育等社会事业，将整村发展和村内农户纳入支持范围，系统推进帮扶产业、人才、文化、生态、组织全面振兴。六是聚焦用好平台。充分用好中国光彩事业促进会、"万企兴万村"系统机制台账和中国社会扶贫网等机制平台与基础资源品牌优势，打造"联企兴村贷"金融服务模式，为民营企业瞄准难点开展振兴行动提供安全可靠的参与渠道和政策信用保障。

3. 以"万企兴万村"引领民营企业参与乡村振兴的组织动员

一是客观看待民营企业参与乡村振兴的影响。从积极方面看，民营企业参与乡村振兴可以改善农业农村投资不足的困境，为农业农村发展注入急需的社会资本，带来了知识溢出效应，进一步促进乡村治理结构的巩固和完善。从消极方面看，民营企业参与乡村振兴可能会造成农村"非农化""非粮化"的后果，影响我国粮食安全和农业发展，且存在加剧农村两极分化的可能性，还增加了企业已有经营体系亏损的风险。

二是总结推广民营企业参与乡村振兴的有效模式。民营企业参与乡村产业振兴形式多种多样，形成许多好做法、好模式，加强总结推广更有利于提质增效。第一，对于具有较好区位优势和建设用地资源的村庄，民营企业主要是以进驻缴租、纳税的方式参与乡村产业振兴；对于具有特殊、稀缺资源（旅游资源、农副产品）的村庄，民营企业主要是以投资参股、合作经营的方式参与乡村产业振兴；对于既有一定区位优势，又有相应资源基础的村庄，民营企业参与乡村产业兴旺的模式兼具前两种模式的特点。第二，民营企业参与乡村生态宜居、发展旅游产业的模式有两种，一种是轻资产投入的民营企业；另一种是重资产投入的企业，把核心的设计与运营环节抓在手中。第三，一些民营企业参与乡村乡风文明建设，形成了民俗商演型、文化推广型、公益支持型等模式。第四，民营企业参与乡村生活富裕建设的模式主要是以配套服务增收为目的项目开发型，通过股份分红增收的双重组织型。

三是民营企业参与乡村振兴面临诸多新挑战。制度和政策保障方面，我国农村存在要素市场发育不足、产权改革滞后、治理基础薄弱、各主体权利义务划分不明确等问题；资源配置方面，主要有资源错配、技术投入不足、可利用人力资源仍然相对匮乏等问题；投资主体方面，主要体现为社会资本投资主体参与乡村振兴缺乏整体规划布局和明晰的盈利模式设计，同质化竞争严重，目前很多社会资本项目的盈利模式还不清晰，这也直接影响了企业参与乡村振兴的积极性。

四是促进民营企业参与乡村振兴的路径，主要有以下几条路径。深化理念宣传，进一步提升民营企业对参与乡村振兴的社会认知、价值认同；树立典型强化示范效应，真正将主动参与乡村振兴并实现"双赢"的民营企业的"典型"树立起来，推广经验，提高社会认知，凝聚人心，鼓励有情怀、有想法的民营企业家回归农村，反哺农村；优化资源配置夯实政策支撑，让民营企业切身感受到参与乡村振兴战略应有的利益获得感，真正让民营企业在参与乡村振兴的过程中有盼头、有甜头、有前景、可持续；优化公共平台提升服务质量，坚持政府引导、企业主体，加快平台、产业、企业之间的信息交流，加强乡村大数据平台建设，实现"互联网＋企业""互联网＋农业"，为民营企业高效参与乡村振兴提供"大舞台"；以高度的政治认同团结广大民营企业家，激发民营企业参与乡村振兴的积极性；建立健全组织机制以强化组织力。

（四）驻村帮扶

密切联系群众是中国共产党农村工作的光荣传统，向乡村派驻工作队是密切联系群众的重要体现。在中国共产党的历史上，向农村派驻工作队是完成各个历史时期农村中心工作的重要机制。党的十八大以来，为打赢脱贫攻坚战，有超过 300 万名来自国家机关和企事业单位的干部作为第一书记和驻村帮扶工作队队员，被派驻到 12.8 万个贫困村，与数百万贫困地区的乡镇干部、村干部一起奋战在脱贫攻坚的第一线，成为如期完成脱贫攻坚目标任务不可或缺的重要力量。在脱贫攻坚战全面胜利后，"三农"工作重心历史性转移到全面推进乡村振兴。2021 年 5 月，中共中央办公厅印发的《关于向重点乡村持续选派驻村第一书记和工作队的意见》指出，为深入贯彻落实党中央有关决策部署，总结运用打赢脱贫攻坚战选派驻村第一书记和工作队的重要经验，在全面建设社会主义现代化国家新征程中全面推进乡村振兴，巩固拓展脱贫攻坚成果，把乡村振兴作为培养锻炼干部的广阔舞台，对脱贫村、易地扶贫搬迁安置村（社区），继续选派第一书记和工作队，健全常态化驻村工作机制，为全面推进乡村振兴、巩固拓展脱贫攻坚成果提供坚强组织保证和干部人才支持。这一重大举措的延续拓展不仅为乡村振兴带来了有生力量，巩固了党在基层的执政基础，也在乡村振兴实践中锻炼了队伍，为党培养了干部。2023 年中央一号文件明确，要派强用好驻村第一书记和工作队，强化派出单位联村帮扶。

1. 习近平总书记的重要论述为持续开展驻村帮扶提供了根本遵循

党的十八大以来，习近平总书记高度重视驻村帮扶工作，在许多重要会议、重要场合强调驻村帮扶工作的重要性，作出诸多深刻论述和重要指示。习近平总书记关于驻村帮扶工作的重要论述，是习近平总书记关于扶贫工作重要论述、关于"三农"工作重要论述的重要组成部分，为新时代全面打赢脱贫攻坚战和实施全面乡村振兴提供了根本遵循。

第一，驻村帮扶夯实党在农村的执政基础。加强和巩固党的执政基础,关键在基层,重点在农村,驻村帮扶是巩固党在农村的执政基础的重要方式。习近平总书记早在福建工作时期就曾撰文指出,驻村帮扶"密切了党群干群关系,巩固了党在农村的执政地位"[①]。在脱贫攻坚期间,精准选派驻村工作队是干部下沉基层的重要通道,驻村干部用心用力帮扶是密切干群关系的实践基础。驻村帮扶干部是打赢脱贫攻坚战的生力军,需要选最能打、最能干的人驻村。习近平总书记在2015年中央扶贫开发工作会议上强调,在村级层面,要注重选派一批思想好、作风正、能力强的优秀年轻干部和高校毕业生到贫困村工作,根据贫困村的实际需求精准选配第一书记、精准选派驻村工作队。[②]2017年6月,习近平总书记在深度贫困地区脱贫攻坚座谈会上再次指出,"打攻坚战的关键是人","深度贫困是坚中之坚,打这样的仗,就要派最能打的人","要把夯实农村基层党组织同脱贫攻坚有机结合起来,选好一把手、配强领导班子"。[③]只有把适合的人派驻到适合的村庄,做适合的工作,做到"人尽其才",才能实现精准扶贫,切实推动农村发展。精准选派驻村干部,是落实驻村帮扶工作、实现精准扶贫的重要一环。驻村干部强化责任担当意识是解决扶贫路上困难的精神动力与坚定理想信念的源泉,也得到广大驻村干部的深刻认同与认真贯彻,体现的是广大驻村干部责任担当意识,巩固了党在农村的执政基础。

第二,驻村帮扶推动乡村全面振兴。驻村帮扶是打通扶贫攻坚"最后一公里"的创新机制,是带领贫困群众脱贫致富,实现共同

---

① 习近平:《努力创新农村工作机制——福建省南平市向农村选派干部的调查与思考》,《求是》2002年第16期。
② 中共中央党史和文献研究室编《十八大以来重要文献选编(下)》,中央文献出版社,2018,第47—48页。
③ 习近平:《在深度贫困地区脱贫攻坚座谈会上的讲话(2017年6月23日)》,《人民日报》2017年9月1日第2版。

富裕，推动农业农村治理现代化的重要方式。2015年6月，习近平总书记在贵阳召开的部分省区市扶贫攻坚与"十三五"时期经济社会发展座谈会上提出，选派扶贫工作队是加强基层扶贫工作的有效组织措施，要做到每个贫困村都有驻村工作队、每个贫困户都有帮扶责任人。[①]同年，习近平总书记在中央扶贫开发工作会议上再次指出，在乡镇层面，要着力选好贫困乡镇一把手、配强领导班子，使整个班子和干部队伍具有较强的带领群众脱贫致富能力。[②]实践证明，选派机关优秀干部到村任第一书记，是加强农村基层组织建设、解决一些村"软、散、乱、穷"等突出问题的重要举措，是促进农村改革发展稳定和改进机关作风、培养锻炼干部的有效途径。在精准扶贫过程中，第一书记和驻村帮扶工作队共同构成了贫困村驻村帮扶的核心力量。2018年2月，习近平总书记在打好精准脱贫攻坚战座谈会上再次指出，"通过选派第一书记和驻村工作队，锻炼了机关干部，培养了农村人才"，第一书记和驻村干部"同当地基层干部并肩战斗，带领贫困群众脱贫致富"。[③]

第三，驻村帮扶是选拔优秀干部的重要途径。注重对驻村干部的培养、锻炼和任用，是中国共产党历来注重从基层锻炼、提拔干部传统的体现，是夯实党的执政基础的重要方式。选派优秀年轻干部到贫困村驻点帮扶，既是扶贫开发工作的需要，也是培养、锻炼和选拔干部的重要途径，这是党中央为推进扶贫开发工作和加强干

[①] 中共中央党史和文献研究院主编《习近平扶贫论述摘编》，中央文献出版社，2018，第37页。

[②] 中共中央文献研究室主编《十八大以来重要文献选编（下）》，中央文献出版社，2018，第47页。

[③] 习近平：《在打好精准脱贫攻坚战座谈会上的讲话（2018年2月12日）》，《求是》2020年第9期。

部队伍建设而作出的一项制度性安排。①习近平总书记历来十分重视对优秀干部和人才的培养。习近平总书记强调:"要把脱贫攻坚实绩作为选拔任用干部的重要依据,在脱贫攻坚第一线考察识别干部,激励各级干部到脱贫攻坚战场上大显身手。要把贫困地区作为锻炼培养干部的重要基地,对那些长期在贫困地区一线、实绩突出的干部给予表彰并提拔使用。"②"要把深度贫困地区作为锻炼干部、选拔干部的重要平台。扶贫干部要真正沉下去,扑下身子到村里干,同群众一起干……确保第一书记和驻村干部用心用情用力做好帮扶工作。"③"加强对驻村干部的培养培训,是增强精准扶贫、精准脱贫能力的必要手段。对在基层一线干出成绩、群众欢迎的干部,要注意培养使用。要加强宣传表彰,讲好脱贫攻坚故事。"④习近平总书记对驻村优秀干部注意"提拔使用"的论述,明确了提拔使用优秀干部是激励他们冲锋扶贫一线、守好责任田的重要手段,激活了驻村干部的积极性和战斗力。习近平总书记和党中央时刻关注关心驻村干部的生活动态和思想心理状态:"在脱贫攻坚一线工作的基层干部非常辛苦。今年元旦我在新年贺词中专门问候他们,就是要发出一个信号,要求地方党委和政府要关心、关爱、关注他们。"⑤"要关心爱护基层一线扶贫干部,让有为者有位、吃苦者吃香、流汗流

---

① 韩广富、刘心蕊:《习近平精准扶贫精准脱贫方略的时代蕴意》,《理论月刊》2017年第12期。
② 中共中央党史和文献研究室主编《十八大以来重要文献选编(下)》,中央文献出版社,第47页。
③ 习近平:《在深度贫困地区脱贫攻坚座谈会上的讲话(2017年6月23日)》,《人民日报》2017年9月1日第2版。
④ 习近平:《在解决"两不愁三保障"突出问题座谈会上的讲话(2019年4月16日)》,《求是》2019年第16期。
⑤ 习近平:《在深度贫困地区脱贫攻坚座谈会上的讲话(2017年6月23日)》,《人民日报》2017年9月1日第2版。

血牺牲者流芳,激励他们为打好脱贫攻坚战努力工作。"[1]"农村干部在村里,脸朝黄土背朝天,工作很辛苦,对他们要加倍关心。"[2]

第四,加强对驻村干部的管理。习近平总书记强调,脱贫攻坚任务能否高质量完成,关键在人,关键在干部队伍作风。加强对第一书记和驻村干部帮扶工作的管理培训,是解决驻村干部"想干不会干"的能力与方法问题,也是克服"散、弱、懒"等工作作风问题的有效方式。习近平总书记关于加强贫困村驻村工作队管理培训的论述,为科学化推进驻村干部管理、服务与培训的方式方法提供了指导和遵循。加强对驻村干部的管理,主要包括两个方面,一是加强对驻村干部的管理,增强其责任意识;二是加强对驻村干部的培训轮训,提高其帮扶能力。习近平总书记指出,要加大对西部地区干部特别是基层干部、贫困村致富带头人的培训力度,帮助西部地区提高当地人才队伍能力和水平,打造一支留得住、能战斗、带不走的人才队伍。[3] 习近平总书记强调,要加强脱贫攻坚干部培训,确保新选派的驻村干部和新上任的乡村干部全部轮训一遍,增强精准扶贫、精准脱贫能力。

2.驻村帮扶乡村振兴工作取得新成效

中国扶贫发展中心2022年9月组织专家对7省(市)14县28村进行驻村帮扶效果评估调研,先后与14个县的组织部门、乡村振兴部门进行座谈,并在调研村开展问卷调查,走访驻村干部、基层干部193人,村民1307人,共完成1500份问卷。总体看,驻村

---

[1] 中共中央党史和文献研究院编《习近平扶贫论述摘编》,中央文献出版社,2018,第53页。
[2] 同上书,第45页。
[3] 中共中央党史和文献研究院编《习近平扶贫论述摘编》,中央文献出版社,2018,第43页。

帮扶乡村振兴工作成效明显。《关于向重点乡村持续选派驻村第一书记和工作队的意见》(以下简称《意见》)印发以来,各地结合实际,围绕乡村振兴任务需要和驻村帮扶工作要求,出台了一系列政策措施,建立健全驻村帮扶工作机制,努力发挥驻村干部的积极作用,各地驻村干部帮扶取得了一定的成效,主要体现在四个方面。

一是巩固脱贫攻坚成果。各地驻村干部切合实际,完善了常态化预警机制和防返贫监测措施,充分发挥制度优势,依靠包括所驻村"两委"干部等基层力量,确保守住防止规模性返贫底线。驻村干部下沉到村,日常走访慰问脱贫不稳定户、边缘易致贫户、因特殊变故致基本生活严重困难户三类重点人群,进一步解决群众实际困难,宣传惠民政策,落实基本保障,巩固了党在农村的执政基础。

二是助力乡村产业发展。根据当地自然禀赋,驻村干部立足各地特色资源、关注市场需求,培育特色优势产业,结合派出单位的优势特点实施一村一策,带领群众找到产业思路和发展方向,制定了乡村产业振兴整体规划。驻村干部积极引进先进理念和发展模式,联结外部资源,助力产业升级,延伸了村级产业发展链条,壮大农村集体经济,增加帮扶地区农民收入。

三是推动基层治理提质增效。以组织振兴引领乡村振兴,驻村干部全面提升了基层党组织的组织力、凝聚力、战斗力,有效助力宣传贯彻党的方针政策;不断净化优化村"两委"干部队伍,通过规范村务运行,加强对本地党员干部的管理培养,持续完善基层党支部规范化建设。驻村干部以实际行动在乡村振兴和疫情防控中协助党组织开展工作。驻村干部进驻后作为网格员或信息员常态融入乡村治理,协助村干部进行矛盾调处,推进村组事务协商办理,支持和保障村民依法开展自治活动,进一步密切了干群关系。

四是推动提高乡村建设综合水平。根据问卷调查结果分析并结合实地调研和访谈情况来看，多数驻村干部选得优、下得去、融得进、干得好，作用发挥明显，体现出派出单位的帮扶优势和业务特色；能够因地制宜，充分利用资金、资产和资源，一门心思带领群众谋发展，体现出派出单位对驻村帮扶工作的重视和支持。派出单位对帮扶工作全力支持，驻村干部下沉基层开展帮扶工作，各项工作均得到了当地群众和基层干部的一致好评。

3. 持续提升驻村帮扶成效的路径

实践证明，驻村帮扶乡村振兴成效明显，但工作中也还存在一些共性问题，比如派驻力量不足，选派难度加大；帮扶形式化、短期化现象存在；制度保障和激励机制有待完善；帮扶资源分配不均，帮扶效果差异较大。这些问题需要各地各部门在工作推进中逐项解决，持续提升驻村帮扶效能。

一是持续优化帮扶干部结构。要把好驻村干部的选派关，以帮扶需求为导向，坚持"重点派、精准派、派精干"原则，注重派驻质量，精选派驻人员。要以帮扶村庄的发展需求为导向，推进帮扶单位、干部选派与帮扶村庄的发展禀赋和现实需求精准匹配。要以激励帮扶成效导向，在驻村帮扶工作中心任务、底线任务基础上，把业务创新和帮扶成效作为评优奖先重要依据，明确把敢于探索、结果导向作为驻村帮扶工作的目标。

二是持续完善驻村帮扶工作激励机制。推动完善驻村干部激励机制，切实打消驻村干部工作顾虑，提振信心；拟制负向激励制度，坚持权责一致，激励和约束并重，群众不满意、不称职、不胜任的驻村干部坚决召回调换，被召回的驻村干部，要在评奖评优、年度考核、提拔使用等方面进行限制；对弄虚作假、失职失责、造成恶劣影响的驻村干部予以问责，真正把驻村帮扶工作作为培养锻炼干部的广阔舞台。

三是持续建立健全驻村帮扶协调机制。统筹结对帮扶双方的强弱搭配,在安排结对帮扶时充分考虑帮扶村发展水平和派出单位的资源动员能力,实力强的单位向发展慢的村庄倾斜,有针对、差异化地选派驻村干部。探索村庄发展与驻村帮扶部门及干部双向选择机制,开展村庄经济社会发展需求评估,拓宽县域层面的村庄需求发布渠道,建立健全帮扶单位认领机制,实现派驻村与省内帮扶单位的精准对接,从而精准、有效地选派驻村干部。

四是持续优化驻村帮扶成效评估办法。首先,开展专题研究。组织第三方力量,对驻村干部的选派范围、派驻规模和帮扶成效等相关问题继续开展细致深入的专题研究,为乡村振兴做好驻村帮扶工作提供理论和学术支撑,推动构建一套合理有效的驻村帮扶工作评价体系。其次,做好培训工作。由各级组织部门会同本级乡村振兴部门及相关业务部门,加强对驻村干部的实务培训,在其上任前和任期中进行岗前培训和任中指导,提高驻村干部的工作能力和实践能力,培养全面推进乡村振兴的长远视野和综合素养。最后,加强过程督导和结果管理。对驻村干部引进的项目从前期规划设计、中期落实执行、后续管护、预期成效等方面进行追踪考察,将第一书记和驻村帮扶工作队在任期间的新建项目、资产使用和收益变更情况全部纳入监督评价范围,同时加大对驻村干部的考核力度,让有为者有位,推动驻村帮扶工作在乡村振兴进程中发挥更大作用。

二、扎实推进乡村全面振兴新质生产力的形成发展

自2023年9月在考察黑龙江时首次提出新质生产力以来,习近平总书记在2023年中央经济工作会议、中共中央政治局第十一次集体学习、十四届全国人大二次会议江苏代表团审议等多个重要场

合，科学回答了"什么是新质生产力、为什么要发展新质生产力、怎样发展新质生产力"等重大问题。面对世界百年未有之大变局，习近平总书记从生产力视角回答中国之问、世界之问、人民之问、时代之问，形成了思想深邃、逻辑严密、内涵丰富的新时代新质生产力理论体系，从理论认识、方法运用、精准施策等方面为推进乡村全面振兴新质生产力的形成发展提供了根本遵循和行动指南。

（一）准确把握理论逻辑

乡村全面振兴新质生产力蕴含了新质生产力的普遍规定性。这一新质生产力催生于农业农村领域的技术革命性突破、生产要素创新性配置和产业深度转型升级，基本内涵体现为农业农村劳动者、劳动资料、劳动对象及其优化组合的跃升，核心标志是农业农村发展全要素生产率的大幅提升，特点是创新，关键在质优，本质是先进生产力。这一新质生产力坚持这样的发展原则：从实际出发、先立后破、因地制宜、分类指导，根据本地的资源禀赋、产业基础、科研条件等，有选择地推动新产业、新模式、新动能发展，用新技术改造提升传统产业，积极促进农业产业高端化、智能化、绿色化。

推进乡村全面振兴新质生产力的形成发展本质上就是农业农村新质生产力的形成与运用。静态看，这一新质生产力的主体特征是高素质劳动力，技术特征是颠覆性创新，配置特征是多要素渗透融合，结构特征是以农业边界突破与产业链条延伸，形态特征是数智化和绿色化转型。动态看，这一新质生产力以农业科技创新为驱动力量，以数字化、智能化、绿色化、融合化、高质化、高效化为目标导向，以培育未来产业、壮大新兴产业、改造升级传统农业和促进一、二、三产业融合发展为核心抓手，以创新链、产业链、资金链、人才链深度融合为发展路径，以农业全要素生产率大幅提升为主要标志。综合看,这一新质生产力是摆脱高资源投入和高环境损耗、支撑引领农业高质量发展的先进生产力。

发展乡村全面振兴新质生产力是推进乡村全面振兴的有效途径。发展农业农村新质生产力应以科技创新为引领,以实体经济为支撑,以深化改革为动力,突出现有农业科技创新成果的集成应用,注重通过技术集成尽快形成农业现实生产力,切实提高资源要素利用效率、土地产出效率和劳动生产效率,拓展农业生产空间。以绿色可持续发展为底色,创新农业产业组织模式,强化利益联结机制,大力促进一、二、三产融合和城乡融合,让广大农民和乡村在农业强国建设进程中实现包容性发展,促进农民农村共同富裕。

（二）科学运用辩证方法

1. 坚持微观、中观与宏观推动相结合

微观层面,以农业企业创新发展为重心,强化企业创新主体地位,充分发挥农业龙头企业创新主体作用和企业家创新精神,加强对农业企业的创新支持力度,培育一批新型农业服务企业、农业数字化企业、科技创新企业。积极构建以企业为主体、产学研创新联合体机制,支持培育技术引领型农业科技产业集群。中观层面,聚焦逐步构建"特色优势农业产业+农业战略性新兴产业和未来产业"相互融合的现代农业产业体系。对传统种养业进行现代化改造,加速推进粮、棉、油、肉、蛋、奶等农牧业传统优势产业向高科技、高质量、高效能、绿色化方向迭代升级。同时,以科技创新引领产业创新,引领培育农业领域战略性新兴产业、未来产业,加速培育壮大生物育种、智能农机、农业数据、生物饲料、生物肥药、农业疫苗、新型食品等农业新兴产业集群。宏观层面,重在建设农业科技创新体系,充分发挥有为政府作用和新型举国体制优势,突破一批颠覆性技术，加快发展农业科技新质生产力。加强政府在科技成果产业化中的导向作用，聚力破解生物育种、健康食品、绿色低碳、智能装备、生物质材料等关键技术难题、共性技术难题和"卡脖子"瓶颈问题，着力推动科技成果转化为实际生产力。

2. 坚持以应对发展新质生产力的现实挑战为着力点

这要重点围绕四个方面着力。一要着力提高农业全要素生产率。2022年我国占总就业人数24.1%的第一产业劳动者仅创造7.3%的GDP，占比98%的小农户构成农业生产经营的绝对主体，农业全员劳动生产率不足非农业全员劳动生产率的25%。二要着力提升农业原始创新能力。我国农业科技进步贡献率从2012年的54.5%提高至2022年的62.4%，而发达国家这一比例在80%左右。农业技术的对外依存度较大，关键领域核心技术和产品自主可控能力不强。全国农业科研投入强度为0.71%，远不及美国、德国、荷兰等世界农业强国1.9%的平均水平。三要着力增强高水平农业科技人才的支撑力度。我国科研机构和科技人才评价体系仍亟待完善，农业科技人才发展环境有待优化，农业科技体制机制改革亟待进一步深化。我国高水平农业科学家比例为0.049‰，和美国的0.738‰仍有较大差距。四要着力打破城乡融合发展的制度壁垒。努力加快农业规模化发展进程，加快农村要素市场发展，深化农村户籍制度、土地产权制度改革，不断提高农业全要素生产率。

3. 坚持政府引导和充分发挥市场作用相结合

一是充分发挥社会主义集中力量办大事的优势，促进乡村振兴领域的产学研深度融合，激发政府、科研机构、企业三位一体的协同创新动力活力。二是建立全国统一大市场，畅通城乡要素合理流动，建立城乡统一的土地、劳动力、数据、能源市场。三是营造透明、稳定、可预期推进乡村全面振兴的政策环境,健全资本市场,激励引导社会资金流向战略性新兴农业产业与未来产业。四是通过加强基础研究、推进科技体制改革、激发人才创新活力、加大吸引和利用外资力度、加强国际合作与交流等举措统筹好科技自立自强与高水平开放。

4.坚持统筹好顶层设计与因地制宜的关系

国家制定产业与区域发展战略规划,统筹协调各地重点发展领域,针对不同地区和不同行业进行分类指导,坚持全国一盘棋。各地在国家战略和方针下,找准自身优势,培育各具特色的先进产业集群。科学理性地确定主攻方向和突破口,做好土特产文章。推进新时代西部大开发,注重坚持推进新型城镇化和推进乡村全面振兴有机结合,打造具有地域特色的推进乡村建设模式,发展各具特色的县域经济,把因地制宜推进乡村全面振兴的新质生产力的发展摆在突出位置,培育一批农业强县、工业大县、旅游名县,促进农民群众就近就业增收。各地推进乡村全面振兴要主动服务国家重大战略,加强同国家区域发展战略和区域重大战略对接,主动参与区域合作,共同打造具有竞争力的现代农业产业集群。

(三)因地制宜精准施策

发展推进乡村全面振兴的新质生产力,总的要求是要以习近平总书记关于发展新质生产力的重要论述为指引,牢牢把握坚持高质量发展这一新时代的硬道理,根据本地资源禀赋、产业基础、科研条件等,用新技术改造提升传统产业,有选择地推动新产业、新模式、新动能的发展,形成各自的比较优势、竞争优势与分工特色,全力打造发展推进乡村全面振兴的新质生产力的良好生态。

1. 聚焦关键领域、关键环节，精准多维发力

一是深化科技体制、教育体制、人才体制等改革，让城乡各类先进优质生产要素向发展新质生产力顺畅流动，打通束缚新质生产力发展的堵点、卡点。二是以"补链、强链、延链"为重点，加快推动创新资源向产业链上下游集聚、有机融合，不断提升农业科技成果转化水平，建强乡村振兴领域的人才队伍，以科技创新推动农村产业创新，加快农业传统产业数字化转型、智能化改造。三是强化企业科技创新的主体地位，引导创新要素向企业聚集，促进中央企业与西部地区融合发展，落实民营经济参与乡村振兴的支持政策。四是坚定不移走生态优先、绿色发展之路。实施生态领域科技创新行动，推广应用绿色科技创新和先进绿色技术，培育建设绿色工厂、绿色园区、绿色供应链，构建城乡融合绿色低碳循环经济体系，提升生产力可持续发展水平。

2. 聚焦乡村振兴领域新质劳动资料和劳动对象的培育，精准推动两者有机融合

用农业科技最新成果赋能农业生产，对耕地、种子、化肥、农机具、农业设施等进行迭代升级，加快形成高效、智能、绿色的新型生产方式，不断提高全要素生产率；推动土地资源高效利用，深入实施土地流转制度，实现土地资源集约化、规模化利用；加快现代农业设施改造，提升农业软硬件设施的智能化、数字化水平，提高农业生产质量；实施种业振兴行动，推进绿色生产；发展现代农业产业园、休闲农业、都市农业等新型业态，促进农村资源的高效利用；加快信息技术推广应用，利用大数据、物联网、云计算、人工智能等，将数据资源转化为生产力，运用农业大数据平台为研发、种植、销售等提供科学决策。

3.聚焦农业农村领域的新型劳动者,精准培育新型职业农民

建立完善的农民培训体系,开展农业职业技术教育、继续教育、远程教育等形式,涵盖农业生产、信息技术、经营管理、法律政策等内容,提升农民知识和技能水平;出台财政补贴、普惠金融、税收减免等扶持政策,鼓励青年人投身农业,加快培育"农创客"队伍,发展家庭农场、农民合作社、农业科技企业等新型农业经营主体;加大农业科技研发和推广力度,助力农民掌握先进的种植、养殖和加工技术;建立新型职业农民资格认证体系,在专业技能等级认定、政策待遇、奖励表彰等方面完善激励机制;大力搭建产业化平台,发挥好示范引领作用。

三、有力有效激发和增强区域、群众内生发展动力

党的二十大报告作出增强脱贫地区和脱贫群众内生发展动力的决策部署,是以习近平同志为核心的党中央立足全面建设社会主义现代化国家新征程,深刻把握巩固拓展脱贫攻坚成果的新形势提出的新要求,从区域和个体两个维度、物质和精神两个层面,为脱贫攻坚过渡期深入推进巩固拓展脱贫攻坚成果同乡村振兴有效衔接、高质量发展指明了方向。增强脱贫地区和脱贫群众内生发展动力,需要以习近平总书记重要论述为遵循,理解和把握有关理论逻辑和政策要求,总结交流各地成功经验,明确基本原则,有力有序推进脱贫地区和脱贫群众内生发展动力的持续提升。

(一)以习近平总书记重要论述为根本遵循

习近平总书记始终高度重视脱贫地区和脱贫群众内生发展动力,发表了一系列重要论述。比如,习近平总书记指出:"脱贫攻

坚是干出来的,首先靠的是贫困地区广大干部群众齐心干。用好外力、激发内力是必须把握好的一对重要关系。对贫困地区来说,外力帮扶非常重要,但如果自身不努力、不作为,即使外力帮扶再大,也难以有效发挥作用。只有用好外力、激发内力,才能形成合力。"[①] 又如,2022年12月23日,习近平总书记在中央农村工作会议上指出:"全面推进乡村振兴是新时代建设农业强国的重要任务","人力投入、物力配置、财力保障都要转移到乡村振兴上来"。要"全面推进产业、人才、文化、生态、组织'五个振兴'","统筹部署、协同推进,抓住重点、补齐短板"。"产业振兴是乡村振兴的重中之重","必须落实产业帮扶政策","把'土特产'3个字琢磨透","依托农业农村特色资源,向开发农业多种功能、挖掘乡村多元价值要效益,向一二三产业融合发展要效益,强龙头、补链条、兴业态、树品牌,推动乡村产业全链条升级,增强市场竞争力和可持续发展能力"。"巩固拓展脱贫攻坚成果是全面推进乡村振兴的底线任务","要继续压紧压实责任","把脱贫人口和脱贫地区的帮扶政策衔接好、措施落到位,实现平稳过渡,坚决防止出现整村整乡返贫现象"。"要坚持把增加农民收入作为'三农'工作的中心任务,千方百计拓宽农民增收致富渠道"。[②] 这些重要论述,充分彰显了中国共产党以人民为中心的发展思想,体现了人民领袖深厚的为民情怀,为如何在新征程上增强脱贫地区和脱贫群众内生发展动力提供了根本遵循。

学习领会习近平总书记关于脱贫地区和脱贫群众内生发展动力的重要论述,可以从观念、能力、行动三个层面进行理解和把握。

---

① 中共中央党史和文献研究院编《习近平扶贫论述摘编》,中央文献出版社,2018,第138—139页。
② 习近平:《加快建设农业强国 推进农业农村现代化》,《求是》2023年第6期。

1. 观念层面

习近平总书记强调，摆脱贫困首要并不是摆脱物质的贫困，而是摆脱意识和思路的贫困；只要有信心，黄土变成金；人穷志不能短，扶贫必先扶志；脱贫致富贵在立志，只要有志气、有信心，就没有迈不过去的坎；没有脱贫志向，再多扶贫资金也只能管一时、不能管长久；要把扶贫同扶志结合起来，着力激发贫困群众发展生产、脱贫致富的主动性，着力培育贫困群众自力更生的意识和观念；要注重扶贫同扶志、扶智相结合，把贫困群众积极性和主动性充分调动起来，引导贫困群众树立主体意识，发扬自力更生精神，激发改变贫困面貌的干劲和决心；要做好对贫困地区干部群众的宣传、教育、培训、组织工作，让他们的心热起来、行动起来，引导他们树立"宁愿苦干、不愿苦熬"的观念；扶贫既要富口袋，也要富脑袋；要教育引导群众抵制陈规陋习，发扬勤俭节约的优良传统；让每一个孩子都对自己有信心、对未来有希望；只要贫困地区干部群众激发走出贫困的志向和内生动力，以更加振奋的精神状态、更加扎实的工作作风，自力更生、艰苦奋斗，我们就能凝聚起打赢脱贫攻坚战的强大力量。

2. 能力层面

习近平总书记强调，扶贫必扶智；要让贫困家庭的孩子都能接受公平的有质量的教育，起码学会一项有用的技能；要加强老区贫困人口职业技能培训，授之以渔，使他们都能掌握一项就业本领；振奋贫困地区和贫困群众精神风貌；注重培育贫困群众发展生产和务工经商的基本技能，注重激发贫困地区和贫困群众脱贫致富的内在活力，注重提高贫困地区和贫困群众自我发展能力；培养贫困群众发展生产和务工经商技能，组织、引导、支持贫困群众用自己辛勤劳动实现脱贫致富。

3.行动层面

习近平总书记强调，脱贫致富终究要靠贫困群众用自己的辛勤劳动来实现；要鼓励个人努力工作、勤劳致富，创造和维护权利公平、机会公平、规则公平的社会环境，让每个人通过努力都有成功机会；打开孩子们通过学习成长、青壮年通过多渠道就业改变命运的扎实通道；要重视发挥广大基层干部群众的首创精神，支持他们积极探索，为他们创造八仙过海、各显神通的环境和条件；组织和支持贫困群众自力更生，发挥人民群众主动性；多采用生产奖补、劳务补助、以工代赈等机制，不大包大揽，不包办代替，教育和引导广大群众用自己的辛勤劳动实现脱贫致富。

（二）准确把握激发培育乡村振兴内生发展动力的政策要求与基层实践

中国共产党历来高度重视激发内生发展动力。20世纪90年代我国政府确立了开发式扶贫方针，把发展作为解决贫困问题的根本路径。党的十八大以来，党中央实施精准扶贫精准脱贫基本方略，将扶贫与扶志扶智相结合，发展产业、鼓励就业、支持教育、引导群众克服"等靠要"思想，以发展的办法巩固脱贫成果。

新时代党关于增强内生发展动力的政策要求体现在以下条例、法规、政策中。《中国共产党农村工作条例》将"尊重农民主体地位和首创精神"作为党的农村工作基本原则的重要内容，《乡村振兴战略规划（2018—2022年）》将"增强农业农村自我发展动力"作为基本原则，《乡村振兴责任制实施办法》将"增强脱贫地区和脱贫群众内生发展动力"作为巩固拓展脱贫攻坚成果的重要任务。党的十九大以来每年的中央一号文件都对增强内生动力提出了要求，既强调农民要在精神上自强自立，也强调农村要在物质上加快发展，还特别要求通过深化改革的办法激发农村地区发展的内生动力。如2023年中央一号文件将增强脱贫地区和脱贫群众内生发展动力作为巩固脱贫攻坚成果的总抓手，明确提出把增加脱贫群众收入作为根本要求，把促进脱贫县加快发展作为主攻方向，更加注重扶志扶智，聚焦产业就业，不断缩小收入差距、发展差距。

各地以习近平总书记关于激发内生动力重要论述为指引，贯彻落实党和国家有关决策部署，结合实际，在脱贫攻坚、巩固拓展脱贫攻坚成果同乡村振兴有效衔接、全面推进乡村振兴的实践中，积累形成多种多样的经验做法。总结起来，主要有以下六个方面。

1. 守住不发生规模性返贫的底线是激发增强内生发展动力的前提条件

落实"四个不摘"要求，坚持巩固住再往前走，建立健全防止返贫动态监测帮扶机制，各地立足省情动态调整防止返贫监测标准，创新信息化手段，通过农户自主申报、干部走访、部门筛查预警进行常态化监测和集中排查，将易返贫致贫人口纳入监测帮扶，切实做到早发现、早干预、早帮扶，守住了不发生规模性返贫的底线，增强了脱贫地区和脱贫群众内生发展动力。

2. 培育提升产业是激发增强内生发展动力的重要支撑

产业兴旺是解决农村发展问题的前提。各地立足资源禀赋，坚持在"土特产"上下功夫，统筹脱贫地区产业规模化提升和到户类产业扶持，在选准产业发展方向、补齐产业短板弱项、选好产业经营模式、健全和落实联农带农机制方面进行了有益实践。如云南省大理白族自治州宾川县蔡甸村探索出"党支部＋合作农场＋托管"的全产业链利益联结机制，通过提成、返利、分红、工资等利益联结机制实现农民利益最大化，得到了群众的普遍认可；四川省广元市苍溪县从小果园、小桑园、小药园、小鱼塘、小养殖"五小"经济起步，逐步形成"庭院经济"模式，进而发展壮大成为家庭农场，促进当地特色产业规模和利润的增长，持续带动脱贫群众增收致富；浙江省衢州市常山县紧抓胡柚、香柚两大"土特产"，聚力打造"柚香谷"，开发"双柚汁"饮品，现已风靡浙江、进驻北京。另外，沙县小吃、柳州螺蛳粉、大同黄花等经过多年产业转型升级打造，成为消费扶贫区域性品牌。

3. 积极扩大就业是激发增强内生发展动力的现实路径

2022 年，全国脱贫人口人均工资性收入达到 9710 元，比上年增加 1183 元，增长 13.9%，占人均纯收入的 67.7%。实践证明，脱贫人口稳岗就业是脱贫人口增收最直接有效的途径。各地坚持就业优先战略，用好用足现有就业帮扶政策，统筹脱贫人口外出务工与促进就近就业双向发力，充分发挥东西部劳务协作、对口支援、定点帮扶和省内劳务协作机制作用，支持就业帮扶车间发展，开发公益性岗位，加大以工代赈力度，强化返乡回流人员就业帮扶，实施"雨露计划+"就业促进行动。如贵州省黔西市新仁苗族乡化屋村，加强帮扶车间与以工代赈的村庄基础设施建设，激发村民的村庄主体意识并培育其致富内生动力；山西省临汾市汾西县，开发县直各单位机关后勤、安保卫生等公益性岗位，增加县城周边居住的脱贫劳动力稳岗就业机会；山西省吕梁市，推出"吕梁山护工培训就业计划"，如今"吕梁山护工"已经成为家喻户晓的劳务品牌，让 4 万多人走出大山，甚至走出国门。

4. 发展新型农村集体经济是激发增强内生发展动力的助推力量

各地深入开展农村集体产权制度改革，因地制宜探索资源发包、物业出租、居间服务、资产参股等多种模式,自我造血能力有效增强。如浙江省杭州市萧山区凤凰村结合村民经商需求,让"村集体赚房租钱,村民赚产业钱";陕西省延安市南沟村,有序推进"资源变资产、资金变股金、农民变股东"的"三变"改革,积极探索多元化发展模式,实现"村集体收入丰了,村民钱袋子鼓了";重庆市酉阳县何家岩村,采取"公司+企业+高校+村集体+农户"经营模式,让农民加入"花田贡米"的"智慧认养"新业态。

5. 发展壮大县域经济是激发增强内生发展动力的关键所在

各地围绕发展壮大县域经济,发挥比较优势,优化空间布局,大力发展新产业新业态,通过引进落地一批劳动密集型企业,培育认定一批联农带农、富民强县的龙头企业,扶持壮大一批新型农业经营主体,鼓励推动一批社会力量着眼脱贫地区发展等具体举措,促进生产要素集成转化,推动脱贫地区县域经济高质量发展,脱贫人口持续增收。如新疆维吾尔自治区利用原料、电力、区位等优势,主动承接东中部纺织服装业产业转移,促进了区域经济发展、就业人数大幅增加;江苏省常州市通过东西部协作机制,推动陕西省安康市抢抓东部产业转移机遇,大力发展毛绒玩具产业,加快促进了相关产业的集聚,推进了对江浙地区配套产业链条的转移承接,有效带动脱贫人口就业增收;广东省动员龙头企业在贵州省毕节市建设多品类农产品产业核心种植示范基地、农畜产品加工配送中心等项目,带动周边农村劳动力就业增收。

6. 提升脱贫群众高技能素质是激发增强内生发展动力的治本之策

各地通过人才评定、选派专家、培育致富带头人等措施和政策,不断增强脱贫地区内生发展动力,提高脱贫群众增收致富能力。不少地方针对脱贫群众需求，大力实施"雨露计划+"就业促进行动，开展多形式职业技能培训，切实增强脱贫群众信心和本领。如山东省德州市对脱贫家庭子女提供"131"就业服务（1次职业指导、3次岗位推介、1次技能培训或就业见习机会），发补贴、给托底，精准落实"雨露计划+"就业促进行动；河南省开封市兰考县创新推出"三三三"措施（三个工作机制、三项培训需求、持证就业增收三种比率），逐步实现"人人持证、技能上岗"；安徽省潜山市为易地扶贫搬迁安置点脱贫妇女提供家政服务技能培训，赋予其"一技之长"；广西壮族自治区南宁市隆安县依托"小梁送工"就业服务模式，持续开设电工、焊工、修剪工等订单式技能培训，实现脱贫劳动力人工匹配。

（三）激发增强内生发展动力的主要途径

激发增强脱贫地区和脱贫群众内生发展动力要坚持五项基本原则。一是坚持党的领导，健全领导体制和工作机制，以责任落实推动工作落实、政策落实，为巩固拓展脱贫攻坚成果提供坚强保障；二是坚持群众主体，把农民群众满意不满意作为评判工作的最高标准，让脱贫人口在巩固拓展脱贫攻坚成果中有更多获得感、幸福感、安全感；三是坚持因地制宜，根据各地经济基础、自然条件、区位特征、资源优势、文化传统等，统筹推进、分类施策；四是坚持改革创新，推动人才、技术、土地、资本等要素在城乡间双向流动和平等交换，稳慎推进土地制度改革，为脱贫地区发展和脱贫群众增收注入强大动力；五是坚持凝聚合力，增强脱贫群众自我发展的志气、心气、底气，构建专项帮扶、行业帮扶、社会帮扶互为补充的工作格局，实现脱贫群众和政府、市场、社会协同发力。

1. 大力发展特色产业,做好"土特产"这篇大文章

发展特色产业是增强脱贫地区和脱贫群众内生发展动力的重要支撑。特色产业作为脱贫地区发展的根基和驱动力,不仅可以推动脱贫地区优势资源有效转化,为脱贫地区发展提供物质基础,还可以留住农村人力资源,并吸引劳动力回流,从而增强脱贫地区经济社会发展的内在活力。同时,特色产业的可持续发展可以为脱贫地区和脱贫群众注入发展动能,因地制宜培育特色优势主导产业,加快推动产业全链条升级,打造优势明显、成长性好、可持续性强的特色产业,有利于激发脱贫群众的发展意愿,增强脱贫地区的发展活力。此外,发展特色产业还是带动脱贫群众就业增收的有效途径,是提升脱贫群众发展能力的重要举措。在实际工作中,要统筹指导各地科学做好"土特产"文章,遵循市场规律,瞄准现代需求,把握目标定位,突出"小而精",支持以中央财政衔接资金为先导、撬动社会资本,共同精准培育"土特产"产业,并引导各地"土特产"均衡布局专业细分市场、特色小众市场。同时,瞄准中心城市和发达地区居民过上更加美好生活对优质农产品、生态产品与服务的大量需求,在特色发展和品牌化发展上做文章,以道路交通和仓储、冷链等物流设施建设为支撑,大力发展现代特色农业、生态产业和农旅结合、文旅结合相关产业,不断提高物流效率和服务水平,不断延伸产业链条,不断提高产业附加值,构建一、二、三产业融合发展同城乡融合发展协同推进格局。

2. 贯彻新发展理念,积极扩大就业

创新就业理念,拓宽就业渠道,加强兜底就业帮扶。依托数字乡村建设,支持脱贫地区因地制宜培育共享农业、体验农业、创意农业、农商直供、个人定制等农村数字化新产业新业态,为脱贫群

众创造更多家门口就业的新机会和新岗位。继续深化东西部劳务协作，深入开展易地搬迁群众就业帮扶专项行动，全面实施防止返贫就业攻坚行动，持续运营好就业帮扶车间和其他产业帮扶项目，确保脱贫劳动力就业规模稳定在3000万人以上。充分发挥乡村公益性岗位就业保障作用，解决好发展困难群体的就业难题。深入开展"雨露计划+"就业促进行动，组织开展从教育培训到促进就业的全链条帮扶措施，进一步提升脱贫群众的收入水平。

3. 发展壮大县域经济，推动内生发展动力全面提升

首先，各地区要立足资源禀赋和区位条件，发挥土地资源、劳动力资源、自然资源较丰富等比较优势，优化营商环境，积极引进中心城市和先发地区资本、技术，主动承接产业转移，在规模化发展和聚集发展上做文章，以工业化带动新型城镇化，构建县城、乡镇、中心村功能衔接的产业布局和以县城为枢纽、小城镇为节点的县域经济体系。持续支持脱贫地区改善基础设施条件，提高县域发展承载力；支持脱贫地区主动承接产业转移，打造劳动密集型产业集群，培育县域经济新增长点，扶持壮大龙头企业。

其次，要深入推动农业供给侧结构性改革，加快推进农业产业纵向和横向融合发展，完善种植、加工、销售一体化的产业链条，实现乡村经济多元化和农业全产业链发展，把除提供原材料或制造初级产品之外的其他环节产生的利润留在本土，通过延长产业链，实现农业增效、农民增收、农村繁荣。

再次，要着力建构良性的工农关系和城乡关系，既要提升农民人力资本，又要增强产业吸纳劳力的能力，推动人才、技术、信息、资金等生产要素在城乡间的流动和共享，通过城乡融合实现县域内乡村产业的可持续发展，并挖掘县镇市场和农村市场的巨大潜力，

通过增强消费发挥增收效应，形成国民经济的良性循环。

最后，要注重配套改革和配套政策设计，提升政策协同性。如推进农民致富带头人培训，推进农村集体产权制度改革，发展农村电子商务体系，发展集体经济组织的经营能力，等等，以真正带动脱贫群体和其他生产主体发展。

4. 多措并举，大力发展新型集体经济

以县为单位，全面摸清土地、房屋等集体经济可利用资源，建立健全台账式管理机制。从经济带、城市群区域经济视角出发，以工业化、城镇化背景下日益增值的土地资源和生态资源为根基，统筹谋划不同村庄集体经济发展方向和具体模式。要围绕县域重点产业，立足本村优势特色，创新发展路径，形成参股经营型、资源开发型、农业社会化服务型等多种模式，强化确权到村的经营性扶贫资产运营管理，规范农村集体经济组织运行，加强村级光伏扶贫电站管理维护，规范村级集体经济收益分配，支持依法合理利用村集体机动地、"四荒地"、闲散果园、养殖水面，盘活闲置宅基地和闲置住宅，发展现代农业等。根据外来资本和本村经营管理能力等具体条件，选择出租、入股、主营等灵活多样的集体资产经营管理模式，不断深化与各类市场主体的合作，在发展中提升能力、壮大规模，完善利益联结机制，探索成立乡镇联合发展平台，开展村村联合发展，走各具特色的强村富民之路。

5. 深化农村改革，激发内生发展动力增强动能

一是创新扶贫项目资产运营管理。研究探索接轨市场、具备弹性的扶贫项目资产管理制度，稳慎引入社会资本和投融资平台，分类整合利用试点项目资产，推动确权到村的经营性扶贫项目资产逐步实现高效运营管理。二是推进农村土地制度改革和农村集体产权

制度改革。三是优化脱贫地区营商环境。指导脱贫地区对标先进，以"降成本""优服务"为重点改善营商环境，强化配套基础设施和规划布局，优先保障经东西部协作渠道转移而来的劳动密集型产业落地运行所需的基本要素。四是消除阻碍县域内破除城乡二元结构的体制机制因素，创新制度政策供给。五是针对留守儿童、妇女、老年人、残疾人等特殊群体，通过建立健全"支部引路、党员带头、村民参与，农户受益"等联动机制，依托村理事会、红白理事会、慈善协会等社区组织，开展助人活动，为这些群体参与社区公共事务提供平台，帮助其主动参与到社区建设中，消除其对外在环境的恐惧感和无力感，增强其内生发展动力。

6. 把推进乡村人才振兴摆在更加突出的位置，完善发挥农民主体作用的制度体系

一是大力培养一大批乡村发展引路人、产业带头人、政策明白人。二是发挥返乡回流脱贫人口作用，指导各地积极破除返乡回流脱贫人口尤其是50岁以上中老年劳动力的再就业制度障碍。对返乡回流脱贫人口强化"以工代训"，帮助其增强发展生产和务工经商技能，培养成"土专家""田秀才"。三是畅通城乡人才流动渠道。四是健全自下而上、农民参与的实施机制，完善农民全程参与的体制机制。五是强化脱贫群众的思想文化教育，坚持用伟大精神、先进文化、榜样先锋等激发脱贫群众的发展斗志，潜移默化地消除"等靠要"思想。六是突出重点区域的职业教育，在国家乡村振兴重点帮扶县、易地扶贫搬迁大型安置区建设一批培训基地和技工院校，扩大技工院校招生和职业教育培训规模，积极开展市场经营、就业创业、健康素养等培训活动，帮助脱贫群众增强参与意识，掌握干事创业的实用技能。

增强脱贫地区和脱贫群众内生发展动力需要一个历史过程，久久为功。在保障措施上，一是要强化党建引领；二是要强化政策支持；三是深化东西部协作；四是加强人才下乡政策激励；五是强化宣传引导，完善推进机制。

四、以进一步深化农村改革激发乡村全面振兴活力

习近平总书记在 2023 年底召开中央农村工作会议之际作出重要批示，指出："要强化科技和改革双轮驱动，加大核心技术攻关力度，改革完善'三农'工作体制机制，为农业现代化增动力、添活力。"①2024 年中央一号文件明确要求强化农村改革创新，在坚守底线前提下，鼓励各地实践探索和制度创新，强化改革举措集成增效，激发乡村振兴动力活力。2024 年 7 月，党的二十届三中全会通过《中共中央关于进一步全面深化改革、推进中国式现代化的决定》，该决定在"完善城乡融合发展体制机制"部分对全面深化农村改革作出一系列重大部署。在新时代新征程上推进乡村全面振兴，各地各部门必须用好改革这一重要法宝，自觉把改革摆在更加突出位置，进一步深化农村改革，激发农业农村发展活力，以加快农业农村现代化，更好推进中国式现代化建设。

（一）深刻领悟进一步深化农村改革的根本遵循

新时代特别是党的十八届三中全会以来，习近平总书记亲自领导、亲自部署、亲自推动全面深化改革工作，创造性提出一系列新思想、新观点、新论断，明确回答了新时代为什么要全面深化改革、怎样推进全面深化改革等重大问题，以全新的改革思想指导新

---

①《中央农村工作会议在京召开 习近平对"三农"工作作出重要指示》，《人民日报》2023 年 12 月 21 日第 1 版。

实践、引领新变革，构成习近平新时代中国特色社会主义思想重要组成部分，为推动新时代全面深化改革提供了指导思想。习近平总书记始终为农村改革掌舵定向，亲自谋划、亲自部署、亲自推动承包地"三权分置"改革、农村集体产权制度改革、建立健全城乡融合发展体制机制和政策体系等一系列重大改革任务，为持续推进深化农村改革、激发农业农村发展活力提供了根本遵循。

1. 始终坚持把深化改革作为推进农业农村现代化的根本动力

"改革开放以来，我们党领导农民率先拉开改革大幕，不断解放和发展农村社会生产力，推动农村全面进步，实现了由温饱不足向全面小康迈进的历史性跨越。"[1]这深刻阐明了农村改革是农业农村取得历史性成就、发生历史性变革的重要原因。"解决农业农村发展面临的各种矛盾和问题，根本要靠深化改革，调动亿万农民积极性。"[2]"要加快推进农村重点领域和关键环节改革，激发农村资源要素活力。"[3]这些重要论述深刻阐述了农村改革是解决农业农村发展面临的各种矛盾和问题的根本之策。习近平总书记原创性地提出了关于农民承包的土地具有所有权、承包权、经营权属性的理论，深刻印证了农村改革是开拓马克思主义政治经济学新境界的重要实践来源。实践证明，在中国式现代化进程中，持续深入推进农村改革创新，坚定不移扩大开放，可以为推进农业农村现代化提供更完善的制度政策保证、更强大的能力支撑、更强劲的动力源泉。

2. 始终坚持正确的改革方向

习近平总书记反复强调，坚持和加强党的全面领导，"是贯穿改

---

[1] 习近平：《论"三农"工作》，中央文献出版社，2022，第2页。
[2] 同上书，第199页。
[3] 同上书，第14页。

革全过程的政治主题";"我们党领导的改革历来是全面改革","是在中国特色社会主义道路上不断前进的改革"。这就决定了确保推进和深化农村改革沿着正确道路前进的关键,一是坚持党的领导,这是改革的根本政治保证;二是坚持中国特色社会主义道路,这是改革的正确前进方向。习近平总书记指出:"深化农村改革,必须继续把住处理好农民和土地关系这条主线,把强化集体所有制根基、保障和实现农民集体成员权利同激活资源要素统一起来,搞好农村集体资源资产的权利分置和权能完善,让广大农民在改革中分享更多成果。"[①] 这一重要论述充分体现了农民与土地的关系在农村改革中的基础性地位,为农村发展明晰了改革方向,实际上也是明确了在新时代新征程上我国全面深化农村改革的主攻方向。

3. 始终坚持科学推进改革的方法论

一是要坚持以人民为中心推进改革,深化农村改革要尊重农民主体地位和首创精神。习近平总书记强调,"全面深化改革必须以促进社会公平正义、增进人民福祉为出发点和落脚点","从人民利益出发谋划改革思路、制定改革举措","做到老百姓关心什么、期盼什么,改革就要抓住什么、推进什么"。这些重要论述,体现了我们党全心全意为人民服务的根本宗旨,彰显了全面深化改革的价值取向。二是要坚持正确的思想方法,处理好各种重大关系。特别是处理好解放思想和实事求是、整体推进和重点突破、全局和局部、顶层设计和基层探索、胆子要大和步子要稳、改革发展与稳定等关系,更加注重系统集成、更加注重突出重点、更加注重制度质量、更加注重落地见效,着力破解新征程上农村改革中深层次的体制机制问题。三是要把握适度原则,有力有效推进。习近平总书记指出:

---

① 习近平:《加快建设农业强国 推进农业农村现代化》,《求是》2023年第6期。

"放活土地经营权,推动土地经营权有序流转,是一项政策性很强的工作,要把握好土地经营权流转、集中、规模经营的度,要与城镇化进程和农村劳动力转移规模相适应,与农业科技进步和生产手段改进程度相适应,与农业社会化服务水平提高相适应。"[①]四是要保持历史耐心,不可操之过急。"推进农村改革,必须保持历史耐心,看准了再推,条件不成熟的不要急于去动。对涉及土地、耕地等农民基本权益特别是改变千百年来生产生活方式的事情,一定要慎之又慎,牢牢守住土地公有制性质不改变、耕地红线不突破、农民利益不受损的底线。"[②]

4. 始终坚持守住农村改革的政策底线

习近平总书记指出:"我多次强调,农村改革不论怎么改,不能把农村土地集体所有制改垮了,不能把耕地改少了,不能把粮食生产能力改弱了,不能把农民利益损害了。这些底线必须坚守,决不能犯颠覆性错误。"[③]这既系统阐明了农村改革的战略方向、战术策略,更鲜明强调了农村改革的底线原则。在具体的推进过程中,守住农村改革的底线,就是要全面领会习近平总书记重要指示精神和党中央决策部署。一是改革不能突破政策法律底线,特别是坚决守住土地公有制性质不改变、城镇居民不得到农村购买宅基地、保持土地承包关系稳定并长久不变、耕地红线不突破等底线。二是改革不能违背农民意愿,始终坚持农民是乡村的主体,乡村振兴是为农民而兴;坚持严格执行民主程序推进改革,把选择权交给农民。三是改革不能和农民争利,始终把实现好、维护好农民的根本利益作为农村改革的出发点和落脚点。如引导工商资本下乡,要建立健全

[①] 习近平:《论"三农"工作》,中央文献出版社,2022,第200页。
[②] 习近平:《加快建设农业强国 推进农业农村现代化》,《求是》2023年第6期。
[③] 习近平:《论"三农"工作》,中央文献出版社,2022,第263—264页。

土地经营权流转监管机制，规范社会资本租赁农地行为，积极引导工商资本进入适合企业化经营、效益高的农业社会化服务等领域，发展农民干不了、政府干不好的设施农业等产业，支持其与农户建立紧密利益联结机制，引导"老板带着老乡"发展。

（二）准确把握进一步深化农村改革的着力重点

深化农村改革是一项复杂的系统工程，涉及亿万农民的根本利益，事关社会稳定和长治久安，是确保国家安全、民族团结、扎实推进共同富裕的基础性工作。准确把握进一步深化农村改革的重点难点，需要从以下四个方面着力。

其一，深刻领会习近平总书记关于农村改革的重要论述，这是准确把握进一步深化改革着力重点的指导思想。习近平总书记关于农村改革的多次重要讲话、作出的重要指示批示精神，全面阐述了新时代持续深化农村改革的重点。一是着力推进农村集体资产确权到户和股份合作制改革，发展多种形式股份合作，赋予农民对集体资产更多权能，赋予农民更多财产权利。二是加快构建新型农业经营体系，推动家庭经营、实体经营、合作经营、企业经营共同发展，提高农业经营集约化、规模化、组织化、社会化、产业化水平。三是推进供销合作社综合改革，按照为农服务宗旨和政事分开设置、社企分开方向，把供销合作社打造成为同农民利益联结更紧密、为农服务功能更完备、市场运作更有效的合作经营组织体系。四是健全农业知识保护制度，完善农产品价格形成机制，完善农产品市场调控制度，完善农业补贴制度，加快形成覆盖全面、指向明确、重点突出、措施配套、操作简便的农业支撑保护制度。五是加快推进户籍制度改革，促进有能力在城镇稳定就业和生活的农业转移人口有序实现市民化，推动城市劳动者平等就业、同工同酬。六是健全城乡发展一体化体制机制，推动城乡生产要素平等交换和公共资源均衡配置，加快形成以工助农、以城带乡、工农互惠、城乡一体的新型工农城乡关系。[①]

其二，全面理解党中央、国务院为深化农村改革作出的决策部署，这是准确把握进一步深化改革着力重点的主要依据。党的十九大提出实施乡村振兴战略以来，按照习近平总书记提出的新思想、新观点、新论断，党中央、国务院坚定不移深化农村改革，在每年的中央一号文件中围绕乡村振兴对深化农村改革作出部署。2018年中央一号文件要求，必须坚持质量兴农、绿色兴农，以农业供给侧结构性改革为主线，加快构建现代农业产业体系、生产体系、经营体系，提高农业创新力、竞争力和全要素生产率，加快实现由农业大国向农业强国转变；深化农业科技成果转化和推广应用改革、户籍制度改革、农村土地制度改革、农村集体产权制度改革；等等。2019年中央一号文件的农村改革部署聚焦在全面深化农村改革、激发乡村发展活力上。2020年中央一号文件主要从加大农村公共基础设施建设力度、加快恢复生猪生产、优先保障"三农"投入、破解乡村发展用地难题、抓好农村重点改革任务五个方面对农村改革进行安排部署。2021年中央一号文件在指导思想上，明确要深入推进农业供给侧结构性改革，把乡村建设摆在社会主义现代化建设的重要位置，全面推进乡村产业、人才、文化、生态、组织振兴。2022年中央一号文件关于改革的部署具体体现在深化粮食购销领域监管体制机制改革、开展农村公路管理养护体制改革、深化乡镇管理体制改革、推进农村婚俗改革试点和殡葬习俗改革、加快农村信用社改革、抓好农村改革重点任务落实六个方面。2023年中央一号文件聚焦以下方面的具体改革，分别是农业水价综合改革、供销合作

---

① 习近平：《论"三农"工作》，中央文献出版社，2022，第201—202页。

社综合改革、农村土地制度改革、农村宅基地制度改革、农村丧葬习俗改革等。2024年中央一号文件强调强化改革举措集成增效,激发乡村振兴动力活力,重点聚焦启动实施第二轮土地承包到期后再延长30年整省试点,健全土地流转价格形成机制,稳慎推进农村宅基地制度改革,深化农村集体产权制度改革,持续深化集体林权制度改革、农业水价综合改革、农垦改革和供销合作社综合改革等方面。

其三,客观判断深化农村改革重点任务完成的进展成效,这是准确把握进一步深化改革着力重点的基础起点。党的十八大以来,党和政府立足基本国情和现实农情,顺应亿万农民对美好生活的新期待,提出一系列新理念、采取一系列新举措,在保障国家粮食安全和重要农产品有效供给、消除绝对贫困和增加农民收入、推进农业和乡村产业融合发展、推动农业和农村全面绿色发展、加强农村基础设施和公共服务体系建设、促进城乡融合和区域协调发展等方面取得了巨大成就。农村的改革不仅为乡村振兴战略的制定和实施奠定了扎实基础,为新时代"三农"事业发展指明了新方向,更为党和国家事业全面开创新局面提供了有力支撑。深化农村改革的进展成效具体体现在以下几个方面。一是农村土地制度改革取得积极进展,这体现在农村基本经营制度巩固完善、承包地"三权分置"制度初步建立、农村宅基地制度改革试点稳慎推进、农村集体经营性建设用地入市改革有序展开等。二是农村集体产权制度改革阶段性任务基本完成,初步构建起归属清晰、权能完整、流通流转顺畅、保护严格的中国特色社会主义集体产权制度,这主要体现在农村集体资产家底基本摸清、集体经济组织成员基本确认、农村集体经济组织基本建立、新型农村集体经济发展迈出新步伐等。三是加快培育新型农业经营主体,带动小农户、服务小农户、提升小农户的政策体系初步建立,这体现在突出抓好家庭农场和农民合作社成效显著、农业社会化服务发展迅速、高素质农民队伍不断壮大、农垦改革发展取得明显成效、供销社综合改革向纵深推进等。四是中央财政支农资金规模逐年提升，初步构建起比较完整的农业支持保护体系。如农产品价格形成机制和市场调节制度进一步完善、以绿色生态为导向的农业补贴制度初步建立、农业农村投入机制不断创新、金融支农水平不断提升、国家粮食安全保障制度进一步健全等。五是城乡融合发展体制机制初步建立，这体现在农业转移人口市民化成效显著、城乡均等的公共就业创业服务进一步加强、城乡基本公共服务均等化加快推进等。此外，党的十八大以来农村居民收入持续较快增长，农村社会安定有序，党领导的农村基层组织建设明显加强，自治、法治、德治相结合的乡村治理体系进一步完善，现代乡村治理制度框架和政治体系基本形成。

其四，科学分析当前全面深化农村改革、激发农业农村发展活力面临的主要挑战，这是准确把握进一步深化改革着力重点的问题导向。在农村土地制度改革方面面临的挑战主要有以下几个方面。一是农户土地权能仍不健全，农户在土地流转、抵押、继承等方面的权益受到限制，土地资源利用效率不高的局面仍没打破，不健全的土地权能状况加剧了农村发展的不平衡和不稳定。二是土地流转机制尚不完善，主要表现为土地流转市场发育不足，流转信息不透明，价格机制不健全，流转合同不规范，供求双方流转意愿被抑制，土地流转效率低下，可流转增效但还未流转的土地较多，影响了土地资源的集约化、农业规模化经营和农业生产效率提升。三是集体经营性建设用地入市政策不够完善，入市门槛高、程序烦琐，土地增值收益难以惠及农民，一些集体经营性建设用地上市后易出现违法违规使用土地的现象，给农村经济发展带来一定隐患。在农业生产经营方面面临的挑战主要有以下几个方面。一是小农户与现代农业有机衔接仍面临诸多困难，小农户生产规模小、分散，缺乏生产经营规模效应，难以适应现代农业的市场需求和技术要求；小农户缺乏市场信息获取能力，对市场变化反应迟钝，导致农产品销售渠道窄，产品市场价值难以充分实现；农业社会化服务体系和新型经营主体带动小农户发展机制的不健全也阻碍了现代生产技术和先进经营方式在农业生产中的应用。二是农业科技创新与转化应用机制不够健全，农业科技创新能力不足，科研成果转化率低，难以满足现代农业发展需要；农业科技服务体系不完善，农业科技创新与转化应用的激励机制不够健全，农业科技进步对农业生产的贡献率偏低，制约了农业产业转型升级。三是虽然农产品加工、销售和品牌化管理等环节利润丰厚，但农户往往难以介入，只能停留在初级产品生产环节，农户难以合理分享全产业链收益。农产品特别是鲜活农产品依赖仓储、物流、冷链平衡供求关系，实现优价销售，但农户缺乏这方面能力，通常只能随收随售，因而难以获得合理的价格收益。四是有利于农业的生产要素双向流动机制尚待构建。农村土地流动不畅，制约了农业规模化经营和土地资源优化配置，实践中生产要素在城乡之间的这种不合理流动格局，限制了农村经济的发展潜力。在农村生态环境方面面临的挑战主要有以下几个方面。一是面向长远、以使用者为原动力的农用地保护投入机制缺位，土地退化问题突出，一些地方草地退化、沙化等问题也日趋严重，影响了畜牧业的发展和生态平衡。二是生产生活污染防治难度大，农业面源污染普遍存在，农村生产生活污染治理难度大，农村环境污染问题日益突出。三是农村水资源短缺，地区间和季节性分布不均，一些山区工程性缺水问题突出，水资源问题成为很多地区农村生活水平提升和农业现代化的重要制约因素。在乡村文化传承创新方面面临的挑战主要有以下几个方面。一是乡村内在文化传承机制缺位，乡村文化传承人才匮乏，乡村文化逐渐失去活力；二是乡村文化传承创新支撑力量存在不足；三是城乡发展失衡容易促使乡村文化边缘化，优秀传统文化无法彰显其内涵和魅力，难以在城乡融合发展中发挥积极作用。在乡村治理能力方面面临的挑战主要是乡村治理人才缺乏、农村公共品供给机制不健全、农民在乡村治理中的主体作用未得到有效发挥等。

（三）有力有效深化农村改革、激发推进乡村全面振兴活力动力

改革开放是党和人民事业大踏步赶上时代的重要法宝。实践发展永无止境，改革开放也永无止境。乡村振兴越往前推进，越需要改革增动力、添活力。2024年中央一号文件对强化农村改革创新作出了具体部署。进一步深化农村改革，总的要求就是要全面贯彻习近平新时代中国特色社会主义思想，深入学习贯彻习近平总书记关于全面深化改革的一系列新思想、新观点、新论断，完整、准确、全面贯彻新发展理念，坚持稳中求进工作总基调，进一步解放思想、解放和发展农业农村发展生产力、解放和增强农业农村发展活力，统筹国内国际两个大局，统筹推进"五位一体"总体布局，协调推进"四个全面"战略布局，充分发挥市场在资源配置中的决定性作用，更好地发挥政府的作用，以处理好农民和土地的关系为主线。聚焦促进小农户和现代农业发展有机衔接，巩固和完善农村基本经营制度，加快健全粮食安全保障制度。更加注重系统集成，更加注重突出重点，更加注重改革实效，加快完善全面推进乡村全面振兴体制机制，健全城乡融合发展政策体系，为全面推进乡村振兴、加快农业农村现代化、加快建设农业强国提供动力和制度保障。

第一，深化农村土地制度改革，构建现代农业经营体系，着力

激发广大农民内生发展动力，解放和发展农业生产力。一是完善农村承包地"三权分置"制度，坚持集体所有权、稳定农户承包权、放活土地经营权，巩固和完善农村基本经营制度。具体抓好、稳妥做好第二轮土地承包到期后再延长30年试点工作，引导农村土地规范有序流转，健全土地流转价格形成机制，探索完善进城落户农民依法自愿有偿退出土地承包经营权的配套措施。二是深化改革试点，持续推进宅基地权利分置和权能完善，推动建立多元化的农民"户有所居"保障机制，加强基层宅基地管理服务能力建设，完善闲置农房和闲置宅基地盘活利用政策，建设全国统一的农村宅基地管理信息平台。三是推进农村集体经营性建设用地与国有建设用地同等入市、同权同价，审慎稳妥推进入市试点，探索健全集体经营性建设用地使用权抵押融资相关制度，探索建立兼顾国家、集体和农民利益的土地增值收益调节机制。四是支持有条件的小农户成长为规模适度家庭农场，支持家庭农场组建农民合作社，合作社根据需要办企业，着力提升家庭农场和农民合作社生产经营水平，增强服务带动小农户能力，推广"新型集体经济+"等农企融合共赢模式，通过产业化的纽带将小农户联结成和衷共济的产业共同体，聚焦农业生产关键薄弱环节和小农户，拓展服务领域和模式，支持发展单环节、多环节、全程式托管服务，适应现代农业规模化发展的要求，带动农户共同迈向现代化。五是适应新质生产力的创新发展特点，健全土地流转价格形成机制，建立农村集体经营性建设用地入市制度，探索宅基地"三权分置"有效实现形式等，盘活闲置的宅基地、空闲地、集体建设用地、厂矿废弃地等，激活土地资源，提高土地的使用效率，以满足发展新产业、新业态的土地需求。

第二，深化农村集体产权制度改革，促进新型农村集体经济发展，健全农业支持保护制度，提升广大农民自我发展能力，激发加快推进现代农业发展新活力。一是完善农村集体经济组织法人治理机制、明确集体资产权属归位相关配套政策，加快构建产权关系明晰、治理架构科学、经营方式稳健、收益分配合理的农村集体经济组织运行机制。二是强化农村集体资产监督管理，持续推动集体资产监督管理制度化、规范化、信息化。三是积极探索多样化的农村集体经济发展路径，引导农村集体经济组织通过土地流转、股份合作、联合参股等方式，搞活经营服务，拓展发展空间，增加集体收益，实现民富村强，促使集体经济发展更有活力。四是完善价格、补贴、保险"三位一体"政策体系，通过适当提高最低收购价，实施补贴政策，完善农资保供稳价应对机制，扩大完全成本保险和种植收入保险政策实施范围，建立健全主产区利益补偿机制。五是完善乡村振兴多元化投入机制等举措，探索通过财政支出优先保障、完善农产品价格形成机制、实施连续稳定的农业补贴政策、创新金融支农方式和手段、完善农业基础设施投资建设管理机制等途径，加大农业支持保护力度，提高农业支持保护效能，创新平台担保、知识产权抵押等多元化信贷产品，为农业现代化发展提供新动力，激发新活力。六是加大支持力度，加快推进品种培优、品质提升、品牌打造和标准化生产，加快智慧农业、高端农机装备等领域关键技术的集中攻关，推进设施农业数字化、智慧化改造，以科技支撑推动农业现代化。

第三，聚焦建设宜居宜业和美乡村，建立健全以县域为切入点的城乡融合发展体制机制，统筹新型城镇化和乡村全面振兴，增强县域内城乡融合发展的动力活力。一是创新民生服务集中保障机制、完善基础设施规划建设机制，健全资源要素优先保障机制，深入实施乡村建设行动，切实提高乡村公共服务便利度、乡村基础设施完备度、人居环境舒适度。二是深化户籍制度改革，促进农业转移人口全面融入城镇，完善农业转移人口市民化激励政策，切实维护进城落户农民合法权益。三是坚持因地制宜、分类施策，学习运用"千万工程"经验，完善农村人居环境整治提升工作推进机制，统筹推进农村供水保障、"四好农村路"建设、农村电网巩固提升、危房改造和农房抗震改造、数字乡村建设，加快补齐农村基础设施短板。四是因地制宜推进城乡学校共同体、紧密型县域医共体、区域性养老服务中心建设，着力推进基本公共服务城乡统筹、服务均等。五是落实防止返贫监测帮扶机制，研究推动防止返贫帮扶政策和农村低收入人口常态化帮扶政策衔接并轨，确定一批欠发达地区实行常态化帮扶，持续缩小收入差距和发展差距。六是聚焦提升文明善治水平，探索基层治理的新路径。一方面，积极涵养乡村文化。乡村振兴，不仅要盯着基础设施、公共服务等硬件，更要注重农民精神风貌、乡村文明风尚等软件；另一方面，健全网格化治理体系。将治安维稳、矛盾化解、便民服务等功能集成到网格，不断增强群众的安全感和满意度。

第四，始终坚持抓党建促乡村振兴不动摇，不断提升基层党组织干部队伍整体素质，提高基层党组织带动农民增收致富的能力。一是聚焦增强基层党组织的政治功能和组织功能，完善"党组织+"工作模式，选优配强基层组织负责人，全面提升党组织对农村各项经济社会事务的统一领导，充分发挥党组织落实党的政策、密切联系群众、维护农村稳定的核心作用。二是不断创新干部队伍培养选拔机制，选好育强镇（街道）、村（社区）班子队伍，吸引各类人才返乡入乡助力乡村振兴，打造服务乡村振兴骨干力量。三是推动村党组织开展"跨村联建"，探索强村带动、产业拉动、项目牵引等模式，创建党建引领乡村振兴样板片区，打造党建引领、区域统筹、资源整合、优势互补、共建共享的集体经济发展矩阵，形成加快农业农村发展的新动力、新活力。

第五章
推进乡村全面振兴的根本保证

"全面建设社会主义现代化国家、全面推进中华民族伟大复兴，关键在党。"[①]农业、农村、农民问题是贯穿我国现代化建设和实现中华民族伟大复兴进程中的基本问题。全面建设社会主义现代化国家，最艰巨最繁重的任务仍然在农村。中国共产党始终高度重视农业、农村和农民问题，强调"三农"工作在党和国家全局工作中的基础性地位，在革命、建设、改革各个历史时期，始终牢牢掌握党对农村工作的领导权，形成了党管农村工作的历史经验和政治要求。党的十九大报告提出乡村振兴战略，党的二十大报告明确全面推进乡村振兴，成为新时代"三农"工作的总抓手。"全面推进乡村振兴、加快建设农业强国，关键在党。必须坚持党领导'三农'工作原则不动摇，健全领导体制和工作机制，为加快建设农业强国提供坚强保证。"[②]在新征程上全面推进乡村振兴，必须把坚持党对乡村振兴的全面领导落到实处。

[①] 习近平:《高举中国特色社会主义伟大旗帜 为全面建设社会主义现代化国家而团结奋斗——在中国共产党第二十次全国代表大会上的报告》，人民出版社，2022，第63页。

[②] 习近平:《加快建设农业强国 推进农业农村现代化》，《求是》2023年第6期。

一、思想基础：坚持党对乡村振兴全面领导的内在逻辑

基于以往研究文献梳理来看，坚持党对乡村振兴的全面领导，具有严密的理论逻辑、厚重的历史逻辑、深刻的现实逻辑。

（一）从理论维度看

当前，全面推进乡村振兴是新时代建设农业强国的重要任务。坚持党的全面领导不仅是推进乡村振兴的政治保障以及工作要求，也具有更深层次的理论和历史逻辑。[1]

党的初心决定了全面领导乡村振兴是党的重要使命。全心全意为人民服务是中国共产党的工作宗旨和价值追求，以人民为中心的发展思想始终贯穿着中国共产党领导百年"三农"的发展进程。中国共产党百年奋斗的历程，始终离不开农民群众的拥护支持，贯穿着党对"三农"工作的科学领导。从解决温饱问题、减轻农民负担、摆脱绝对贫困到谋求农民全面发展的过程，都体现了党维护农民权利和保障农民利益的价值追求。[2]新时代党的核心使命与责任在于全面建成小康社会和建成社会主义现代化强国，必须以乡村为切入点，解决中国发展不平衡、不充分的问题。[3]

坚持党对"三农"工作的领导是党的优良传统。总结回顾新民主主义革命、社会主义革命与建设的光辉历史，得出的历史结论就是，在中国特色社会主义新时代，依然要保持党领导乡村发展的优

---

[1] 孔卫拿、黄晓媛：《党建引领乡村振兴：研究综述与展望》，《经济研究导刊》2021年第27期。
[2] 张青、郭雅媛：《始终坚持"重中之重"战略思想——党领导"三农"工作的经验与启示》，《中国领导科学》2022年第4期。
[3] 梅立润、唐皇凤：《党建引领乡村振兴：证成和思路》，《理论月刊》2019年第7期。

良传统。① 以建党百年为时间线，归纳梳理各个历史时期党管农村工作的探索实践，不难发现，继承和发扬党重视农村工作的传统，健全党对农村工作的全面领导制度，为新时代"三农"发展提供了根本保证。②

党的强大组织动员能力在推动乡村振兴发展中发挥整合性作用。农业税取消后，后乡土社会出现组织、文化等方面的断裂，需要党发挥强大的整合功能，对农村社会不断地进行"延伸和渗透"，以实现乡土社会高度组织化。③ 同时，党的领导为乡村发展提供了组织保证。党的十八大以来，我国农村现代化取得历史性成就，其中的关键在于党对"三农"政策的全面领导。这既是中国特色社会主义制度显著优势在农村发展层面的集中体现，也是中国式现代化在乡村建设领域的题中之义。④ 党领导革命、建设和改革，可以实现"全党一条心，全国一盘棋，集中力量办大事"的组织优势，而强有力的组织保证，是党的农村政策得以有效贯彻落实、农村工作不断取得成功的关键。⑤

党引领乡村振兴有坚实的能力基础。农村基层党组织与党员干部具备经济、政治、文化、社会活动方面的能力，更重要的是他们具有"群众认同、政治认同和组织认同"的优势，是领导农村集体

---

① 王文力、王文旭：《乡村振兴如何下好基层党建这盘棋》，《人民论坛》2020年4月下、5月上合刊。
② 赖扬恩：《中国共产党对农村工作领导的探索实践与启示》，《奋斗》2021年第15期。
③ 徐勇：《"政党下乡"：现代国家对乡土的整合》，《学术月刊》2007年第8期。
④ 郝鹏飞：《新时代党建引领乡村振兴的组织逻辑与实践机理》，《前沿》2022年第6期。
⑤ 邹一南：《中国共产党百年农村政策重大成就和历史经验》，《上海经济研究》2022年第2期。

经济的最佳组织和人才。①从中国共产党领导乡村治理的演进脉络和运行轨迹看,党领导乡村治理有独特价值,包括在党政结合与多元主体参与中激发乡村社会活力,在顶层设计与基层探索的上下互动中调适乡村治理政策,在制度权威与伦理价值的相互融合中提升乡村治理的刚性与柔性,在技术治理与以人为本的匹配中实现乡村治理效率与价值的统一,等等。②

（二）从历史发展维度看

习近平总书记指出,"把解决好'三农'问题作为全党工作重中之重,是我们党执政兴国的重要经验"③。总体上看,中国共产党带领广大农民群众经过百年探索和奋斗,从根本上改变了过去农业极端落后、农民普遍贫困的状况,使中国农村的面貌、中国农民的命运发生了翻天覆地的巨变。特别是党的十一届三中全会以后,党在农村所进行的一系列旨在解放和发展生产力的重大改革,拉开了国家各领域改革的序幕,推动农村经济和社会发展取得了重大进展,形成了具有中国特色的农村经济发展思想,也为新时代党领导人民群众继续推进乡村振兴提供了历史实践基础。

中国共产党始终围绕广大农民的根本利益,领导"三农"工作在曲折中艰难探索,逐步走出一条实现农业农村现代化的乡村振兴道路。在新民主主义革命时期,党以土地革命把农民动员起来,领导农民投入革命斗争,走出了农村包围城市、武装夺取政权的成功

---

① 毛铖:《农村基层党组织在村集体经济发展中的关键性引领作用——基于南街村、周家庄与官桥八组的典型调查》,《中共福建省委党校学报》2019年第4期。
② 孙德超、钟莉莉:《中国共产党领导百年乡村治理的演进脉络、逻辑理路与价值意蕴》,《学习与探索》2021年第9期。
③ 中共中央党史和文献研究院编《习近平关于"三农"工作论述摘编》,中央文献出版社,2019,第3页。

道路。新中国成立以后，党以合作化把农民组织起来，开展社会主义新农村建设，确立以农业为基础的地位，为工业化提供物质积累。党的十一届三中全会召开以来，党以尊重人民首创精神把农民创造力激发出来，解放农村生产力，确立"重中之重"战略思想，促进"三农"工作大发展。党的十八大以来，党以脱贫攻坚战和乡村振兴战略为抓手，让农民富裕起来，确立优先发展总方针，推进农业农村现代化。[①]

党的十九届六中全会从党和国家事业发展全局出发，深入研究党领导人民进行革命、建设、改革的百年历程，系统总结了党的百年奋斗重大成就和历史经验。其中，党在领导农村革命、建设、改革进程中所取得的成就和积累的经验，是百年党史上极为浓墨重彩的一笔，具体包括以农民的土地所有制取代封建的土地所有制、以合作化实现农业的社会主义改造、以诱致性制度变迁推动农村改革、以适度规模化经营推动农业农村现代化进程以及以扶贫开发和精准扶贫消灭农村贫困。而坚持党的领导，发挥党在农村工作中总揽全局、协调各方的作用，是百年农村政策取得成功的关键政治保障，包括提供方向指引、理论武装和组织保证。[②]

建党一百多年来，在不同历史时期，虽然党关于乡村建设和发展的政策、主张不尽相同，但党始终站在时代潮头，把解决农业、农民和农村问题作为中国革命、建设、改革和发展的首要问题，"一直把依靠农民、为亿万农民谋幸福作为重要使命"[③]，根据不同时期

---

① 张青、郭雅媛:《始终坚持"重中之重"战略思想——党领导"三农"工作的经验与启示》,《中国领导科学》2022 年第 4 期。
② 邹一南:《中国共产党百年农村政策重大成就和历史经验》,《上海经济研究》2022 年第 2 期。
③ 中共中央党史和文献研究院主编《习近平关于"三农"工作论述摘编》,中央文献出版社,2019,第 12 页。

的历史任务制定关于乡村发展的路线、方针、政策。具体而言,在新民主主义革命时期,党的乡村政策主要服务于革命战争需要。如建党之初,党努力将思想、组织和力量扩展到农村;大革命时期,党通过农会将农民组织起来开展农民运动;土地革命战争时期,党领导广大农民打土豪、分田地、求解放;抗日战争时期,党领导广大农民在敌后抗日根据地实行减租减息,更好地发动和组织农民抗战;解放战争时期,党领导广大农民在解放区开展土地制度改革,实现"耕者有其田"。在社会主义革命和建设时期,党领导广大农民致力于改变农村贫穷落后面貌。如国民经济恢复时期,废除封建土地制度,恢复和发展农业生产;社会主义过渡时期,经过合作化道路实行农业社会主义改造;社会主义建设时期,建立农村人民公社,加快社会主义建设速度。在改革开放和社会主义现代化建设新时期,党领导人民群众深化农村改革,建设社会主义新农村。这主要体现在尊重农民意愿,改革农村生产关系,解放和发展农村生产力;改革农村基层组织体系,发展村民自治制度;统筹城乡经济社会发展,建设社会主义新农村。到了中国特色社会主义新时代,中国共产党提出并实施乡村振兴战略,逐步形成了一条中国特色社会主义乡村振兴道路。总结中国共产党百余年乡村政策的重要启示,其中之一就是坚持党管农村工作的经验和传统。[①]

党百年领导"三农"工作的探索经验和巨大成就,显示了党领导我国农村经济社会发展的历史实践逻辑,也为新时代坚持党对乡村振兴全面领导、推进农业农村现代化发展奠定了实践基础。

[①] 彭海红:《中国共产党百年乡村政策的历史演进及其启示》,《世界社会主义研究》2023年第3期。

（三）从实践维度看

在如期完成脱贫攻坚任务和全面建设社会主义现代化国家的新阶段，全面推进乡村振兴，是我国"三农"工作重心的历史性转移，是"十四五"时期的重要任务之一，是提高国家治理体系和治理能力现代化水平的必然选择，是扎实推动全体人民共同富裕取得更为有效的实质性进展的内在要求，被摆在更高的位置、赋予更丰富的内涵，并承载着更艰巨的时代使命。[①]党管农村工作，是我们的传统。2019年8月，党中央制定《中国共产党农村工作条例》，这是第一部关于农村工作的党内法规，充分体现了党中央对农村工作的高度重视。习近平总书记指出："党的政策再好，也靠大家去落实。"[②]新时代，坚持党管农村工作，就要坚持党的农村基层组织领导地位不动摇，坚持和发挥农村基层党组织对农村各个组织和各项工作的领导核心作用，把农村基层党组织建设成为宣传党的主张、贯彻党的决定、领导基层治理、团结带领群众、推动农村改革发展的坚强战斗堡垒。

坚持党管农村工作，确保党在农村工作中始终总揽全局、协调各方是实施乡村振兴战略的基本原则，也是中国共产党带领中国人民取得脱贫攻坚胜利、为世界减贫事业作出巨大贡献和提供中国样本的经验总结。从现实维度看，乡村振兴与党建具有密切的逻辑关系。首先，党建是推进乡村振兴的坚强保障和有力支撑。乡村振兴具有复杂性和艰巨性，覆盖范围广、影响领域多元，涉及利益主体多、任务目标重，绝不可能一蹴而就，必须有坚强的领导力量、多元主体参与、多方力量凝聚、完善的制度保障和有效的治理。而且

[①] 王政武、何元凯：《"四力"同构："十四五"时期民族地区乡村振兴的困境与出路》，山西农业大学学报（社会科学版）2021年第4期。

[②] 习近平：《论"三农"工作》，中央文献出版社，2022，第227页。

产业发展转型、结构优化,人才培养、引进与发挥作用等问题的解决,仅仅依靠民间组织、社会力量是无法完成的,必须发挥党组织显著的政治领导、组织协调、服务群众等功能。基于此,《中共中央 国务院关于实施乡村振兴战略的意见》提出,实施乡村振兴战略要"坚持党管农村工作"的基本原则,确保党在农村工作中始终总揽全局、协调各方。其次,乡村振兴是推进党建工作的重要抓手。实施乡村振兴战略是提高国家治理体系和治理能力现代化水平的重要举措,乡村振兴的成效极大地影响着国家治理体系和治理能力现代化水平,关系到全体人民共同富裕和第二个百年奋斗目标的最终实现。加强党对农村工作的领导离不开农村基层党组织,需要通过其贯彻落实党的方针政策,要发挥其在推动乡村振兴中的政治保障、方向引领、经济振兴、人才支持、凝聚共识、组织协调、监督评价等方面的作用。[1]

加强党对"三农"工作的全面领导,是做好新发展阶段"三农"工作的根本政治保障。要切实把加强党对"三农"工作的全面领导落到实处,不断健全党领导农村工作的组织体系、制度体系、工作机制,汇聚全党上下、社会各方促振兴的强大合力。借鉴脱贫攻坚工作中行之有效的组织推动、要素保障、政策支持、协作帮扶、考核督导等机制和办法,健全中央统筹、省负总责、市县乡抓落实的农村工作领导体制,强化五级书记抓乡村振兴的工作机制,建立健全上下贯通、一抓到底的乡村振兴工作体系。[2]

党的建设和现代化建设是现代文明建构中国路径的一体两面。一方面,坚持中国共产党领导是中国式现代化的本质要求。通过加

---

[1] 陈鹤松、王政武、唐玉萍、陈春潮:《党建引领乡村振兴:逻辑关系、现实困境与路径改进》,《广西农学报》2022年第4期。
[2] 周应华、李冠佑、刘磊:《加强党对新发展阶段"三农"工作的全面领导》,《中国农业文摘·农业工程》2021年第4期。

强党的建设，锻造中国式现代化建设的坚强领导核心，使得党可以在中国式现代化建设的各个阶段充分发挥将中国社会组织起来的作用，从而推动中国式现代化建设的不断发展。另一方面，通过不断推进现代化建设，完成党对人民和民族所肩负的历史使命，并在这一过程中不断地对党的建设提出新的要求，进而推动党的建设的不断发展。党的建设和现代化建设的同频共振是中国现代文明建构的基本逻辑之一。[①]

健全党对农村工作的全面领导有助于巩固党在农村的执政基础，进一步发挥党中央集中统一领导的政治优势，强化农村农业优先发展的政策导向，为全面推进乡村振兴，走中国特色社会主义乡村振兴道路提供根本保证。[②]

（四）从现实维度看

中央统筹、省负总责、市县乡抓落实的农村工作机制的建立健全为坚持党对乡村振兴全面领导奠定了制度基础。党的十八大以来，按照中央统筹、省负总责、市县抓落实的扶贫开发工作管理机制，各级政府形成了合理分工、各司其职、有序推进的工作局面，为脱贫攻坚的全面胜利奠定了坚实的组织基础。2018年中央一号文件提出在乡村振兴中要继续实行中央统筹、省负总责、市县抓落实的农村工作机制。2019年，中共中央印发《中国共产党农村工作条例》，对党中央、省、市、县各级党委农村工作分工进行了详细阐述。2021年6月1日起施行的《中华人民共和国乡村振兴促进法》将建立健全中央统筹、省负总责、市县乡抓落实的乡村振兴工作机

[①] 郝鹏飞:《新时代党建引领乡村振兴的组织逻辑与实践机理》，《前沿》2022年第6期。

[②] 赖扬恩:《中国共产党对农村工作领导的探索实践与启示》，《奋斗》2021年第15期。

制纳入国家法律，要求各级人民政府将乡村振兴促进工作纳入国民经济和社会发展规划，并建立乡村振兴考核评价制度、工作年度报告制度和监督检查制度。

"中央统筹"就是党中央设立中央农村工作领导小组全面领导农村工作，定期分析农村经济社会形势，研究协调"三农"重大问题，督促落实党中央关于农村工作重要决策部署，统一制定农村工作大政方针，统一谋划农村发展重大战略，统一部署农村重大改革，发挥农村工作牵头抓总、统筹协调等作用。

"省负总责"就是省（自治区、直辖市）党委应当定期研究本地区农村工作，定期听取农村工作汇报，决策农村工作重大事项，召开农村工作会议，制定出台农村工作政策举措，抓好重点任务分工、重大项目实施、重要资源配置等工作。

"市县乡抓落实"就是市（地、州、盟）党委应当把农村工作摆上重要议事日程，做好上下衔接、域内协调、督促检查工作，发挥好以市带县作用。县（市、区、旗）党委处于党的农村工作前沿阵地，应当结合本地区实际，制定具体管用的工作措施，建立健全职责清晰的责任体系，贯彻落实党中央以及上级党委关于农村工作的要求和决策部署。县委书记是乡村振兴一线总指挥，应当把主要精力放在农村工作上，深入基层调查研究，加强统筹谋划，狠抓工作落实，重点是执行好党中央以及上级党委的要求和决策部署，结合实际制定具体管用的举措。

二、关键环节：五级书记抓乡村振兴

五级书记抓乡村振兴是落实坚持党对乡村振兴全面领导的关键和保证。"五级书记"是指省、市、县、乡四级党委书记和村党支部书记（包括第一书记和驻村工作队）。在脱贫攻坚时期，我国建立并完善了"五级书记一起抓扶贫"的领导责任体制,各级党委作为脱贫攻坚的第一责任主体,为赢得脱贫攻坚的胜利奠定了政治基础和组织基础。[①]习近平总书记强调,各地区各部门要充分认识实施乡村振兴战略的重大意义,把实施乡村振兴战略摆在优先位置,坚持五级书记抓乡村振兴,让乡村振兴成为全党全社会的共同行动。习近平总书记指出:"五级书记抓乡村振兴是党中央的明确要求,也是加快建设农业强国的有效机制。市县两级更要把'三农'工作作为重头戏,花大精力来抓,特别是县委书记要当好'一线总指挥',不重视'三农'的书记不是好书记,抓不好农村工作的书记不是称职的书记。要完善考核督查机制,以责任落实推动工作落实、政策落实。"[②]

(一)强化五级书记抓乡村振兴的思想认识

首先,五级书记抓乡村振兴体现了党的初心和对宗旨的坚守。乡村振兴的根本目的是实现共同富裕,维护好农村发展公平公正。党坚持发展为了人民、发展依靠人民、发展成果由人民共享,共享发展是实现社会公平正义和逐步共同富裕的根本途径。脱贫攻坚解决了绝对贫困的历史问题,但是农村的发展水平有待提高,发展基础有待夯实。五级书记抓乡村振兴的纵向贯通,能进一步提升农村发展水平,缩小城乡之间以及农村内部的差距,确保农村发展的根本方向。

其次,五级书记抓乡村振兴有助于农村组织力引导力的进一步增强。脱贫攻坚结束后,农村发展将由突击性、紧迫性、特殊性工

---

① 黄承伟、郑寰、李海金、翟健:《大党治贫:脱贫攻坚中的党建力量》,广东人民出版社,2021,第54页。
② 习近平:《加快建设农业强国 推进农业农村现代化》,《求是》2023年第6期。

作转入常规性、持久性、制度性工作。①但是当前部分村庄的组织力仍然较弱,小农户依然是当前农村的经营主体。五级书记抓乡村振兴的机制,目的就是以党的组织力、引导力提升村庄的组织化水平和发展能力,从而降低农民走向市场的成本,促进小农户和大市场的对接。

最后,五级书记抓乡村振兴有助于加大资源动员、协调推进乡村全面发展。与脱贫攻坚相比,乡村振兴范围更广,目标更高,需要投入的资源更多,五级书记抓乡村振兴的机制,有利于在社会资源的动员与配置中,使资源与村庄以及区域的需求更加精准对接,发挥出最大效益。如全面推进乡村振兴,必须融入区域协调发展战略、区域重大战略,构建城乡融合发展格局;乡村产业振兴要形成跨城乡、区域的产业带,延长产业链,形成产业集群;文化振兴要面对地域性的民族文化或者地方文化;生态振兴要有区域整体协作;等等。这些都需要通过五级书记一起抓的机制,在区域间形成协同关系。

总的看,五级书记抓乡村振兴,是我国政治制度优势的体现,是党对农村工作全面领导的实现载体。通过党的组织体系,实现政府、市场、社会资源的更充分调动,各方关系的更好协调,既为农村发展提供了动力,又保证了农村发展的方向。

(二)完善五级书记抓乡村振兴的政策体系

五级书记抓脱贫攻坚,是打赢脱贫攻坚战的重要法宝,是中国共产党领导、中国特色社会主义政治制度优势的集中呈现。落实五级书记抓乡村振兴,需要政策保证。从2018年起,党中央、国务院每年都在中央一号文件中对五级书记抓乡村振兴进行部署,形成了系统化、逐年递进的政策体系。

---

① 刘奇:《后脱贫攻坚时代的组织力创新》,《中国发展观察》2019年第12期。

表1 2018—2023年中央一号文件关于"五级书记抓乡村振兴"政策要点

年份	政策要点
2018年	党政一把手是第一责任人，五级书记抓乡村振兴。县委书记要下大气力抓好"三农"工作，当好乡村振兴"一线总指挥"
2019年	强化五级书记抓乡村振兴的制度保障。实行中央统筹、省负总责、市县乡抓落实的农村工作机制，制定落实五级书记抓乡村振兴责任的实施细则
2020年	加强党对"三农"工作的全面领导。坚持农业农村优先发展，强化五级书记抓乡村振兴责任，落实县委书记主要精力抓"三农"工作要求
2021年	一是要将脱贫攻坚中形成的组织推动、要素保障、政策支持、协作帮扶、考核督导等工作机制根据实际需要运用到推进乡村振兴，建立健全上下贯通、精准施策、一抓到底的乡村振兴工作体系；二是对五级书记的工作重点作出安排，省、市、县级党委要定期研究乡村振兴工作，县委书记应当把主要精力放在"三农"工作上，建立乡村振兴联系点制度，省、市、县级党委和政府负责同志都要确定联系点，开展县乡村三级党组织书记乡村振兴轮训；三是加强党对乡村人才工作的领导；四是加快建设政治过硬、本领过硬、作风过硬的乡村振兴干部队伍，选派优秀干部到乡村振兴一线岗位
2022年	完善市县党政领导班子和领导干部推进乡村振兴战略实绩考核制度，鼓励地方对考核排名靠前的市县给予适当激励，对考核排名靠后、履职不力的进行约谈
2023年	全面落实乡村振兴责任制，坚持五级书记抓，统筹开展乡村振兴战略实绩考核、巩固拓展脱贫攻坚成果同乡村振兴有效衔接考核评估，将抓党建促乡村振兴情况作为市县乡党委书记抓基层党建述职评议考核的重要内容
2024年	一是健全党领导农村工作体制机制。坚持把解决好"三农"问题作为全党工作重中之重，坚持农业农村优先发展，改革完善"三农"工作体制机制，全面落实乡村振兴责任制，压实五级书记抓乡村振兴责任，明确主攻方向，扎实组织推动；加强党委农村工作体系建设，强化统筹推进乡村振兴职责。二是强化农村改革创新。在坚守底线前提下，鼓励各地实践探索和制度创新，强化改革举措集成增效，激发乡村振兴动力活力。三是完善乡村振兴多元化投入机制。坚持将农业农村作为一般公共预算优先保障领域，创新乡村振兴投融资机制，确保投入与乡村振兴目标任务相适应。四是壮大乡村人才队伍。实施乡村振兴人才支持计划，加大乡村本土人才培养，有序引导城市各类专业技术人才下乡服务，全面提高农民综合素质

（三）强化优化五级书记抓乡村振兴的实践路径

一是进一步强化组织领导的工作机制。强化总揽全局、协调各方的党的领导制度体系，把党的领导落实到推动乡村振兴的全过程，增强各级党组织抓乡村振兴的组织力。把乡村振兴作为各级党委的中心工作，以高度的政治站位和担当意识推动乡村振兴各方面工作的开展。把乡村振兴与基层党组织建设紧密结合，把基层党组织建设成宣传农业农村发展新战略、推动乡村振兴、团结动员群众推动农村发展的坚强战斗堡垒。以党建促振兴，将党的领导这一制度优势转化为治理效能，做强村庄发展能力和村庄治理能力。在乡村振兴中锻炼干部、识别和提拔干部，通过党的组织体系，让在乡村振兴中有作为、有担当、有成效的干部能够得到充分的激励，并形成有效的监督机制，对出现的问题及时作出调整和改进，确保五级书记抓乡村振兴的过程不走样、目标不跑偏。

二是进一步完善资源配置的工作机制。合理设计各级政府落实乡村振兴战略的总体政策和专项政策，并以五级书记一起抓的机制推动政策落地；以县域为单位，以联村党委、产业党支部等多种形式，实现区域间发展互补、治理联动、服务共通，以五级书记一起抓推进五大振兴；加强党对乡村人才工作的领导，将乡村人才振兴纳入党委人才工作总体部署，健全乡村人才培养机制，强化人才服务乡村激励机制，为返乡创业者、乡贤等本土人才提供良好的干事创业环境和支持条件；创新党委领导下以县域为核心的乡村振兴资源配置体系；发挥好县委书记的"一线总指挥"作用，在资金的整合及使用上给予县级政府必要的自主权，以县城为载体推进城镇化，以县域改革为动力推进城乡融合发展。

三是进一步做实村庄资源落地的工作机制。主要措施是要进一步完善第一书记遴选制度,把乡村振兴需要的优秀干部选派到乡村去;发挥好基层党组织的战斗堡垒作用,进一步夯实农村基层党组织,吸引更多懂经营、会管理、善创新的农村青年加入党组织,扎根基层党建,做实党建引领乡村振兴机制,解决在产业振兴、社区服务、社区文化传承、生态文明建设过程中党员参与动力与参与机制问题,盘活村庄资源,实现振兴目标;坚持党的群众路线,发挥好农民的主体性,通过引入机制激发乡村活力和村民积极性,不断培育村民内生动力,让广大农民成为乡村振兴的真正主体,让村庄的内外资源转化为村庄发展源源不断的动力。

(四)健全五级书记抓乡村振兴考核机制

习近平总书记指出:"坚持严管和厚爱结合、激励和约束并重,完善干部考核评价机制,建立激励机制和容错纠错机制,旗帜鲜明为那些敢于担当、踏实做事、不谋私利的干部撑腰鼓劲。要关心爱护基层干部,主动为他们排忧解难。"[1]科学的考核机制是提高干部队伍治理能力的有效手段,脱贫攻坚中最为严格的考核评估让脱贫成效真正获得群众认可,经得起实践和历史检验。乡村振兴中需要健全五级书记抓乡村振兴的考核机制。一是各省(自治区、直辖市)党委和政府每年向党中央、国务院报告实施乡村振兴战略进展情况,省以下各级党委和政府每年向上级党委和政府报告乡村振兴战略实施情况。二是地方各级党委和政府主要负责人、农村基层党组织书记是本地区乡村振兴工作第一责任人。上级党委和政府应当对下级党委和政府主要负责人、农村基层党组织书记履行第一责任

---

[1]《决胜全面建成小康社会 夺取新时代中国特色社会主义伟大胜利——习近平同志代表第十八届中央委员会向大会作的报告摘登》,《人民日报》2017年10月19日第2版。

人职责情况开展督查考核,并将考核结果作为干部选拔任用、评先奖优、问责追责的重要参考。三是将推进乡村振兴战略实绩、贫困县精准脱贫成效、巩固拓展脱贫攻坚成果纳入乡村振兴考核。四是强化乡村振兴督查,加强乡村统计工作,因地制宜建立客观反映乡村振兴进展的指标和统计体系,创新完善督查方式,及时发现和解决存在的问题,推动政策举措落实落地。建立规划实施督促检查机制,适时开展规划中期评估和总结评估;持续纠治形式主义、官僚主义,将减轻村级组织不合理负担纳入中央基层减负督查重点内容。五是中央和地方党政机关各涉农部门应当认真履行贯彻落实党中央关于农村工作各项决策部署的职责,贴近基层服务农民群众。六是各级党委应当建立激励机制,鼓励干部敢于担当作为、勇于改革创新、乐于奉献为民,按照规定表彰和奖励在农村工作中作出突出贡献的集体和个人。七是坚持实事求是、依法行政,把握好农村各项工作的时度效。八是加强乡村振兴宣传工作,在全社会营造共同推进乡村振兴的浓厚氛围。

三、夯实基础:加强基层组织建设

农村基层党组织是党在农村全部工作和战斗力的基础。

(一)加强基层组织建设的根本遵循

习近平总书记指出:"乡村振兴各项政策,最终要靠农村基层党组织来落实。这些年,我去过很多村,发现凡是发展得好的,都有一个好支部、好书记。明年乡镇、村将集中换届,要早做谋划、采取措施,选优配强乡镇领导班子、村'两委'成员特别是村党组织书记。要突出抓基层、强基础、固基本的工作导向,推动各类资源向基层下沉,为基层干事创业创造更好条件。"[①]"要健全村党组织领导的村级组织体系,把农村基层党组织建设成为有效实现党的领导的坚强战斗堡垒,把村级自治组织、集体经济组织、农民合作组织、各类社会组织等紧紧团结在党组织的周围,团结带领农民群众听党话、感党恩、跟党走。这一轮全国村'两委'集中换届已经全部完成,要全面培训提高村班子领导乡村振兴能力,不断优化带头人队伍,派强用好驻村第一书记和工作队,注重选拔优秀年轻干部到农村基层锻炼成长,充分发挥农村党员先锋模范作用。"[②] 这些重要论述深刻阐明了加强基层组织建设对于乡村振兴的重要意义,指出了加强基层组织建设的内容、关键和主要途径,对于如何加强基层组织建设明确了方向、提出了要求,为加强农村基层组织建设、全面推进乡村振兴提供了根本遵循。

(二)加强基层组织建设的重要基础

把全面从严治党落实到乡村振兴的全过程、各环节,为加强农村基层组织建设奠定了基础。坚持全面从严治党是习近平新时代中国特色社会主义思想的核心内容之一。习近平总书记在全国脱贫攻坚总结表彰大会上指出:"坚持求真务实、较真碰硬,做到真扶贫、扶真贫、脱真贫。我们把全面从严治党要求贯穿脱贫攻坚全过程和各环节,拿出抓铁有痕、踏石留印的劲头,把脱贫攻坚一抓到底。"[③] 全面推进乡村振兴的深度、广度、难度都不亚于脱贫攻坚,将全面从严治党落实到乡村振兴的全过程、各环节是新时代深化党

---

① 习近平:《坚持把解决好"三农"问题作为全党工作重中之重 举全党全社会之力推动乡村振兴》,《求是》2022年第7期。
② 习近平:《加快建设农业强国 推进农业农村现代化》,《求是》2023年第6期。
③ 习近平:《在全国脱贫攻坚总结表彰大会上的讲话(2021年2月25日)》,《人民日报》2021年2月26日第2版。

的自我革命,是促进全党思想统一、政治团结、行动一致的生动实践,具体做法如下。一是推动全面从严治党向纵深发展、向基层延伸。严格落实各级党委尤其是县级党委主体责任,进一步压实县乡纪委监督责任,将抓党建促脱贫攻坚、促乡村振兴情况作为每年市县乡党委书记抓基层党建述职评议考核的重要内容,纳入巡视、巡察工作内容,作为领导班子综合评价和选拔任用领导干部的重要依据。二是坚持抓乡促村,整乡推进、整县提升,加强基本组织、基本队伍、基本制度、基本活动、基本保障建设,持续整顿软弱涣散村党组织。三是加强农村基层党风廉政建设,强化农村基层干部和党员的日常教育管理监督,加强对《农村基层干部廉洁履行职责若干规定(试行)》执行情况的监督检查,弘扬新风正气,抵制歪风邪气。四是充分发挥纪检监察机关在督促相关职能部门抓好中央政策落实方面的作用,加强对落实情况特别是涉农资金拨付、物资调配等工作的监督,开展扶贫领域腐败和作风问题专项治理,严厉打击农村基层黑恶势力和涉黑涉恶腐败及"保护伞",严肃查处发生在惠农资金、征地拆迁、生态环保和农村"三资"管理领域的违纪违法问题,坚决纠正损害农民利益的行为,严厉整治群众身边腐败问题。五是全面执行以财政投入为主的稳定的村级组织运转经费保障政策。满怀热情关心关爱农村基层干部,做到政治上激励、工作上支持、待遇上保障、心理上关怀。六是重视发现和树立优秀农村基层干部典型,彰显榜样力量。

(三)加强基层组织建设的重要作用

加强基层组织建设为全面推进乡村振兴提供了稳定的社会基础。习近平总书记指出:"基础不牢,地动山摇。农村工作千头万绪,抓好农村基层组织建设是关键。"[1]农村基层组织将成熟的社会关系网络、丰富的社会治理经验、优势的政治资源一并融入乡村振兴实践中,为全面推进乡村振兴提供了稳定的社会基础,具体体现在以下几个方面。一是促进了资源整合。实施乡村振兴战略是一项系统性的工程,农村基层组织在党组织的引领下,在政治站位上始终能与党的大政方针保持一致,在具体行动上能够时刻紧扣乡村振兴的目标。在实现资源整合的过程中,农村基层组织发挥对上建议、对下动员的政治智慧,引导各类资源在乡村经济社会发展中的合理配置与流动,实现了乡村发展的秩序化和有序性。二是推动了利益整合。乡村振兴是国家整体经济社会发展布局的调整与优化,是"工业反哺农业,城市反哺农村"的具体体现。但对于不同的乡村地域和不同的利益主体来说,其眼前利益与长远利益、局部利益与整体利益、经济利益与社会利益之间往往会存在矛盾与冲突。农村基层党组织是党的组织体系的"神经末梢",其核心利益统一于党的整体利益,其行动的逻辑则会超越组织的自我利益,从而整合了不同的利益关系,并协调了不同的利益主体。三是实现了价值整合。全面推进乡村振兴既需要政策、制度和资源上的支持,也需要价值理念和社会文化的支撑。城市化进程中,虽然农村的乡土文化与乡村伦理被撕裂或肢解,但中国乡村社会的"乡土性"特质仍然存在,"差序格局"依旧深刻影响着广大农民的思想和行为。农村基层组织在乡村振兴过程中通过培育和践行社会主义核心价值观将乡土价值与城市文明进行有效融合,减少了价值冲突和文化隔阂,共同支撑农村发展。

提高党领导下的农村基层组织建设质量是全面推进乡村振兴

---

[1] 中共中央党史和文献研究室编《习近平关于"三农"工作论述摘编》,中央文献出版社,2019,第185页。

的重要举措。农村基层组织是党和国家在农村工作的抓手，其有效运行关系到国家各项农村发展战略的落实。在全面推进乡村振兴的进程中，农村基层组织肩负着重构乡村社会秩序、统筹协调外来流入资源、组织村民良性参与社会治理、带领农村居民幸福生活的重要使命。其中，农村基层党组织是所有农村组织中最具坚强战斗力和引领力的组织，是党在农村的战斗堡垒，有利于保证党的路线、方针、政策在农村的贯彻执行。提高党领导下的农村基层组织建设质量是贯彻落实乡村振兴战略的桥头堡。[1] 治理有效是全面推进乡村振兴的题中之义，而提高农村基层组织建设质量是治理有效的前置性条件。自党的十九大首次提出实施乡村振兴战略以来，国家制定出台一系列旨在提高农村基层组织建设质量的政策文件，在顶层设计上为乡村善治提供支撑。从政策文件上看，2018 年至 2022 年的中央一号文件连续五年对农村基层组织建设的重点和方向作了详细规定和目标要求。2018 年 9 月，中共中央、国务院印发《乡村振兴战略规划（2018—2022 年）》，明确提出要在推动乡村组织振兴的基础上，健全以党组织为核心的组织体系，凸显出党组织在农村基层组织建设中的领导地位。2019 年出台的《关于加强和改进乡村治理的指导意见》和 2021 年出台的《中共中央 国务院关于加强基层治理体系和治理能力现代化建设的意见》，对进一步强化党组织全面领导下的农村基层组织体系建设作出了明确指示和要求。从政策内容上看，主要有以下要点：以加强农村基层党组织建设为重点，构建党组织领导的村级组织体系，用党组织引领其他各类村级组织的方式全面推进乡村振兴工作；在具体实践中，应根据地方实际，推行村党组织书记通过法定程序担任村民委员会主任，村"两

---

[1] 夏银平、汪勇：《以农村基层党建引领乡村振兴：内生逻辑与提升路径》，《理论视野》2021 年第 8 期。

委"班子成员交叉任职,并加大在优秀农村青年中发展党员的力度;针对重点村、软弱涣散村、集体经济薄弱村,坚持和完善选派驻村第一书记和工作队;理清村级各类组织的功能定位,实现各类基层组织按需设置、按职履责、有人办事、有章理事的运行机制。从政策变化趋势上看,提高农村基层组织建设质量的政策文本更加重视党建的质量,尤其是党组织在基层组织中的领导力、组织力和公信力的发挥以及党员的先进性、纯洁性的培养。简而言之,在加强党组织引领农村基层组织全面推进乡村振兴的进程中,对党组织和党员个人意识、素质、能力作出了更高要求。

(四)加强基层组织建设的主要途径

提高农村基层组织建设质量必须解决好面临的现实问题。首先,农村基层干部能力水平亟须提高。在全面推进乡村振兴之际,高素质和高水平的农村基层干部必不可少。但是当前农村基层干部综合素质较低、知识结构不够全面、管理能力较弱。其在农村基层实践中的表现为,一方面,农村基层干部缺乏相应的专业知识,接受新事物能力弱,导致在具体执行乡村振兴相关政策时,无法有效把强农惠农富农政策转化为农村经济社会发展的强劲动力;另一方面,农村基层对年轻党员作为储备干部的培养和教育重视程度不够,新老干部交替缺乏有效衔接。其次,农村基层党组织建设有待强化。处于全面推进乡村振兴时期的农村地区利益格局多元化,村庄内部各种矛盾纠纷时有发生。村党组织作为领导各类村级组织的中坚力量,囿于自身组织建设,导致农村基层组织内部在工作中难以形成合力,进而无法有效调动群众积极参与乡村建设,受到群众的挑战和质疑,干群关系出现淡化弱化的情况,这种现象降低了农村基层党组织在群众心中的公信力。再次,农村基层权力使用亟须有效监督。党和国家的相关政策对"一肩挑"的要求是村党组织书记通过法定程序担任村民委员会主任和村级集体经济组织、合作经济组织负责人,虽然这有利于提高基层办事效率,但也导致对"一把手"的行为难以形成有效制约,一方面,掌握多项事权的村党组织书记容易发展成为"一言堂",滋长专权和腐败的现实问题;另一方面,由于村监委会主任由村党组织委员担任,很难实现独立监督。最后,在乡村社会,彼此之间有着千丝万缕的联系,导致村民代表在行使监督权方面存在软弱性和消极性。[①]

提高农村基层组织建设质量的优化路径有以下几条。一是提升农村基层党员干部的战斗力。作为参与全面推进乡村振兴的主体性力量,农村基层党员干部是提高农村基层组织建设质量的重点。一方面,必须加强对现有党员干部综合素质的培养,开展以乡村振兴为主题的思想、意识和能力的培训工作,坚定为民服务的信念;另一方面,要把有群众基础、凝聚力、影响力的"能人"作为党员发展的主要培养对象。贵州省遵义市实施培养乡村振兴村级组织领军人才和培养乡村振兴后备力量的"双培养"工程,搭建"党校+职校"为主的培训平台,采取"集中授课+分散自学+实地考察+领题调研+交流讨论+学习测试"方式,强化人才的思想淬炼、政治历练、实践锻炼、专业训练。二是加强农村基层党组织的领导力。村党组织作为农村基层组织的领导核心,要充分发挥党在基层的战斗堡垒作用。一方面,要切实加强对农村各种组织的集中统一领导,提高党组织的影响力;另一方面,也要教育引导农村各类组织在依法依规的前提下行使各项职权,尤其要激发群团组织参与乡村治理的热情。河北省衡水市在农村大力推行"五议三公开"工作法、小

[①] 蔡文成、朱荣康:《村支书"一肩挑"治理模式的创新及制度优化》,《西北农林科技大学学报(社会科学版)》2022年第3期。

微权力清单，形成以党组织为核心、其他组织协调联动的工作机制，为全面推进乡村振兴战略提供了组织保障。三是提高农村基层权力运用的约束力，让权力在阳光下运行，提高农村基层权力使用的合法性。一方面，要规范村务监督委员会运行机制，完善村务监督制度，规范监督程序，明确监督权限，提升村务监督委员会的权威；另一方面，要激活村民的权利意识，充分发挥村民代表会议在行使罢免权方面的监督功能。四川省绵竹市加强农村"三资"管理，确保权力阳光运行，通过开展"明白一张纸，打通一百米""三资"公开试点工作，让群众足不出户就能清晰地了解到自己关心的集体财务问题，实现村级事务公开透明。

提高农村基层组织建设质量必须着力提升基层乡村振兴干部的综合能力。一是着力提升乡村振兴干部的政治能力。政治能力就是把握方向、把握大势、把握全局的能力，就是辨别政治是非、保持政治定力、驾驭政治局面、防范政治风险的能力。政治能力是乡村振兴干部的"第一能力"，也是衡量干部的"第一标准"。乡村振兴干部要深刻领悟"两个确立"的决定性意义，增强"四个意识"、坚定"四个自信"、做到"两个维护"，自觉在思想上、政治上、行动上同党中央保持高度一致，不断提高政治判断力、政治领悟力、政治执行力。二是着力提升乡村振兴干部的抓落实能力。抓落实能力就是以上率下、脚踏实地、真抓实干的能力，就是一丝不苟、毫不走样、原原本本地将党的方针和政策落地落实落细的能力。乡村振兴干部常年同农民直接打交道，是落实好党和国家政策、夯实党的执政基础的关键。乡村振兴干部要大力弘扬苦干实干的工作作风，提升对党和国家路线、方针、政策和决策部署的执行落实能力，努力做到实事求是、务求实效。三是着力提升乡村振兴干部的发展经济能力。发展经济能力就是能够准确认识和把握经济社会发展形势和规律的能力，就是通过改革创新统筹推进经济发展和社会发展的能力。乡村振兴干部必须坚定不移地坚持以经济建设为中心，充分认识发展农村先进生产力和农村经济建设的重要性，不断提升经济、农业、产业发展的知识水平，开阔眼界、加强研判，找准方向、科学布局，在遵循市场经济和乡村发展规律的基础上，因地制宜推动农业和特色产业发展，带领群众走上共同富裕的道路。四是着力提升乡村振兴干部的群众工作能力。群众工作能力就是融入群众、宣传群众、团结群众、动员群众的能力，就是了解群众需求、化解群众矛盾、解决群众问题、维护群众利益的能力。群众工作能力是乡村振兴干部的一项最基础、最核心的能力。乡村振兴干部要贯彻党的群众路线，坚持从群众中来、到群众中去，想群众之所想、急群众之所急、解群众之所难，全方位、多角度提升为群众服务的能力。五是着力提升乡村振兴干部的依法办事能力。依法办事能力就是熟悉法律、尊崇法律，并且善于运用法治思维和法治方式分析和解决问题、维护人民公平正义的能力。在推进乡村治理体系和治理能力现代化的过程中，乡村振兴干部要着力提升依法办事的能力，依法依规处理乡村事务，同时要加强农村法治宣传教育，不断提升群众法治意识和素养，教育引导农村广大群众办事依法、遇事找法、解决问题用法、化解矛盾靠法，推动完善农村法治服务，积极推进法治乡村建设。六是着力提升乡村振兴干部的应急处突能力。应急处突能力就是预判风险走向、把握战略主动的能力，就是冷静灵活、科学有效地应对紧急突发状况的能力。应急处突能力是乡村振兴干部重要的专业能力和基本的技术能力。在基层治理的过程中，新冠疫情、暴雨洪水、农业灾害等突发事件考验着乡村振兴干部的应急处突能力。乡村振兴干部必须时刻保持对风险的警惕性、敏锐性，做好随时应对各种风险挑战的准备，在实践中不断提升应急处突的见识和胆识，不断提升专业知识储备，熟悉掌握自然灾害、公共卫生、社会治安等不同领域、不同等级突发事件的处理方式，关键时刻冲得上、危难关头豁得出，真正练就应急处突的硬本领。

第六章
走好中国式现代化的乡村振兴道路

习近平总书记关于中国式现代化的重要论述，使中国式现代化更加清晰、更加科学、更加可感可行，进一步深化了党对建设什么样的社会主义现代化强国、怎样建设社会主义现代化强国的认识。民族要复兴，乡村必振兴。全面推进乡村振兴、加快农业农村现代化、建设农业强国，是中国式现代化的重要内容，也是中国式现代化的重要支撑。习近平总书记关于中国式现代化、推进乡村全面振兴的重要论述，为新时代新征程全面建成社会主义现代化强国、以中国式现代化全面推进中华民族伟大复兴提供了科学指南，也为走好中国式现代化的乡村振兴道路提供了行动纲领。推进强国建设、实现民族复兴伟业，必须走好中国式现代化的乡村振兴道路。本章从理论上阐述了中国式现代化与乡村振兴的内在逻辑，深入分析了中国式现代化乡村振兴道路的发展方向，多维度展望了中国式现代化乡村振兴道路的前景。

一、理论逻辑

作为现代文明的核心特征，现代化是一种从不发达到发达的世界历史现象，是人类文明形态的演变过程，也是经济、政治、文化、社会、科技、生态等综合发展战略的目标和路径。中国共产党为救国救民而诞生。党领导人民夺取新民主主义革命胜利，成立新中国，深刻改变了近代以来中华民族发展的方向和进程，深刻改变了中国人民和中华民族的前途和命运，为中国走向现代化创造了根本社会条件。自新中国成立之日起，中国共产党就领导中国人民为在中国实现工业化和现代化而奋斗。"在新中国成立特别是改革开放以来长期探索和实践基础上，经过十八大以来在理论和实践上的创新突破，我们党成功推进和拓展了中国式现代化。"[1] 中国式现代化，是中国共产党领导的社会主义现代化，既有各国现代化的共同特征，更有基于自己国情的中国特色。习近平总书记在党的二十大报告中重申了中国式现代化是人口规模巨大、全体人民共同富裕、物质文明和精神文明相协调、人与自然和谐共生、走和平发展道路的现代化，并特别强调了中国式现代化的本质要求是"坚持中国共产党领导，坚持中国特色社会主义，实现高质量发展，发展全过程人民民主，丰富人民精神世界，实现全体人民共同富裕，促进人与自然和谐共生，推动构建人类命运共同体，创造人类文明新形态"。习近平总书记还指出，前进道路上，必须牢牢把握以下重大原则：坚持和加强党的全面领导，坚持中国特色社会主义道路，坚持以人民为中心的发展思想，坚持深化改革开放，坚持发扬斗争精神。[2] 中国式现代化符合中国实际，体现了社会主义建设规律，体现了人类社会发展规律，是创造人类文明新形态的积极探索。全面推进乡村振兴、实现农业农村现代化是中国式现代化的题中之义。从中华民族伟大复兴战略全局看，全面推进乡村振兴、实现农业农村现代化是中国式现代化的重要基础；从世界百年未有之大变局看，在中国式现代化进程中，全面推进乡

---

[1] 习近平：《高举中国特色社会主义伟大旗帜　为全面建设社会主义现代化国家而团结奋斗——在中国共产党第二十次全国代表大会上的报告》，人民出版社，2022，第22页。

[2] 同上书，第22—27页。

村振兴、实现农业农村现代化发挥"压舱石"作用;从中国式现代化的特征和进程看,全面推进乡村振兴、实现农业农村现代化是中国式现代化的重要一环。

从人口规模巨大的现代化维度看,实现人口规模巨大的现代化的关键是体现普惠性,意味着全体人民共享现代化成果,以乡村振兴、夯实共同富裕基础推进中国式现代化。人口规模巨大的现代化要求处理好人与自然之间的关系,决定了乡村振兴必须在提高农村居民生活水平的基础上,把乡村产业发展、乡村建设同保护生态环境结合起来,创新发展模式,走自己的生态安全乡村振兴道路。人口规模巨大的现代化必然要求创造条件使居住在农村的各个民族参与现代化进程,在实现现代化的进程中推动各民族走向共同富裕,不断铸牢中华民族共同体意识。人口规模巨大的现代化还要求必须有效应对人口老龄化,通过乡村振兴进一步完善养老政策体系,创新养老服务模式,实现乡村老年人享有幸福的晚年生活。

从全体人民共同富裕的现代化维度看,实现全体人民共同富裕的现代化的关键是持续增加居民收入,意味着要在高质量发展中促进共同富裕,以高质量乡村振兴推进中国式现代化。乡村振兴,关键在于产业要振兴,就业有保障。必须从县域经济大局优化产业布局,大力发展乡村特色产业,大力发展农村新产业新业态,承接劳动密集型产业转移,促进一、二、三产业融合发展,建设产业园区形成集聚效应,发展产业集群拓展产业链价值链,完善联农带农机制,发展新型农村集体经济,让农民更充分、更合理地分享全产业链增值收益。

从物质文明和精神文明相协调的现代化维度看,实现物质文明和精神文明相协调的现代化,关键在于促进物的全面丰富和人的全面发展,意味着在现代化建设中物质文明建设和精神文明建设同步搞好、国家物质力量和精神力量同步增强、全国各族人民物质生活和精神生活同步改善,以乡村振兴带动乡风文明促进中国式现代化。全面推进乡村振兴,推动乡村产业发展、乡村建设、乡村治理高质量发展,为全面建设社会主义现代化国家提供坚实的物质支撑。同时,把精神文明建设各项任务贯穿于乡村五大振兴、城乡融合发展全过程,不断满足乡村群众日益增长的精神文化需求,传承发展提升我国农耕文明,以乡村文化兴盛之路推进中国式现代化进程。

从人与自然和谐共生的现代化维度看,实现人与自然和谐共生的现代化,关键在于绿色发展,意味着要牢固树立和践行绿水青山就是金山银山的理念,以乡村振兴实现人与自然和谐共生、推进和拓展中国式现代化。乡村振兴要坚持"山水林田湖草沙"一体化保护和系统治理,建立生态产品价值实现机制,完善生态保护补偿制度;要发展绿色低碳产业,深化推进生态产业化、产业生态化发展,加快新技术应用,发展智慧农业,大力建设数字乡村;要守住耕地红线,走生产发展、生活富裕、生态良好的乡村文明发展道路。

二、发展方向

习近平总书记指出:"从中华民族伟大复兴战略全局看,民族要复兴,乡村必振兴。"[①]党的二十大报告鲜明提出,新时代新征程,中国共产党的中心任务就是团结带领全国各族人民全面建成社会主义现代化强国、实现第二个百年奋斗目标,以中国式现代化全面推进中华民族伟大复兴。[②]党的二十大并就"全面推进乡村振兴"作

[①] 习近平:《论"三农"工作》,中央文献出版社,2022,第2页。
[②] 习近平:《高举中国特色社会主义伟大旗帜　为全面建设社会主义现代化国家而团结奋斗——在中国共产党第二十次全国代表大会上的报告》,人民出版社,2022,第21页。

出新部署。①实施乡村振兴战略，推进农业农村现代化，是全面建设社会主义现代化国家、实现中华民族伟大复兴的重要内容和底线任务，是中国式现代化的重要组成部分。

（一）中国式现代化下乡村振兴道路的进展与挑战

中国式现代化的乡村振兴道路，实际上就是以习近平总书记关于"三农"工作的重要论述和中国式现代化理论为指引，以农业高质高效发展推进农业现代化、以乡村宜居宜业建设为中心推进农村现代化、以农民富裕富足为目标推进农民现代化"三个现代化"的发展目标、进程及成效、实现路径及时代意义等要素组合呈现的乡村发展形态。

1. 以农业高质高效发展推进农业现代化的进展与挑战

我国农业现代化既要符合世界农业发展的一般规律，也要体现出自身的本质特征。其一，农村土地农民集体所有，决定了推进中国特色农业现代化建设，必须实行以家庭承包经营为基础、统分结合的双层经营体制，始终沿着社会主义道路、共同富裕方向前进。其二，我国人口众多，解决好14亿人口的吃饭问题，始终是最根本的民生问题，是关系国家发展与安全大局的头等大事，必须主要依靠国内生产保障粮食等重要农产品供给。其三，我国农业资源相对稀缺，必须注重提高农业基础设施水平，从而提高资源配置和利用效率。其四，我国"大国小农"的基本国情、农情决定了促进小农户与现代农业有机衔接成为农业现代化的首要任务，农业现代化离不开小农户的现代化。其五，我国地域广阔，这决定了我国的农

---

① 习近平：《高举中国特色社会主义伟大旗帜　为全面建设社会主义现代化国家而团结奋斗——在中国共产党第二十次全国代表大会上的报告》，人民出版社，2022，第30—31页。

业现代化建设不可能按照一个模式去运行，需要积极探索适合各地区实际情况的实现农业现代化的路子。

新时代十年，我国农业现代化建设为开启全面建设社会主义现代化国家新征程奠定了坚实基础：一是农业综合生产能力进一步夯实，粮食等重要农产品保障水平稳步提升；二是农业供给侧结构性改革深入推进，农业质量和综合效益明显提升；三是农业创新体系加快构建，科技装备水平整体提升；四是新型经营主体发展壮大，农业多种形式适度规模经营水平不断提升；五是乡村富民产业加快发展，产业融合发展水平明显提升；六是农业绿色发展扎实推进，农业生产环境和农村生活环境提升；七是农村改革和制度创新不断推进，要素活力、发展动力进一步提升；八是打赢脱贫攻坚战，城乡区域协调发展水平持续提升。

但是从全国看，农业发展基础差、底子薄、发展滞后的状况没有根本改变。这突出体现在以下几个方面：一是农业设施装备离先进仍有差距，在机播和经济作物产业机械化方面还有较大提升空间；二是农业科技支撑力度仍显不足；三是农业经营管理面临诸多挑战；四是建立现代农业产业体系、生产体系和经营体系，不仅要发展种植业、养殖业、加工业，还应发展休闲旅游、文体体验、健康养老、电子商务等新产业、新业态，实现一、二、三产业融合发展。在这些方面，存在许多明显短板弱项。

2. 以乡村宜居宜业建设为中心推进农村现代化的进展与挑战

没有农业农村现代化，中国式现代化是不可能取得成功的，这就决定了中国式现代化必须既要推进工业化、信息化、城镇化，也要同步推进农业农村现代化，努力构建工农互促、城乡互补、全面融合、共同繁荣的新型工农城乡关系。

从理论研究和国内外实践看，农村现代化的基本要素至少包括以下几点：一是基本生活设施现代化，农村与城市的水电气、道路、通信等基本生活设施水平基本相当；二是基本公共服务健全，基本实现县域内城乡公共服务一体化；三是物质生活水平较高，农民与市民收入大体相当；四是生态环境宜居，农村生态环境保护和人居环境整治取得明显效果；五是治理体系完善，以党的基层组织为核心的农村组织体系进一步健全，真正实现自治、法治、德治，乡村社会和谐有序，农民获得感、幸福感、安全感更强。

党的十九大首次提出农村现代化，至今取得的进展集中体现在以下几个方面：一是农村基础设施更加完善，生产生活更加便捷；二是农村人居环境持续改善，乡村更加美丽宜居；三是农村基本公共服务不断完善，民生保障更加有力。

目前，农村现代化面临的主要挑战如下：一是农村基础设施水平与农民美好生活需要还不匹配；二是与城市相比，部分农村公共服务的便利性、可及性还有较大差距，品质化程度提高空间还比较大；三是不少乡村还不同程度地存在"垃圾围村、污水横流"现象，村容村貌提升仍有较大空间；四是传承和弘扬好乡土文化还存在不少短板弱项，如居住形态单一、生活习惯过度城市化、文化传统的乡土特色淡化等；五是在不同区域，发展呈现出显著的不平衡，特别是在深化村民自治实践、推动乡村法治建设、提升乡村德治水平、建设平安乡村等方面还需要大力加强。

3. 以农民富裕富足为目标推进农民现代化的进展与挑战

实现农民现代化是"以人民为中心"发展理念的具体体现，是实现乡村振兴核心目标的关键，是中国式现代化的重要内容。实现农民现代化内涵主要包括以下几点：第一，走向共同富裕是中国特色农民现代化的首要任务；第二，提升现代生活质量是中国特色农民现代化的重要内容；第三，实现人的全面发展是中国特色农民现代化的应有之义。按照农民的现代化是指传统农民转化为现代农民的理解，农民现代化至少包括三个方面：一是文化素质较高，二是现代观念较强，三是生活方式健康。

当前农民现代化的进展主要体现在以下几个方面。一是农民收入水平快速提升。2021年城镇居民人均可支配收入47412元，比2012年增长96.5%；农村居民人均可支配收入18931元，比2012年增长125.7%。2013—2021年，农村居民年均收入增速比城镇居民快1.7个百分点。2021年城乡居民人均可支配收入比值为2.50，比2012年的这一比值下降0.38，城乡居民收入相对差距持续缩小。2023年，这一比值进一步下降到2.39。二是高素质农民加快培育。三是农村实用人才队伍进一步壮大。

推进农民现代化主要面临以下挑战。一是"大国小农"是我国的基本国情农情。根据第三次农业普查数据，我国小农户数量占农业经营主体98%以上，小农户从业人员占农业从业人员90%，小农户经营耕地面积占总耕地面积的70%，全国有2.3亿户农户，户均经营规模7.8亩。二是农民现代化呈现多样性。三是农民现代化的过程，就是改变农民、提高农民、减少农民的过程，具有长期性、复杂性、艰巨性。即使我国城市化率达到70%，在农村居住的人口仍然有四五亿人。

（二）推进中国式现代化乡村振兴道路发展的重点与方向

党的二十大作出了新时代新征程以中国式现代化全面推进中华民族伟大复兴的战略部署，走好中国式现代化的乡村振兴道路，是中国式现代化的重要内容和底线任务。中国式现代化乡村振兴道路的发展方向,就是要以习近平总书记关于"三农"工作的重要论述为指引,有力、有序、有效加快推进农业农村农民现代化进程。

1. 以产业融合发展推动高质量乡村振兴

这是夯筑共同富裕经济基础的必然要求。通过产业纵向融合,提高农业产业价值链增值能力,提升农业全要素生产率,促进产业提质增效;通过产业横向融合,促进农业与科技、文化、教育、环境、旅游等产业与领域之间的联系,拓展传统农业多样功能,拓展农业增效增收空间。

2. 以数字乡村建设促进高质量乡村振兴

这是弥合数字鸿沟、推进共同富裕的客观需要。通过数字乡村建设为缩小城乡和区域间数字化差距提供关键技术支撑,为乡村地区跨越发展、走上和城镇地区共同发展、共同富裕道路提供重要保障。

3. 以城乡融合发展推动高质量乡村振兴

促进城乡的经济结构、社会结构、空间结构等重点领域的融合,同步构建户籍制度、空间规划制度、集体土地制度等多方面的城乡融合制度体系,疏通梗阻,促进城乡融合发展。同时,大力推动城乡统一的土地市场加快形成,下大力气解决城乡公共资源配置失衡问题,拓宽农民增收渠道,缩小城乡居民收入差距。

4. 以先富带后富促进乡村全面振兴

发挥先富群体引领带头作用,如利用守望相助的凝聚力吸引更多的社会主义新乡贤参与乡村建设,搭建平台,创建激励机制,促进资金回流、企业回迁、信息回传、人才回乡,带动农民实现共同富裕。再如支持家庭农场、农民合作社、龙头企业在产前、产中、产后各环节发挥自身优势，补齐小农户短板，提升生产经营水平和收益。发挥先富地区帮扶协同作用，主要是强化东西部协作，引导东部地区资金、人才、技术向西部欠发达地区流动，用好东西部两个具有互补性的市场，用好市场机制，助推西部落后地区加快发展。

5. 以乡村建设行动加快推进农村现代化

这主要包括四个方面工作：一是科学推进乡村规划建设，二是持续提升乡村宜居水平，三是推进县乡村公共服务一体化，四是加强乡村人才队伍建设。

6. 以综合施策加快推进农民现代化

这集中体现为实施"着力提升"，即着力提升农民思想政治素质、农民科学文化素质、农民创业创新素质、农民文明文化素质、农民受教育程度、农民身心健康素质、农民经营管理素质、农民法治素质、农民生活水平。

7. 以高质量乡村振兴不断提升基层治理能力

加强农村基层党组织带头人队伍建设，加强农村党员教育、管理、监督，加强农村基层党风廉政建设，有效提升党在乡村的执政能力，强化党在乡村的全面领导。在村民自治的架构下完善民主选举、民主监督、民主决策、民主管理制度，将村民自治活动与党的基层组织建设有机结合，通过基层政府的统筹协调提升乡村基层治理现代化水平。强化农村基本服务的规范化和标准化供给，培育和引入服务性、公益性、互助性农村社会组织，积极发展农村社会工作和志愿服务，从而不断增强基层政府基本公共服务供给成效。

8. 以高质量乡村振兴推进国家治理体系现代化

扎实推进党建促乡村振兴，突出乡村发展政治功能，持续整顿软化涣散村党组织，提高党的领导能力，以农村基层党组织为核心调动农民参与乡村发展的主动性、积极性。把农村基层党组织建成坚强战斗堡垒，引导农村党员发挥先锋模范带头作用，建立选派第一书记工作长效机制，实施村党组织带头人整体优化提升行动，推动全面从严治党向纵深发展、向基层延伸，强化农村基层干部和党员的日常教育管理监督。培育各类型乡村组织，形成全面组织体系，可有效代表农民的意志、意见以及缓和干群关系，促使乡村基层多元组织协同治理模式的形成。促进党组织领导的自治、法治、德治相结合的城乡基层治理体系的形成和健全，逐步实现政府治理和社会调节、居民自治良性互动，不断夯实基层社会治理基础。

9. 以高质量乡村振兴推进人类文明新形态的探索和发展

全面推进乡村振兴为物质文明发展提供重要支撑，推动中国实现由农业大国向农业强国的转变。通过加强精神文明建设，从而把聚集和激发起来的全民族的精神力量转化为推进社会主义现代化建设的强大物质力量。推进城乡义务教育、医疗卫生、社会保障等基本公共服务均等化，持续缩小城乡居民收入差距和生活水平差距，不断提高乡村社会文明程度。加强乡村经济、政治、文化、社会、生态各个方面的绿色发展，提高全民的生态文明素养，让绿色发展的成果惠及全民。

三、前景展望

（一）加强新征程上推进乡村全面振兴实践总结

一是粮食和重要农产品的生产迈上新台阶。粮食安全是国家安全的基础，习近平总书记高度重视粮食安全问题。这实际上和每个人息息相关，比如节约粮食，节约就意味着损耗的减少。我国耕地有限,人口多,现在进口的粮食总量占总消费量30%左右,粮食进口一旦受到限制,就会影响国家安全。2023年我国人均粮食占有量达到493公斤,超过了国际关于粮食安全的标准线,这是一个很重要的成就。但是,我们要深刻理解习近平总书记反复强调粮食安全问题的深意,这既事关国家安全,也回应了人民食物消费从"吃得饱"向"吃得好"跨越的期待。二是农业综合生产力显著增强。我国第一产业从业人员比重从2013年的31.4%下降到了2023年的22.9%。农业领域劳动生产率的提高就意味着农业现代化的进程向前发展,第一产业从业人员的减少意味着现代化程度更高。三是农业绿色可持续发展取得新进展。如全国耕地平均等级提高到4.76,我国耕地的等级还是属于比较差的范畴,但提高这样的一个幅度已经很了不起了。耕地的分级有15级,1—4等属于优等地,我们的耕地现在就总体上来讲达不到4等,但已经有很大的变化。实施化肥农药双减行动也有了成效,灌溉水有效利用的系数也有一定程度的提高,这都是绿色发展的新进展。四是脱贫攻坚取得历史性成就。这个历史性成就的意义在于,解决了困扰中华民族几千年的绝对贫困问题,提前十年实现联合国2030年可持续发展议程减贫目标。提前十年意味着我国在国际上的话语权增加,影响力提升。五是农村经济发展亮点纷呈。农产品加工业的产值与农业总产值的比值从2012年的1.9提高到了2.59;乡村常住人口从21世纪初的8亿人下降到了4.77亿人,下降了几亿人;县域的地区生产总值占全国比重稳定在50%左右。六是农民收入和消费水平持续提高。农村居民人均可支配收入由2013年的8896元增加到2023年的21691元,年均实际增长9.3%,增速快于同期GDP的增长和城市居民人均可支配收入的增长。城乡居民收入比值从2013年的3.03降至2023年的2.39,反映出城乡发展差距在逐步地缩小,农村居民的生活改善、消费升级。我国恩格尔系数从2013年的31.2%下降到2023年的29.8%，意味着整个消费结构的改变。七是农村基础设施建设全面加强。八是农村公共服务能力显著增强，幼有所教、老有所养、病有所医、弱有所扶普遍实现。九是农村改革持续推进。十是乡村治理成效显著。乡村治理将自治、法治、德治有机结合，培育文明乡风、良好家风、淳朴民风。实践总结是经验提炼、理论创新的基础。

（二）加强新征程上乡村振兴前沿问题研究

问题是创新的起点，也是创新的动力源泉。随着乡村振兴战略的深入推进，我们面临问题的复杂程度、解决问题的艰巨程度必然明显加大，这也就给乡村振兴领域的理论创新提出了全新要求。实践没有止境，理论创新也没有止境。习近平总书记在党的二十大报告中强调："我们要增强问题意识，聚焦实践遇到的新问题、改革发展稳定存在的深层次问题、人民群众急难愁盼问题、国际变局中的重大问题、党的建设面临的突出问题，不断提出真正解决问题的新理念新思路新办法。"[1] 可见，在全面建设社会主义现代化国家的新征程上，乡村的全面振兴不可或缺，乡村的全面振兴不可能轻轻松松实现，乡村振兴任务伟大而艰巨，任重道远。面对全面推进乡村振兴实践中不断出现的新问题、新挑战，需要我们坚持解放思想、实事求是、与时俱进、求真务实，一切从实际出发，着眼解决新问题、应对新挑战。只有加强前沿问题研究，得出符合客观规律的科学认识，形成与时俱进的理论成果，才能更好指导乡村振兴的实践。

---

[1] 习近平：《高举中国特色社会主义伟大旗帜　为全面建设社会主义现代化国家而团结奋斗——在中国共产党第二十次全国代表大会上的报告》，人民出版社，2022，第20页。

（三）持续推进乡村振兴的理论创新和实践创新

实践没有止境，理论创新也没有止境。习近平总书记关于全面推进乡村振兴的重要论述在科学指引乡村振兴实践的同时，持续推进实践基础上的理论创新。这就需要持续聚焦乡村振兴问题，加强乡村振兴前沿问题研究，凝练理论，丰富发展党的创新理论。习近平总书记指出："推进理论的体系化、学理化，是理论创新的内在要求和重要途径。""用以观察时代、把握时代、引领时代的理论，必须反映时代的声音，绝不能脱离所在时代的实践，必须不断总结实践经验，将其凝结成时代的思想精华。"[①]这为我们研究乡村振兴前沿问题、推进理论创新指明了方向。"要尊重人民首创精神，注重从人民的创造性实践中总结新鲜经验，上升为理性认识，提炼出新的理论成果，着力让党的创新理论深入亿万人民心中，成为接地气、聚民智、顺民意、得民心的理论。"[②]这为我们推进乡村振兴实践基础上的理论研究、理论凝练提供了根本遵循。

（四）明确中国特色乡村振兴道路丰富发展的方向与路径

在中国式现代化五个基本特征和九条本质要求的框架下，基于"千万工程"的生动实践，中国特色乡村振兴道路将从以下五个方面丰富发展。一是从解决群众反映最强烈的环境、脏、乱差做起，统筹抓好乡村环境整治与乡风文明培育、产业发展与生态保护、人才振兴与乡村治理等工作；从创建示范村、建设整治村，以点带线、连线成片，再到全域规划、全域建设、全域提升、全域管理，实现和美乡村

[①]《习近平在中共中央政治局第六次集体学习时强调 不断深化对党的理论创新的规律性认识 在新时代新征程上取得更为丰硕的理论创新成果》，《人民日报》2023年7月2日第1版。

[②] 同上。

建设水平的整体提升，走出一条产业、人才、文化、生态、组织全面振兴的发展道路。二是始终坚持农村物质文明和精神文明两手抓，硬件与软件相结合，把改造传统农村与提升农民精神风貌、树立乡村文明新风有机结合起来，将文明村、文化村、民主法治村等建设和美丽乡村建设紧密结合起来，不断提高农民的民主法治意识、科学文化素质和思想道德素质，实现农村农民由点到面、由表及里的全面发展、全面提升，走出一条物质文明与精神文明协调发展道路。三是坚持人与自然和谐发展方向，为广大农民找到"绿水青山"转化为"金山银山"的增收之道。经营美丽乡村、发展美丽经济、共享幸福生活、增强村民利益共同体意识，依靠共同奋斗建设美丽富饶的共富乡村，走出美丽乡村与美丽经济互促互进发展道路。四是始终贯彻以工促农、以城带乡的思想，做到城市基础设施向农村延伸，城市公共服务向农村覆盖，城市现代文明向农村辐射，促进城乡一体化发展，走出一条统筹城乡发展、缩小城乡差别、推动城乡一体化发展的城乡融合发展道路。五是从农村人居环境大整治到美丽乡村大建设，再到乡村振兴大提升，形成产业兴旺的特色乡村、生态宜居的花园乡村、文化为魂的人文乡村、四治合一的善治乡村、共建共享的共富乡村"五村联建"的联动发展格局，走出一条农业农村现代化一体设计、一并推进，农民共同富裕的发展道路。以上五条发展道路，将是新征程上中国特色乡村振兴道路丰富发展的方向与重点。

（五）积极推动中国乡村振兴理论体系构建

加强理论前沿问题的研究，推动中国乡村振兴理论体系构建，为中国式现代化乡村振兴道路提供理论指导。中国乡村振兴理论体系的构建，可以从三个维度着力。一是从人类文明新形态高度研究乡村振兴理论问题，可以建构中国乡村振兴的理论总纲。二是在建设农业强国目标下研究乡村全面振兴理论问题，也就是从推进乡村全面振兴的理论体系研究乡村振兴理论体系构建，构成指导实践的理论集合。三是坚持党的领导提供根本保证。这是中国特色社会主义的本质特征，是中国共产党领导下中国发展的本质特征。中国共产党的领导具有中国特色，从理论上可以构建具有全球性和科学性、以政党治理为中心的乡村发展领导体系。党建引领下乡村全面振兴的理论体系，具体看，可以包括以下理论议题。第一，关于人类文明新形态下的乡村振兴：中国乡村振兴理论总纲。对于人类文明新形态下乡村振兴相关问题的理论阐述将构成中国乡村振兴理论总纲，比如乡村振兴的"国之大者"视野，中国特色的城乡融合发展道路，区域发展战略和乡村振兴战略，中国式现代化的县域实践，统筹新型城镇化和乡村全面振兴，习近平强军思想、习近平外交思想、习近平经济思想、习近平法治思想、习近平生态文明思想、习近平文化思想与乡村振兴，习近平乡村振兴思想构建，等等。第二，建设农业强国目标下的乡村振兴：推进乡村全面振兴的理论体系。这方面的理论议题主要包括以下几点。一是国家粮食安全和巩固拓展脱贫攻坚成果，如农村低收入人口和欠发达地区常态化帮扶机制，开发式帮扶和兜底性保障相结合的农村低收入人群的帮扶体系，从反贫困、脱贫攻坚到共同富裕的理论体系话语构建，大食物观和多元化的食物供给体系，粮食安全的社会学基础。二是乡村产业发展，如做好土特产文章和乡村产业发展，产业转移、产业园区和乡村振兴，生态产业化、产业生态化和生态价值转换，绿色发展引领乡村振兴，拓宽农民农村共同富裕的路径。三是乡村建设，比如人力资本开发的积累，能力建设体系和人才培养，让乡村文化活起来，乡村志愿服务与乡村共同体建设，县域内城乡融合发展。四是加强乡村治理，比如乡村治理的共同体建设，驻村帮扶与为农服务能力建设,易地扶贫搬迁安置区的社会治理体系建设,农村精神文明建设,乡村治理体系与治理能力现代化建设。五是激发和增强内生发展动力,如通过全面深化农村的改革来激活农业、农村发展的活力,培育新质生产力和调整新型生产关系。第三,坚持党的领导提供根本保证:党建引领乡村全面振兴的理论体系。在实践基础上,可以从以下方面推动理论体系构建:党领导乡村振兴的理论、机制和路径,抓党建促乡村振兴,党领导下的法治、自治、德治体系,基层党组织引领农民农村共同富裕。以上三个方面的理论构建,从实践探索到理论总结都形成了一定基础,中国乡村振兴理论总纲、推进乡村全面振兴的理论体系、党建引领乡村振兴的理论体系都具备实践创新、理论创新基础,为构建中国乡村振兴理论体系提供了支撑。

后 记

2022年初，华中科技大学向德平教授邀请我一起主编一套由武汉出版社组稿出版、以乡村振兴战略实施为主题的学术研究丛书，我很高兴地答应了，一方面是基于与向老师的多年友谊；另一方面，这样的一套丛书确实具有重要的学术价值与重大的实践意义。从学术价值看，这套丛书既有助于推进中国特色乡村振兴理论建构、推动中国特色乡村发展理论创新，还有助于促进马克思主义乡村发展理论体系的丰富发展。从实践价值看，这套丛书既有利于实现精准扶贫精准脱贫基本方略与乡村振兴战略的战略性对接，也有利于乡村振兴与全面建成小康社会的战略性衔接，还有利于乡村振兴与全面建设社会主义现代化国家的战略性衔接。编写这套丛书的初衷是通过对乡村振兴的系统思考和深入研究，探讨中国乡村振兴的理论、方法、路径、经验和典型案例。这套丛书共7册，分别研究中国乡村全面振兴方略、巩固拓展脱贫攻坚成果、中国特色乡村发展、中国特色乡村建设、中国特色乡村治理、以县域为中心的城乡融合发展、乡村振兴中的社会政策七个主题。显然，出版这样一套偏向理论的学术丛书是极具挑战性的。

2023年，我写作的《中国特色乡村振兴道路》一书，经武汉出版社申报，入选了中宣部2023年主题出版重点出版物。2024年4月，武汉出版社出版了《中国特色乡村振兴道路》单行本，并希望我能为丛书再写一本。乡村振兴确实是一篇大文章，经与邹德清总编辑商议，我考虑在已有的基础上，完成《中国乡村全面振兴方略》一书，作为丛书的一本。这就是本书写作的动因。

本书写作循着这样的逻辑框架：构建中国特色乡村全面振兴方略研究的理论框架，在理论指引下完成方略的顶层设计，推进乡村全面振兴的关键路径、动力体系、根本保证共同构成方略的主要内容。乡村全面振兴方略的实施实际上就是走好中国式现代化乡村振兴道路，由此，本书的内容分六章，分别是"新征程上乡村全面振兴方略的研究框架""乡村全面振兴方略的顶层设计""推进乡村全面振兴的关键路径""推进乡村全面振兴的动力体系""推进乡村全面振兴的根本保证"和"走好中国现代化的乡村振兴道路"。

本书最突出的特点和亮点就是理论阐释、战略分析、政策（实践）总结的有机结合。首先，从理论层面系统阐述了习近平总书记关于乡村振兴重要论述的精髓要义和实践要求。其次，从战略维度，深入总结分析了乡村全面振兴方略顶层设计及其内涵的形成、发展和不断完善。最后，从政策在实践中的落地落实角度，全面总结研究乡村全面振兴的做法经验、问题挑战、经验模式。写作风格上看，本书具备通俗理论读物的特质，可为读者提供易于理解、务实管用的阅读体验。

武汉出版社邹德清总编辑、杨建文副总编辑、张荣伟等编辑高度重视本书的创作和出版，提出了许多专业意见，给予了有力的支持。在本书出版之际，我想对我的家人、朋友、同事表示感谢，感谢他们一如既往的关心和支持。

黄承伟

2024 年 7 月